高职高专"十三五"规划教材

职业教育工业分析技术专业教学资源库（国家级）配套教材

分析检验的质量保证

毛云飞　丁邦东　龚安华　主编

·北京·

《分析检验的质量保证》是国家级工业分析技术专业教学资源库（网址：http://gyfxjszyk.ypi.edu.cn）的配套教材。《分析检验的质量保证》共四个项目，内容包括了分析检验的质量保证、计量基础知识与计量检定、标准化工作与标准的编写、实验室认可及检测检验机构资质认证。较全面地介绍了分析检验的质量保证体系、检验质量的控制技术和评定技术、实验室认可、实验室资质认定、标准化和标准、标准方法和标准物质、标准的编写、计量检定等方面的分析检验的质量管理知识，并将实操部分内容以视频、动画的形式嵌入教材，提高教材的实用性。本书还附有分析检验相关的法律和法规性方面的文件及相关的国家标准，以方便读者使用时参考。

本教材可作为高职高专工业分析技术专业的通用教材，也可供从事分析检验工作的人员参考。

图书在版编目（CIP）数据

分析检验的质量保证/毛云飞，丁邦东，龚安华主编. —北京：化学工业出版社，2018.12（2025.5重印）
ISBN 978-7-122-33537-1

Ⅰ.①分⋯ Ⅱ.①毛⋯②丁⋯③龚⋯ Ⅲ.①产品质量-质量检验-方法 Ⅳ.①F273.2

中国版本图书馆 CIP 数据核字（2018）第 294922 号

责任编辑：刘心怡 蔡洪伟　　　　　　　文字编辑：林　丹
责任校对：王鹏飞　　　　　　　　　　　装帧设计：王晓宇

出版发行：化学工业出版社（北京市东城区青年湖南街13号　邮政编码100011）
印　　装：大厂回族自治县聚鑫印刷有限责任公司
787mm×1092mm　1/16　印张 10¼　字数 270 千字　2025年 5 月北京第 1 版第 6 次印刷

购书咨询：010-64518888　　　　　　　售后服务：010-64518899
网　　址：http://www.cip.com.cn
凡购买本书，如有缺损质量问题，本社销售中心负责调换。

定　价：32.00元　　　　　　　　　　　　　　　　　　版权所有　违者必究

前言

分析检验涉及的范围非常广泛，化学成分、理化特性有关的生产过程控制、产品质量的检验与评价、物料的定值、环境监测、质量纠纷的仲裁、有关案件的调查、临床化验、实验室认证、有关仪表的校准和定度、检验人员的考核等，都需要有可靠的分析测试数据。在分析检验中，过去曾经把重点放在通过特定方法获得的结果的精密度，而不是他们对所定义的标准或 SI 单位的溯源性。这种思路导致使用"官方方法"来满足法定要求和贸易要求。但是，因为现在正式要求建立结果的可信度，所以必须要求测量结果可以溯源至所定义的标准，如 SI 单位、标准物质或（如果适用）定义的方法或经验方法。内部质量控制程序、水平测试和实验室认可可以作为辅助方法来证明与给定标准的溯源性。分析检验工作，也正受到越来越大的、要求其证明其结果质量的压力，特别是通过度量结果的可信度来证明结果的适宜性。并且，在国际贸易和科技交往中，测试结果必须要有国际可比性。如何实现这样的溯源性、适宜性和可比性呢？这就要求工业分析技术专业的学生和分析检验人员在掌握分析检验的方法和技术的基础上，还应该掌握分析检验的质量保证体系、检验质量的控制技术和评定技术、实验室认可、实验室资质认定、标准方法和标准物质、标准的编写、计量检定等方面的分析检验质量管理知识。出于这样的目的，笔者编写了本书。

本书的编写特点如下：

1. 主要针对工业分析专业高职的学生，突出高职高专以服务为宗旨、以就业为导向、以能力为本位的办学指导思想，同时兼顾分析检验人员在实际操作中的需要，在内容设计上做到通俗易懂，注重理论联系实际。
2. 对分析检验工作中遇到的实际案例，进行必要的理论讲解，直接用实例进行分析。
3. 教材中所使用的名词、术语、法定计量单位等内容与标准中规定保持一致。
4. 教材采用最新的标准、最新的国家法律法规，方便读者阅读。
5. 教材中的相关标准以二维码的形式展现，方便读者选择性阅读。
6. 教材中的重要知识点均提供了微课，采用二维码技术嵌入教材，方便读者进一步学习。

本书可作为大专院校的教材使用，也可作为分析检验人员培训用教材和参考书。

本书共分四个项目，项目一由毛云飞编写，项目二由丁邦东编写，项目三由龚安华、龚爱琴编写，项目四由龚安华、毛云飞编写。黄菲、王元有对稿件进行了整理与校对。全书由毛云飞统稿。本书为江苏省青蓝工程工业分析技术核心课程教学团队建设成果。在本书的编写过程中得到了有关领导的支持和鼓励，扬州工业职业技术学院化学工程学院工业分析教研室的老师给予了大力协助，在此表示衷心的感谢！

由于编者水平有限，缺点和不足在所难免，敬请读者批评、指正。

编者
2018 年 11 月

目录

项目一 分析检验的质量保证概述

【项目引导】 ……………………………… 001
任务一 何为分析检验的质量保证 ……… 002
 一、分析检验的质量保证的目的和内容 …………………………………… 002
 二、质量保证在分析检验中的意义 …… 002
 三、分析检验的质量保证体系 ………… 003
任务二 分析检验的精密度 ……………… 003
 一、精密度的基本概念 ………………… 004
 二、重复性精密度和重复性标准差（s_r） ……………………………… 004
 三、再现性精密度和再现性标准差（s_R） ……………………………… 004
 四、重复性限和再现性限 ……………… 005
 五、重复性临界极差 …………………… 005
任务三 离群值的检验与数据样本之间显著性检验 ……………………… 006
 一、离群值概述 ………………………… 007
 二、已知标准差情形离群值的判断规则 …………………………………… 008
 三、未知标准差情形离群值的判断规则（限定检出离群值的个数不超过1） … 009
 四、数据样本之间显著性检验 ………… 011
任务四 测量不确定度 …………………… 013
 一、测量不确定度概述 ………………… 014
 二、不确定度的评定方法 ……………… 016
 三、不确定度的A类评定——贝塞尔法 …………………………………… 017
 四、不确定度的B类评定 ……………… 018
 五、合成标准不确定度 ………………… 021
 六、不确定度的表达 …………………… 023
任务五 分析检验的质量控制 …………… 023
 一、质量控制的基本要素 ……………… 024
 二、标准物质 …………………………… 025
 三、分析检验过程的质量控制 ………… 028
 四、内部质量控制（IQC）与外部质量控制 …………………………………… 030
任务六 分析检验的质量评定技术 ……… 033
 一、内部质量评定技术 ………………… 033
 二、质量控制图的使用 ………………… 040
 三、外部质量评定技术 ………………… 041
任务七 样品的质量保证 ………………… 045
 一、抽样的重要性 ……………………… 045
 二、样品的质量评价 …………………… 047
【知识拓展】 ……………………………… 047
【项目小结】 ……………………………… 049
【练一练测一测】 ………………………… 050

项目二 计量基础知识与计量检定

【项目引导】 ……………………………… 053
任务一 认识计量 ………………………… 053
 一、计量和计量法 ……………………… 053
 二、计量器具及其分类 ………………… 055
任务二 法定计量单位 …………………… 057
 一、法定计量单位的构成 ……………… 057
 二、法定计量单位的使用 ……………… 061
任务三 量值传递、量值溯源与计量检定 … 063
 一、量值传递与量值溯源 ……………… 063
 二、计量检定 …………………………… 067
【知识拓展】 ……………………………… 071
【项目小结】 ……………………………… 071
【练一练测一测】 ………………………… 072

项目三 标准化工作与标准的编写

【项目引导】 ……………………………… 073
任务一 标准化与标准化法规 …………… 073
 一、标准与标准化概述 ………………… 074
 二、我国的标准体系 …………………… 075
 三、标准化法规 ………………………… 075
任务二 标准的制定与实施 ……………… 076

一、制定标准的原则和程序 ………… 076
二、试验方法标准的编写 …………… 079
三、化学分析标准操作程序（SOP）的编制 ………………………………… 085
四、标准的实施与监督 ……………… 087
五、企业标准化 ……………………… 090

任务三　质量管理标准化 ……………… 093
一、质量与标准化 …………………… 093
二、质量管理体系标准 ……………… 095
【知识拓展】 …………………………… 103
【项目小结】 …………………………… 104
【练一练测一测】 ……………………… 105

项目 四　实验室认可及检测检验机构资质认定

【项目引导】 …………………………… 106
任务一　概述 …………………………… 107
一、资质认定和实验室认可的作用和意义 … 107
二、资质认定和实验室认可的标志 … 108
三、认可认证基本术语 ……………… 108
任务二　质量体系文件的编写 ………… 112
一、质量体系文件 …………………… 113
二、质量手册 ………………………… 114
三、程序文件 ………………………… 116
四、作业指导书和实验室记录文件 … 118
任务三　检测检验机构资质认定 ……… 120
一、资质认定通用要求 ……………… 120
二、检验检测机构资质认定评审工作程序 ……………………………… 121

任务四　实验室认可 …………………… 126
一、实验室认可与检测检验机构资质认定的区别和联系 …………………… 126
二、质量管理在实验室中的应用 …… 128
三、实验室认可准则和资质认定评审准则简介 ……………………………… 131
四、实验室管理体系的内部审核和管理评审 ……………………………… 135
五、实验室认可准备工作 …………… 139
六、实验室认可程序要求 …………… 142
【知识拓展】 …………………………… 147
【项目小结】 …………………………… 148
【练一练测一测】 ……………………… 148

附　录

附录1　计量控制图系数表 …………… 150
附录2　部分随机数表 ………………… 151
附录3　奈尔检验的临界值表（部分） … 153
附录4　格拉布斯检验的临界值表（部分） ……………………………… 153
附录5　单侧狄克逊检验临界值表 …… 154
附录6　双侧狄克逊检验临界值表 …… 154
附录7　偏度检验的临界值表 ………… 155
附录8　T检验值表 …………………… 155
附录9　峰度检验的临界值表 ………… 156

参考文献

项目一
分析检验的质量保证概述

项目引导

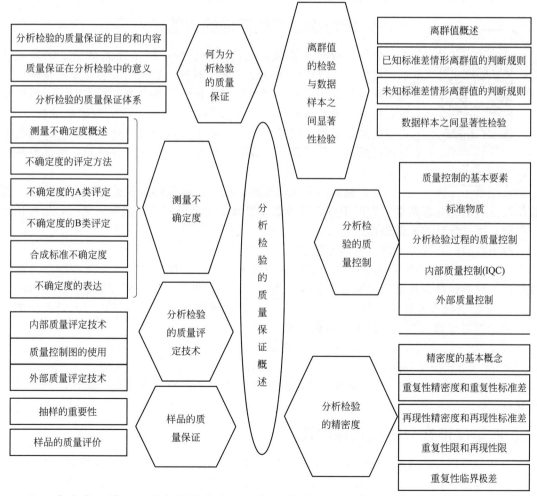

小王在某高职学院工业分析技术专业二年级就读，今年学校安排他到某化工企业实习。这一天，小王同学跟着企业指导老师张师傅一起做滴定分析，处理完测试数据，本以为测试

结束了,这时他看到张师傅对照几张图表,对数据进行处理。张师傅告诉他这是离群值检验,这是不确定度的评定,这是质量控制图,这是……

张师傅接着说:分析检验工作者的职责是提供足够有效的、准确的、具有统计意义的信息,以便各种客户和有关政府部门对有关问题做出有意义的决定。一个分析检验的全过程一般包括建立分析检验任务和分析检验操作两个过程。在这两个过程中,如何保证分析检验的质量是分析检验工作者面临的问题。因此,分析检验的质量不仅包括在化学分析中学过的准确度、精密度,还涉及离群值的检验、数据样本之间显著性检验、测量不确定度、分析检验质量控制技术、分析检验质量评定技术、样品的质量保证等。

任务一 何为分析检验的质量保证

任务要求

1. 了解分析检验的质量保证的目的和内容。
2. 了解质量保证在分析检验中的意义。
3. 了解分析检验的质量保证体系的组成和主要内容。

一、分析检验的质量保证的目的和内容

M1-1 分析检验的质量保证

分析检验的质量保证是指为保证分析结果能满足规定的质量要求,提供适当信任所必需的、有计划的、系统的活动。分析检验的质量保证包括分析质量控制和分析质量评价两个方面的内容。分析质量控制指对全分析过程进行质量控制,采取一系列措施减小分析误差,将总的测量不确定度控制在尽可能小的范围内。分析质量评价是指对分析结果进行质量评价,及时发现分析中的问题并改正,确保分析结果准确可靠。

分析检验的质量保证的目的是:降低测量误差到允许的程度,以获得高度可信的分析结果;为得到可靠的数据尽量减少工作量;改善实验室之间数据可比性的基础;提供统计学基础以作出评价。

分析检验的质量保证的主要内容包括以下几方面。

① 制定实验室的各项规章制度:实验室的管理制度;试剂、基准物质与标准溶液的管理制度;仪器设备的计量检定和维护制度;数据记录和检测报告书的管理制度等。

② 实验室技术人员的培训和考核:实验人员的素质和技术水平直接影响分析工作的质量,应定期对实验人员进行技术培训和考核,并执行持证上岗制度等。

③ 制定分析全过程的技术操作规范并在分析过程中严格执行。

④ 标准分析方法的执行。

⑤ 实验室质量控制:指对于分析过程的质量控制,其目的是保证分析结果的可靠性和可比性。

二、质量保证在分析检验中的意义

分析检验涉及的范围非常广泛,化学成分、与理化特性有关的生产过程控制、产品质量的检验与评价、物料的定值、环境监测、质量纠纷的仲裁、有关案件的调查、临床化验、实验室认证、有关仪表的校准和定度、检验人员的考核等,都需要有可靠的分析检验数据。在国际贸易和科技交流中,测试结果必须要有国际可比性。

分析检验对经济和社会的真正影响是难以准确估计的。据美国国家科学与技术研究院（NIST）的统计，美国每天约进行2.5亿次化学分析，其中大约10%的分析数据不可靠而必须重测。这些不合格的分析每年要多耗费50亿美元（由于错误测试造成的损失）。所有这些数据还不包括错误测试结果对经济和社会产生副作用造成的损失。以上数据不仅表明准确分析检验的重要性，还体现出提高分析检验质量的必要性。

三、分析检验的质量保证体系

为了使分析的全过程处于管理状态，分析实验室的质量管理应按质量保证体系运行。为了确保分析结果的质量，实验室应建立并实施质量保证系统，包括：严格仪器、工具和化学试剂的采购；进行仪器的经常校准；对人员进行培训和教育；进行分析方法的确认；使用标准物质；实验室内不同方法的比对；实验室间数据的比对；建立控制点和控制图等。质量保证体系对涉及检验质量的每个环节，都应该制定相应的文件加以规定。

质量保证体系以检测/校准运作过程中人员、环境、设备、方法、量值溯源、抽样、样品处置等关键影响因素的控制为核心，辅之以校准检测结果的质量、组织管理措施、质量体系建立、文件和记录控制、不合格工作控制、纠正和预防措施、内部审核、管理评审等手段，并对分包、抱怨处理、服务客户等相关支持过程进行管理，使实验室的整个质量系统处于受控状态，预防不合格的发生和重复发生，并通过监督和反馈控制机制确保出现不合格时能及时发现并迅速纠正。

按照质量体系文件的规定，从检验任务下达到检测报告（数据）的发出及更改，检验人员必须严格按照规定执行，并有据可查。对于客户的意见和审核中发现的问题，要认真分析，找出原因并采取相应的措施进行整改，以提高检测的质量。通过检验机构高级管理层的管理评审确定检验机构的各项规章制度是否有效、是否适宜，从而确保检测质量持续不断地改进。

思考与交流

1. 分析检验的质量保证含义是什么？
2. 分析检验的质量保证的主要内容包含哪些？
3. 分析检验工作者建立并实施质量保证系统的方法有哪些？

任务二　分析检验的精密度

任务要求

了解分析测试检验的精密度，特别是了解重复性标准差和再现性标准差、重复性限和再现性限、重复性临界极差的区别与应用。

对于一个分析检验实验室，其产品就是"检测报告"。测试结果质量如何，必须要有一个衡量的标准。准确度、精密度是衡量检验质量的标准。通常用测量误差和不确定度近似表达检验结果或检验方法的准确度；分析方法中所规定的偏差、重复性限或临界极差可以用来衡量测试结果的精密度。

在分析检验过程中，由于存在着一些影响测定的因素，因此误差是客观存在的。一般用误差来表达测量准确度。这部分内容已经在其他课程里学过，这里不再讲述。有关不确定度的内容将在后面的章节讲述。

一、精密度的基本概念

精密度是指在规定条件下，相互独立的测试结果之间的一致程度。精密度反映分析方法或测定系统存在的随机误差的大小。精密度越好，表示随机误差越小。

在分析化学中，常用重复性和再现性表示不同情况下分析结果的精密度。

实验室内测量条件的四个因素（时间、校准、操作员和设备）被认为是产生测量结果变化的主要原因（见表1-1）。

表 1-1　四个重要因素及其状态

因素	实验室内的测量条件	
	状态 1（相同）	状态 2（不同）
时间	在相同时间进行的测量	在不同时间进行的测量
校准	两次测量之间不进行校准	两次测量之间进行校准
操作员	相同的操作员	不同的操作员
设备	未经重新校准的相同设备	不同的设备

在重复性条件下，所有的四个因素都处于表 1-1 中的状态 1。对于中间精密度条件，一个或者多个因素处于表 1 中的状态 2，称为"M 个因素不同的精密度条件"，其中 M 为处于状态 2 的因素个数。在再现性条件下，测量结果由不同的实验室获得，因此不仅四个因素都处于状态 2，且由于不同实验室在实验室管理与维持、操作员的总体训练水平、测试结果的稳定性和核查等方面的不同，还会有额外的影响。中间精密度条件介于重复性和再现性之间。

精密度用偏差来表示，偏差是指一个值与参考值（平均值或中位值）之间的差异。这些基本内容已经在其他课程中学过，这里主要讲解重复性与再现性精密度、重复性限和再现性限。

二、重复性精密度和重复性标准差（s_r）

重复性精密度是指在重复性条件下的精密度，重复性精密度用重复性标准差 s_r 表示。在重复性条件下，对某一试样进行 m 组 n 次重复测定，测定结果如表 1-2 所示。

表 1-2　测定结果

组号	测定结果	各组测定均值 x_i	单组测定标准差 s_i
1	$x_{1,1}, x_{1,2}, x_{1,3}, \cdots, x_{1,n}$	$\bar{x}_1$	s_1
2	$x_{2,1}, x_{2,2}, x_{2,3}, \cdots, x_{2,n}$	$\bar{x}_2$	s_2
3	$x_{3,1}, x_{3,2}, x_{3,3}, \cdots, x_{3,n}$	$\bar{x}_3$	s_3
...	...	...	...
m	$x_{m,1}, x_{m,2}, x_{m,3}, \cdots, x_{m,n}$	$\bar{x}_m$	s_m

则这一系列测定的重复性标准差 s_r 用式(1-1)计算：

$$s_r = \sqrt{\frac{1}{m}\sum_{i=1}^{m} s_i^2} \tag{1-1}$$

三、再现性精密度和再现性标准差（s_R）

再现性精密度是指在再现性条件下的精密度。再现性精密度用再现性标准差 s_R 表示。再现性标准差是由 m 个实验室每个实验室做一组 n 次测定，每个实验室得到平均值 $\bar{x}_i$，按式(1-2)～式(1-6)求得，这里的 s_r 不同于上面的重复性标准差，而是由 m 个不同的实验室

的重复性标准差 s_i 计算得到：

$$s_{\bar{x}} = \sqrt{\frac{\sum_{i=1}^{m}(\bar{x}_i - \bar{\bar{x}})^2}{m-1}} \tag{1-2}$$

$$s_r = \sqrt{\frac{1}{m}\sum_{i=1}^{m} s_i^2} \tag{1-3}$$

$$s_L = \sqrt{s_{\bar{x}}^2 + \left(\frac{s_r}{\sqrt{n}}\right)^2} \tag{1-4}$$

$$\bar{\bar{x}} = \frac{1}{m}(\bar{x}_1 + \bar{x}_2 + \bar{x}_3 + \cdots \bar{x}_m) \tag{1-5}$$

$$s_R = \sqrt{s_r^2 + s_L^2} \tag{1-6}$$

式中　　s_r——m 个不同的实验室的重复性标准差 s_i 计算的重复性标准差；

　　　　s_R——再现性标准差；

　　　　$s_{\bar{x}}$——平均值的标准差；

　　　　s_L——室间标准差。

四、重复性限和再现性限

1. 重复性限 r

重复性限用 r 表示，定义为：一个数值 r，在重复性条件下，两次测定结果之差的绝对值不超过此数的概率为 95%。当测定次数 $n=2$，置信概率为 95% 时，重复性限 r 用式(1-7) 计算：

$$r = 2\sqrt{2}\, s_r = 2.83 s_r \tag{1-7}$$

M1-2　精密度与偏差——重复性限和再现性限

通常称重复性限 r 为室内允许差。一般标准方法规定，平行双样测定两结果之差绝对值不得大于重复性限 r。如果两结果之差绝对值超过了这个允许差，则必须重新取样再做 1～2 次测定。

2. 再现性限 R

再现性限用 R 表示，定义为：一个数值 R，在再现性条件下，两结果之差绝对值不超过此数的概率为 95%。当测定次数 $n=2$，置信概率为 95% 时，再现性限 R 用式(1-8) 计算：

$$R = 2\sqrt{2}\, s_R = 2.83 s_R \tag{1-8}$$

通常称再现性限 R 为室间允许差。

五、重复性临界极差

M1-3　精密度与偏差——重复性临界极差

临界极差的含义是：一个数值在某条件下几次测试结果的极差以一定的置信概率不超过此数。临界极差根据测量时的情况，分为重复性临界极差 $CR_{0.95}(n)$ 和再现性临界极差 $CD_{0.95}(n)$。这里只介绍重复性临界极差。再现性临界极差可参考 GB/T 6379.6—2009 中的 "4.2" 和 "5.3" 条款，这里不再阐述。

重复性临界极差用 $CR_{0.95}(n)$ 表示（其中 n 为测试次数），含义是：一个数值，在重复性条件下，两个测试结果或两组测试结果计算所得的最后结果（平均数、中位数等）的极差以 95% 的置信概率不超过此数。

M1-4 GB/T 6379.6—2009 测量方法与结果的准确度（正确度与精密度）第 6 部分：准确度值的实际应用

例如，在测试费用较低的情形下，如果两个测试结果极差不大于 r，可以接受这两个测试结果，最终结果为两个测试结果的算术平均值；如果两个测试结果极差大于 r，实验室应再取两个测试结果。此时，若 4 个测试结果的极差等于或小于 $n=4$ 时置信概率为 95% 的重复性临界极差 $CR_{0.95}(4)$，则取这 4 个测试结果的算术平均值作为最终报告结果。如果 4 个测试结果的极差大于 $n=4$ 时置信概率为 95% 的重复性临界极差 $CR_{0.95}(4)$，则取这 4 个测试结果的中位值作为最终报告结果。重复性条件下的其他情形参考 GB/T 6379.6—2009。

重复性临界极差用式(1-9)表达：

$$CR_{0.95}(n) = f(n)\sigma_r \qquad (1-9)$$

式中 $CR_{0.95}(n)$——n 次测定的重复性临界极差；
　　　$f(n)$——临界极差系数；
　　　σ_r——重复性标准差。

式(1-9)中的临界极差系数 $f(n)$ 值见表 1-3。

表 1-3　临界极差系数 $f(n)$ 值

n	$f(n)$	n	$f(n)$	n	$f(n)$	n	$f(n)$	n	$f(n)$
2	2.8	6	4.0	10	4.5	14	4.7	18	4.9
3	3.3	7	4.2	11	4.5	15	4.8	19	5.0
4	3.6	8	4.3	12	4.6	16	4.8	…	…
5	3.9	9	4.4	13	4.7	17	4.9	100	6.1

M1-5 GB/T 601—2016 化学试剂　标准滴定溶液的制备

例如，在 GB/T 601—2016 中规定了标定标准滴定溶液浓度时，要实行"四平行两对照"。即两人进行实验，分别做四平行，每人四平行标定结果相对极差不得大于相对重复性临界极差相对值 $[CR_{0.95}(4)_r = 0.15\%]$（这里的下标 r 代表相对的意思），两人共八平行标定结果相对极差不得大于相对重复性临界极差相对值 $[CR_{0.95}(8)_r = 0.18\%]$。在运算过程中保留 5 位有效数字，取两人八平行标定结果的平均值为标定结果，报出结果取 4 位有效数字。这是室内与室间允许差的简化应用。

思考与交流

1. 区分重复性精密度与再现性精密度、重复性限与再现性限。
2. 讨论重复性临界极差在标准滴定溶液标定时的应用。

任务三　离群值的检验与数据样本之间显著性检验

任务要求

1. 掌握用奈尔检验法、格拉布斯检验法、狄克逊检验法进行离群值的检验。
2. 掌握数据样本之间显著性检验的基本原理。
3. 掌握 T 检验、F 检验对数据样本之间显著性检验的方法。

一、离群值概述

1. 离群值的概念

我们在处理分析数据的时候，经常会碰到某些数据远远大于或小于其他数据，这些明显偏离的数据就是离群值，也叫奇异值、极端值。离群值指数据样本中的一个或几个观测值，它们离其他观测值较远，暗示它们可能来自不同的总体。

离群值按显著性的程度分为歧离值和统计离群值。显著性的程度分为检出水平和剔除水平。检出水平（α）为检出离群值而指定的统计检验的显著性水平，和大多数检验一样，α一般为 0.05。剔除水平（α^*）是为检出离群值是否高度离群而指定的统计检验的显著性水平。剔除水平 α^* 的值应不超过检出水平 α 的值。除非根据 GB/T 4883—2008 达成协议的各方另有约定，α^* 值应为 0.01。歧离值是在检出水平下显著、但在剔除水平下不显著的离群值。统计离群值是在剔除水平下为显著的离群值。

M1-6 离群值概述

2. 离群值产生的原因

① 第一类离群值是总体固有变异性的极端表现，这类离群值与样本中其余观测值属于同一总体。

② 第二类离群值是由于试验条件和试验方法的偶然偏离所产生的结果，或产生于观测、记录、计算中的失误，这类离群值与样本中其余观测值不属于同一总体。

对离群值的判定通常可根据技术上或物理上的理由直接进行，例如当试验者已经知道试验偏离了规定的试验方法，或测试仪器发生问题等。当上述理由不明确时，可用 GB/T 4883—2008 规定的方法。

3. 离群值的三种情形

根据实际情况或以往经验，离群值都是高端值为上侧情形，低端值为下侧情形，上侧情形和下侧情形简称单侧情形。离群值可为高端值，也可为低端值则是双侧情形。如无法认定单侧情形，则按双侧情形处理。

4. 离群值的判断

离群值的判断应规定在样本中检出离群值个数的上限（与样本量相比应较小），当检出离群值个数超过了这个上限时，对此样本应作慎重的研究和处理。

（1）单个离群值情形　依实际情况或以往经验选定，选定适宜的离群值检验规则；确定适当的显著性水平，根据显著性水平及样本量，确定检验的临界值；由观测值计算相应统计量的值，根据所得值与临界值的比较结果作出判断。

（2）判定多个离群值的检验规则　在允许检出离群值的个数大于 1 时，重复使用单个离群值情形规定的检验规则进行检验。若未检出离群值，则整个检验停止；若检出离群值，当检出的离群值个数超过上限时，检验停止，对此样本应慎重处理；否则，采用相同的检出水平和规则，对除去已检出的离群值后余下的观测值继续检验。

5. 离群值处理方式、规则

（1）离群值处理方式　离群值有以下几种处理方式：保留离群值，并用于后续数据处理；在找到实际原因时修正离群值，否则予以保留；剔除离群值，不追加观测值；剔除离群值，并追加新的观测值或用适宜的插补值代替。

（2）处理规则　对检出的离群值，应尽可能寻找其技术上和物理上的原因，作为处理离群值的依据。应根据实际问题的性质，作为处理离群值的依据。权衡寻找和判定产生离群值的原因所需代价、正确判定离群值的获益及错误剔除正常观测值的风险,以确定是否实施剔除或修正。若未找到产生它的物理上和技术上的原因,则不得剔除或进行修正;保留歧离值,剔除或修正统计离群值。在重复使用同一检验规则检验多个离群值的情形,每次检出离群值后,都要再检验它是否为统计离群值。若每次检出的离群值为统计离群值,则此离群值及在它前面检出的离群值(含歧离值)都应被剔除或修正。究竟采用哪种处理方法,根据相关标准或标准操作程序(SOP)规定进行选择。被剔除或修正的观测值及其理由应予记录,以备查询。

二、已知标准差情形离群值的判断规则

当已知标准差时,可使用奈尔检验法,奈尔检验法的样本量 $3 \leqslant n \leqslant 100$。

M1-7 离群值的检验——奈尔检验法

1. 上侧情形

① 用式(1-10)计算统计量 R_n 的值:

$$R_n = (x_{(n)} - \bar{x})/\sigma \tag{1-10}$$

式中　σ——已知的总体标准差;
　　　$\bar{x}$——样本均值;
　　　$x_{(n)}$——样本中最大的值。

② 确定检出水平 α,在 GB/T 4883—2008 表 A.1 奈尔检验的临界值表(简称表 A.1,见附录3),查出对应 n、α 的临界值 $R_{1-\alpha}(n)$。

③ 当 $R_n > R_{1-\alpha}(n)$ 时,判定 $x_{(n)}$ 为离群值,否则,判断未发现 $x_{(n)}$ 是离群值。

④ 对于检出的离群值 $x_{(n)}$,确定剔除水平 α^*,在表 A.1 中查出对应 n、α 的临界值 $R_{1-\alpha^*}(n)$,当 $R_n > R_{1-\alpha^*}(n)$ 时,判定 $x_{(n)}$ 为统计离群值;否则,判断未发现 $x_{(n)}$ 是统计离群值(即 $x_{(n)}$ 为歧离值)。

M1-8 GB/T 4883—2008 数据的统计处理和解释　正态样本离群值的判断和处理

2. 下侧情形

① 用式(1-11)计算统计量 R'_n 的值:

$$R'_n = (\bar{x} - x_{(1)})/\sigma \tag{1-11}$$

式中　σ——已知数据的总体标准差;
　　　$\bar{x}$——样本均值。

② 确定检出水平 α,在表 A.1 中查出对应 n、α 的临界值 $R_{1-\alpha}(n)$。

③ 当 $R'_n > R_{1-\alpha}(n)$ 时,判定 $x_{(1)}$ 为离群值,否则,判断未发现 $x_{(1)}$ 是离群值。

④ 对于检出的离群值 $x_{(1)}$,确定剔除水平 α^*,在表 A.1 中查出对应 n、α^* 的临界值 $R_{1-\alpha^*}(n)$,当 $R'_n > R_{1-\alpha^*}(n)$ 时,判定 $x_{(1)}$ 为统计离群值,否则,判断未发现 $x_{(1)}$ 是统计离群值(即 $x_{(1)}$ 为歧离值)。

3. 双侧情形

① 计算统计量 R_n 与 R'_n 的值,计算方法同上。

② 确定检出水平 α,在表 A.1 中查出对应 n、α 的临界值 $R_{1-\alpha/2}(n)$。

③ 当 $R_n > R'_n$ 且 $R_n > R_{1-\alpha/2}(n)$ 时,判定最大值 $x_{(n)}$ 为离群值;当 $R'_n > R_n$ 且 $R'_n > R_{1-\alpha/2}(n)$ 时,判定最小值 $x_{(1)}$ 为离群值;否则,判断未发现离群值;当 $R_n = R'_n$ 时,同时对最大值和最小值进行检验。

④ 对于检出的离群值 $x_{(1)}$ 或 $x_{(n)}$,确定剔除水平 α^*,在表 A.1 中查出对应 n、α^* 的

临界值，当 $R'_n > R_{1-\alpha^*/2}(n)$ 时，判定 $x_{(1)}$ 为统计离群值；否则，判断未发现 $x_{(1)}$ 是统计离群值（即 $x_{(1)}$ 为歧离值）；当 $R_n > R_{1-\alpha^*/2}(n)$ 时，判定 $x_{(n)}$ 为统计离群值；否则，判断未发现 $x_{(n)}$ 是统计离群值（即 $x_{(n)}$ 为歧离值）。

【例 1-1】 考查某分析数据，得 25 个样品，其数值排列为（单位%）：3.13，3.49，4.01，4.48，4.61，4.76，4.98，5.25，5.32，5.39，5.42，5.57，5.59，5.59，5.63，5.63，5.65，5.66，5.67，5.69，5.71，6.00，6.03，6.12，6.76。已知在正常条件下，测试值服从正态分布，已知 $\sigma = 0.65$，现考查下侧的异常值。规定至多检出三个离群值，采用下侧情形的处理方式。

解：(1) 确定检出水平 $\alpha = 0.05$，对 25 个样品，经计算得 $\bar{x} = 5.2856$，$R'_{25} = (\bar{x} - x_{(1)})/\sigma = (5.2856 - 3.13)/0.65 = 3.3160$。在表 A.1 中查出临界值 $R_{0.95}(25) = 2.815$，因 $R'_{25} > R_{0.95}(25)$，故判断 3.13 是离群值。

对于检出的离群值 $x_{(1)} = 3.13$，确定剔除水平 $\alpha^* = 0.01$，在表 A.1 中查出临界值 $R_{0.99}(25) = 3.284$，因 $R'_n > R_{0.99}(25)$，故判定 $x_{(1)} = 3.13$ 是统计离群值。

(2) 取出 3.13 的数据后，在余下的 24 个观测值中计算均值 $\bar{x} = 5.375$，这时最小值为 3.49，$R'_{24} = (\bar{x} - x_{(2)})/\sigma = (5.375 - 3.49)/0.65 = 2.90$。在表 A.1 中查出临界值 $R_{0.95}(24) = 2.8$，因 $R'_{24} > R_{0.95}(24)$，故判断 3.49 是离群值。

对于检出的离群值 $x_{(2)} = 3.49$，确定剔除水平 $\alpha^* = 0.01$，在表 A.1 中查出临界值 $R_{0.99}(24) = 3.269$，因 $R'_{24} < R_{0.99}(24)$，故判定 $x_{(2)} = 3.49$ 是歧离值。

(3) 取出 3.13、3.49 的数据后，在余下的 23 个观测值中计算均值 $\bar{x} = 5.457$，这时最小值为 $x_{(3)} = 4.01$，$R'_{23} = (\bar{x} - x_{(3)})/\sigma = (5.457 - 4.01)/0.65 = 2.227$。在表 A.1 中查出临界值 $R_{0.95}(23) = 2.784$，因 $R'_{23} < R_{0.95}(23)$，故判定"未发现 $x_{(3)} = 4.01$ 是离群值"。

本例检出 3.13 和 3.49 是离群值，其中 3.13 是统计离群值，3.49 是歧离值。应参照前面规定的规则考虑是否剔除。

三、未知标准差情形离群值的判断规则（限定检出离群值的个数不超过 1）

在未知标准差的情形下使用格拉布斯检验法和狄克逊检验法，可根据实际要求选定其中一种检验法（参阅 GB/T 4883—2008 附录 B）。

（一）格拉布斯检验法

1. 上侧情形

① 用式(1-12)和式(1-13)计算出统计量 G_n 的值：

$$G_n = (x_{(n)} - \bar{x})/s \quad (1-12)$$

$$s = \sqrt{\frac{\sum_{i=1}^{n}(x_i - \bar{x})^2}{n-1}} \quad (1-13)$$

M1-9 离群值的检验——格拉布斯检验法

式中 s，$\bar{x}$——样本标准差和样本均值。

② 确定检出水平 α，查 GB/T 4883—2008 表 A.2 格拉布斯检验法的临界值表（简称表 A.2）见附录 4，确定临界值 $G_{1-\alpha}(n)$。

③ 当 $G_n > G_{1-\alpha}(n)$ 时，判定 $x_{(n)}$ 为离群值，否则判断未发现 $x_{(n)}$ 为离群值。

④ 对于检出的离群值 $x_{(n)}$，确定剔除水平 α^*，查表 A.2 确定临界值 $R_{1-\alpha^*}(n)$。当 $G_n > G_{1-\alpha^*}(n)$ 时，判定 $x_{(n)}$ 为统计离群值，否则判断未发现 $x_{(n)}$ 为统计离群值（即 $x_{(n)}$ 为歧离值）。

2. 下侧情形

① 计算出统计量 G'_n 的值，见式(1-14)：

$$G'_n = (\bar{x} - x_{(1)})/s \tag{1-14}$$

② 确定检出水平 α，查表 A.2 确定临界值 $G_{1-\alpha}(n)$。

③ 当 $G'_n > G_{1-\alpha}(n)$ 时，判定 $x_{(1)}$ 为离群值，否则判断未发现 $x_{(1)}$ 为离群值。

④ 对于检出的离群值 $x_{(1)}$，确定剔除水平 α^*，查表 A.2 确定临界值 $G_{1-\alpha^*}(n)$。当 $G'_n > G_{1-\alpha^*}(n)$ 时，判定 $x_{(1)}$ 为统计离群值，否则判断未发现 $x_{(1)}$ 为统计离群值（即 $x_{(1)}$ 为歧离值）。

3. 双侧情形

① 计算出统计量 G_n 和 G'_n 的值。

② 确定检出水平 α，查表 A.2 确定临界值 $G_{1-\alpha/2}(n)$。

③ 当 $G_n > G'_n$ 且 $G_n > G_{1-\alpha/2}(n)$，判定 $x_{(n)}$ 为离群值；当 $G'_n > G_n$ 且 $G'_n > G_{1-\alpha/2}(n)$，判定 $x_{(1)}$ 为离群值；否则判断未发现离群值。当 $G'_n = G_n$ 时，应重新考虑限定检出离群值的个数。

④ 对于检出的离群值 $x_{(1)}$ 或 $x_{(n)}$，确定剔除水平 α^*，查表 A.2 确定临界值 $G_{1-\alpha^*/2}(n)$，当 $G'_n > G_{1-\alpha^*/2}(n)$ 时，判定 $x_{(1)}$ 为统计离群值；否则判断未发现 $x_{(1)}$ 为统计离群值（即判定 $x_{(1)}$ 为歧离值）。当 $G'_n \leqslant G_{1-\alpha^*}(n)$ 时，判定 $x_{(n)}$ 为统计离群值，否则判断未发现 $x_{(n)}$ 为统计离群值（即判定 $x_{(n)}$ 为歧离值）。

M1-10 离群值的检验——狄克逊检验法

（二）狄克逊检验法

当使用狄克逊检验法时，若样本量 $3 \leqslant n \leqslant 30$，其临界表见 GB/T 4883—2008 表 A.3 单侧狄克逊检验的临界值表（简称表 A.3）或 GB/T 4883—2008 表 A.3′双侧狄克逊检验的临界值表（简称表 A.3′），见附录5和6；若样本量 $30 \leqslant n \leqslant 100$，其临界表见 GB/T 4883—2008 附录 C（简称附录 C）。这里只介绍 30 个以下数据的狄克逊检验。

1. 单侧情形

① 计算出下述统计量的值（表1-4）。

表1-4 单侧情形统计量值计算式

样本量	检验高端离群值	检验低端离群值
$n:3\sim7$	$D_n = r_{10} = \dfrac{x_{(n)} - x_{(n-1)}}{x_{(n)} - x_{(1)}}$	$D'_n = r'_{10} = \dfrac{x_{(2)} - x_{(1)}}{x_{(n)} - x_{(1)}}$
$n:8\sim10$	$D_n = r_{11} = \dfrac{x_{(n)} - x_{(n-1)}}{x_{(n)} - x_{(2)}}$	$D'_n = r'_{11} = \dfrac{x_{(2)} - x_{(1)}}{x_{(n-1)} - x_{(1)}}$
$n:11\sim13$	$D_n = r_{21} = \dfrac{x_{(n)} - x_{(n-2)}}{x_{(n)} - x_{(2)}}$	$D'_n = r'_{21} = \dfrac{x_{(3)} - x_{(1)}}{x_{(n-1)} - x_{(1)}}$
$n:14\sim30$	$D_n = r_{22} = \dfrac{x_{(n)} - x_{(n-2)}}{x_{(n)} - x_{(3)}}$	$D'_n = r'_{22} = \dfrac{x_{(3)} - x_{(1)}}{x_{(n-2)} - x_{(1)}}$

② 确定检出水平 α，在表 A.3 中查出临界值 $D_{1-\alpha}(n)$。

③ 检验高端值，当 $D_n > D_{1-\alpha}(n)$ 时，判定 $x_{(n)}$ 为离群值；检验低端值，当 $D'_n > D_{1-\alpha}(n)$ 时，判定 $x_{(1)}$ 为离群值；否则判定未发现离群值。

④ 对于检出的离群值 $x_{(1)}$ 或 $x_{(n)}$，确定剔除水平 α^*，在表 A.3 中查出临界值。检验高端值，当 $D_n > D_{1-\alpha^*}(n)$ 时，判定 $x_{(n)}$ 为统计离群值，否则判定未发现 $x_{(n)}$ 是统计离

群值（即 $x_{(n)}$ 为歧离值）；检验低端值，当 $D'_n > D_{1-\alpha^*}(n)$ 时，判定 $x_{(1)}$ 为统计离群值，否则判定未发现 $x_{(1)}$ 是统计离群值（即为 $x_{(1)}$ 歧离值）。

2. 双侧情形

① 计算出统计量的值 D_n 与 D'_n，同单侧情形。

② 确定检出水平 α，在表 A.3′ 中查出临界值 $\widetilde{D}_{1-\alpha}(n)$。

③ 检验高端值，当 $D_n > D'_n$，$D_n > \widetilde{D}_{1-\alpha}(n)$ 时，判定 $x_{(n)}$ 为离群值；检验低端值，当 $D'_n > D_n$，$D'_n > \widetilde{D}_{1-\alpha}(n)$ 时，判定 $x_{(1)}$ 为离群值；否则判定未发现离群值。

④ 对于检出的离群值 $x_{(1)}$ 或 $x_{(n)}$，确定剔除水平 α^*，在表 A.3′ 中查出临界值 $\widetilde{D}_{1-\alpha^*}(n)$。检验高端值，当 $D_n > D'_n$ 且 $D_n > \widetilde{D}_{1-\alpha^*}(n)$ 时，判定 $x_{(n)}$ 为统计离群值，否则判定未发现 $x_{(n)}$ 是统计离群值（即 $x_{(n)}$ 为歧离值）；检验低端值，当 $D'_n > D_n$ 且 $D'_n > \widetilde{D}_{1-\alpha^*}(n)$ 时，判定 $x_{(1)}$ 为统计离群值，否则判定未发现 $x_{(1)}$ 是统计离群值（即为 $x_{(1)}$ 歧离值）。

当限定检出离群值的个数大于1时，可使用偏度-峰度检验法或狄克逊检验法的重复使用方法，可根据实际要求选定其中一种检验法（见国家标准 GB/T 4883—2008 附录 B）。也可以重复使用偏度-峰度检验法进行检验，也可重复使用狄克逊检验法进行检验。即使用偏度-峰度检验法或狄克逊检验法后，剩余的数据再按照偏度-峰度检验法或狄克逊检验法进行重新检验。注意这时的平均值、数据的个数等均发生了变化，相应的统计数、临界值均发生变化。

四、数据样本之间显著性检验

数据样本之间显著性检验就是事先对总体（随机变量）的参数或总体分布形式做出一个假设（原假设），然后利用样本信息来判断这个假设是否合理，即判断总体的真实情况与原假设是否有显著性差异。其基本原理是先对总体的特征作出某种假设，然后通过抽样研究的统计推理，对此假设应该被拒绝还是接受作出推断。

（一）基本原理

先假设总体某项假设（原假设）成立，计算其会导致什么结果产生。若导致不合理现象产生，则拒绝原假设。若并不导致不合理的现象产生，则不能拒绝原假设，从而接受原假设。

所谓不合理现象产生，并非指形式逻辑上的绝对矛盾，而是基于"小概率原理"，至于怎样才算是"小概率"呢？通常可将概率不超过 0.05 的事件称为"小概率事件"，也可视具体情形而取 0.1 或 0.01 等。在假设检验中常记这个概率为 α，称为显著性水平。

把原先设定的假设称为原假设，记作 H_0。把与 H_0 相反的假设称为备择假设，它是原假设被拒绝时而应接受的假设，记作 H_1。

假设的形式：H_0——原假设，H_1——备择假设。

双侧检验：H_0：$\mu = \mu_0$，H_1：$\mu \neq \mu_0$。

单侧检验：H_0：$\mu \geqslant \mu_0$，H_1：$\mu < \mu_0$；

或 H_0：$\mu \leqslant \mu_0$，H_1：$\mu > \mu_0$。

所谓双侧和单侧，是以检验时拒绝域在数据分布的两侧还是单侧来区分的，若是双侧检验，代表研究者不确定数据均值是高于检验值还是低于检验值。

假设检验就是根据样本观察结果对原假设（H_0）进行检验，接受 H_0，就否定 H_1；拒绝 H_0，就接受 H_1。

下面介绍几种常见的假设检验，主要有 T 检验和 F 检验，其他的检验方法参见 GB 4890

M1-11 数据样本之间显著性检验

数据的统计处理和解释正态分布均值和方差检验的功效。

(二) T 检验

1. T 检验概述

T 检验主要用于样本数量 n 较小（例如 n<30），总体标准差 σ 未知的正态分布资料，这样的分布也称为 t 分布或学生分布。比较样本均数所代表的未知总体均数 $\bar{x}$ 和已知总体均数 μ_0，根据数据计算出标准差 s。

统计量 T 的计算式见式(1-15)：

$$T = \frac{|\bar{x} - \mu_0|}{\frac{s}{\sqrt{n}}} \tag{1-15}$$

式中 $\bar{x}$——检验样本的平均数；
μ_0——已知总体的平均数；
s——样本的标准差；
n——样本容量。

T 检验适用于已知一个总体平均数，可得到一个样本平均数及该样本标准差，样本来自正态或近似正态的总体。

2. T 检验的步骤

(1) 建立一个假设 $H_0: \mu_1 = \mu_2$

(2) 计算统计量 T 值 对于不同类型的问题选用不同的统计量计算方法。

① 如果要评判一个总体中的小样本平均数与总体平均值之间的差异程度，其统计量 T 值的计算式见式(1-16)：

$$T = \frac{\bar{x} - \mu_0}{s/\sqrt{(n-1)}} \tag{1-16}$$

式中 $\bar{x}$——检验样本的平均数；
μ_0——已知总体的平均数；
s——样本的标准差；
n——样本容量。

② 如果要评判两组样本平均数之间的差异程度，其统计量 T 值的计算式见式(1-17)：

$$T = \frac{\bar{x}_1 - \bar{x}_2}{\sqrt{\dfrac{\sum x_1^2 + \sum x_2^2}{n_1 + n_2 - 2}}} \times \frac{n_1 + n_2}{n_1 n_2} \tag{1-17}$$

式中 $\bar{x}_1, \bar{x}_2$——检验样本 1、2 的平均数；
n_1, n_2——检验样本 1、2 的样本容量。

③ 根据自由度 $df = n-1$，查附录 8 T 检验值表，找出规定的 $T_{理论}$ 值并进行比较。理论值差异的显著水平为 0.01 级或 0.05 级。不同自由度的显著水平理论值记为 $T(df)_{0.01}$ 和 $T(df)_{0.05}$。单侧检验是检验是否显著大于，或者是否显著小于。而双侧检验检验不出两者之间有显著差异，这个差异有可能是显著大，也可能是显著小。

④ 比较计算得到的 T 值和 $T_{理论}$ 值，推断发生的概率，依据下表给出的 T 值与差异显著性关系表作出判断。

T	P 值	差异显著程度
$T \geqslant T(df)_{0.01}$	$P \leqslant 0.01$	差异非常显著
$T \geqslant T(df)_{0.05}$	$P \leqslant 0.05$	差异显著
$T < T(df)_{0.05}$	$P > 0.05$	差异不显著

⑤ 根据以上分析，结合具体情况，得出结论。

(三) F 检验

F 检验法主要通过比较两组数据的方差 s^2，以确定它们的精密度是否有显著性差异。至于两组数据之间是否存在系统误差，则在进行 F 检验并确定它们的精密度没有显著性差异之后，再进行 T 检验。

计算两组数据的标准差，能得到两个 s^2 值，$s^2_大$ 和 $s^2_小$，用式(1-18)计算 F 值。

$$F = s^2_大 / s^2_小 \quad (1\text{-}18)$$

由表 1-5 中 $f_大$ 和 $f_小$（f 为自由度 $n-1$），得 $F_表$，然后对计算得到的 F 值与查表得到的 $F_表$ 值进行比较：

$F < F_表$，表明两组数据没有显著差异；

$F \geqslant F_表$，表明两组数据存在显著差异。

表 1-5　置信概率 95% 时 $F_表$ 值

$f_小$ \ $f_大$	2	3	4	5	6	7	8	9	10	∞
2	19.0	19.16	19.25	19.30	19.33	19.36	19.37	19.38	19.39	19.5
3	9.55	9.28	9.12	9.01	8.94	8.88	8.84	8.81	8.78	8.53
4	6.94	6.59	6.39	6.26	6.16	6.09	6.04	6.00	5.96	5.63
5	5.79	5.41	5.19	5.05	4.95	4.88	4.82	4.78	4.74	4.36
6	5.14	4.76	4.53	4.39	4.28	4.21	4.51	4.10	4.06	3.67
7	4.74	4.35	4.12	3.97	3.87	3.79	3.73	3.68	3.63	3.23
8	4.46	4.07	3.84	3.69	3.58	3.50	3.44	3.39	3.34	2.93
9	4.26	3.86	3.63	3.48	3.37	3.29	3.23	3.18	3.13	2.71
10	4.10	3.71	3.48	3.33	3.22	3.14	3.07	3.02	2.97	2.54
∞	3.00	3.60	2.37	3.21	2.10	2.01	1.94	1.88	1.83	1.00

注：$f_大$ 为大方差数据的自由度；$f_小$ 为小方差数据的自由度。

思考与交流

1. 讨论不同的前提下选择不同的离群值的检验方法。
2. 讨论不同情况下选择数据样本之间显著性检验。

任务四　测量不确定度

任务要求

1. 了解测量不确定度的定义、来源及分类。
2. 掌握不确定度 A 类评定方法——贝塞尔法。
3. 了解不确定度 B 类评定方法。
4. 掌握合成标准不确定度规则。

5. 掌握不同场合下不确定度的表达方式。

测量数据的质量用什么来判定呢？最初是用测量误差。由于真值往往是不知道的，或者是很难知道的，所以测量误差也很难知道。测量误差的定义尽管是严格的、正确的，能反映测量的质量和水平，但可操作性不强。为了对测定结果的质量有一个定量的描述，以确定其可靠程度，需要引入测量不确定度的概念。

M1-12　CNAS-GL006：2018《化学分析中不确定度的评估指南》

一、测量不确定度概述

1. 测量不确定度的定义

表征合理地赋予被测量之值的分散性、与测量结果相联系的参数，称为测量不确定度，简称不确定度。

测量不确定度从词意上理解，意味着对测量结果可信性、有效性的怀疑程度或不肯定程度，是定量说明测量结果质量的一个参数。测量不确定度是说明被测量之值分散性的参数，它不说明测量结果是否接近真值。

为了表征这种分散性，测量不确定度用标准差表示。在实际使用中，往往希望知道测量结果的置信区间，因此规定测量不确定度也可用标准差的倍数或说明了置信概率区间的半宽度表示。为了区分这两种不同的表示方法，分别称它们为标准不确定度和扩展不确定度。因此，测量结果的不确定度是测量值可靠性的定量描述。不确定度愈小，测量结果可信赖程度愈高；反之，不确定度愈大，测量结果可信赖程度愈低。

2. 测量不确定度的来源

测量过程中的随机效应及系统效应均会导致产生测量不确定度，数据处理中的数字值修约也会导致不确定度。分析检验过程中导致不确定度的典型来源有抽样、预处理、样品制备过程、环境条件影响、读数习惯、称量容量仪器不确定度、仪器的不确定度、测量标准及标准物质的不确定度、外部数据转换、测量方法和过程某些近似和假设、测量过程的随机影响等。也就是说，测量不确定度的大小与使用的基准标准、测试水平、测试仪器的质量和运行状态等均有关系。

3. 测量不确定度的分类

不确定度分为标准不确定度（以标准差表示的测量不确定度）和扩展不确定度。根据不确定度评定方法的不同，标准不确定度又分为用统计方法评定的不确定度（A 类）、非统计方法评定的不确定度（B 类）以及合成标准不确定度。

（1）A 类标准不确定度（u_A）　A 类标准不确定度，即统计不确定度，具有随机误差性质，是指可以采用统计方法计算的不确定度，如测量读数具有分散性、测量时温度波动影响等。通常认为这类统计不确定度服从正态分布规律，因此可以像计算标准差那样，通过一系列重复测量值，来计算 A 类标准不确定度。

（2）B 类标准不确定度（u_B）　B 类标准不确定度，即非统计不确定度，是指用非统计方法评定的不确定度，包括采样及样品预处理过程的不确定度、标准对照物浓度的不确定度、标准校准过程的不确定度、仪器示值的误差等。评定 B 类标准不确定度常用估计方法。要估计适当，需要通过相关信息，如掌握不确定分布度的分布规律，同时要参照标准，更需要评定者的实践经验和学识水平。

A 类和 B 类标准不确定度仅是估算方法不同，不存在本质差异，它们都是基于统计规律的概率分布，都可用标准差来定量表达，合成时同等对待。只不过 A 类是通过一组与观测得到的频率分布近似的概率密度函数求得的。而 B 类是由基于事件发生的信任度（主观概率或称为经验概率）的假定概率密度函数求得的。

(3) 合成标准不确定度（u_c） 当测量结果的标准不确定度由若干标准不确定度分量构成时，按平方和求根得到的标准不确定度即为合成标准不确定度。为使问题简化，只讨论简单情况下（即 A 类、B 类分量保持各自独立变化，互不相关）的合成标准不确定度。有关分量之间有相关的情况这里不作考虑。

假设 A 类标准不确定度用 u_A 表示，B 类标准不确定度用 u_B 表示，合成标准不确定度用 u_c 表示。根据不确定度传播律，则合成标准不确定度（u_c）用式(1-19)计算：

$$u_c = \sqrt{u_A^2 + u_B^2} \tag{1-19}$$

(4) 扩展不确定度 扩展不确定度也称展伸不确定度或范围不确定度。

① 扩展不确定度 U。为了表示测量结果的置信区间，用一个包含因子 k（一般在 2~3 范围内）乘以合成不确定度，称为扩展不确定度（以 U 表示）。计算式见式(1-20)。

$$U = ku_c \tag{1-20}$$

式中 k——包含因子。

取 $k=2$，置信概率 p 一般为 95%；当取 $k=3$ 时，置信概率一般为 99%。在通常情况下，一般取 $k=2$，当取其他值时，应说明其来源。

② 扩展不确定度 U_p。当要求扩展不确定度所确定的区间具有接近于规定的置信概率 p 时，扩展不确定度用符号 U_p 表示，当 p 为 0.95 或 0.99 时，分别表示为 U_{95} 和 U_{99}。

③ 相对扩展不确定度 U_{rel}。也可以用相对不确定度表示，表达式见式(1-21)：

$$U_{rel} = \frac{U}{|y|} (y \neq 0) \tag{1-21}$$

M1-13 JJF 1059.1—2012 测量不确定度评定与表示

④ 包含因子与自由度。为求得扩展不确定度，对合成标准不确定度所乘的数字因子，称为包含因子，有时也称为覆盖因子。

包含因子的取值决定了扩展不确定度的置信概率。鉴于扩展不确定度有 U 与 U_p（指定置信概率）两种表示方式，它们在称呼上并无区别，但在使用时 k 一般为 2 或 3，而 k_p 则为给定置信概率 p 所要求的数字因子。在被测量估计值接近于正态分布的情况下，k_p 就是 t 分布（学生分布）中的 T 值。

自由度一词，在不同领域有不同的含义。若仅测量一次，则不存在选择的余地，即自由度为 0。若有两个观测值，显然就多了一个选择。换言之，本来观测一次即可获得被测量值，但人们为了提高测量的质量（品质）或可信度而观测 n 次，其中多测的（$n-1$）次实际上是由测量人员根据需要自由选定的，故称为"自由度"。有关这方面内容不再讨论，可参考相关文献。

4. 测量误差与测量不确定度区别

测量误差与测量不确定度无论从定义、评定方法、合成方法、表达形式、分量的分类等方面均有区别。测量误差与测量不确定度之间存在的主要区别见表 1-6。

表 1-6 测量误差与测量不确定度的主要区别

序号	内容	测量误差	测量不确定度
1	定义的要点	表明测量结果偏离真值，是一个差值，一个理想的概念，不可能确切知道	表明赋予被测量之值的分散性，是一个区间
2	分量的分类	按出现于测量结果中的规律，分为随机误差和系统误差，都是无限多次测量时的理想化概念	按是否用统计方法求得，分为 A 类和 B 类，都是标准不确定度

续表

序号	内容	测量误差	测量不确定度
3	可操作性	由于真值未知,只能通过约定真值求得其估计值	按实验、资料、经验评定,实验方差是总体方差的无偏估计
4	表示的符号	非正即负,不要用正负(±)号表示	为正值,当由方差求得时取其正平方根
5	合成的方法	为各误差分量的代数和	当各分量彼此独立时为平方和求根,必要时加入协方差
6	结果的修正	已知系统误差的估计值时,可以对测量结果进行修正,得到已修正的测量结果	不能用不确定度对结果进行修正,在已修正结果的不确定度中应考虑修正不完善引入的分量
7	结果的说明	属于给定的测量结果,只有相同的结果才有相同的误差	合理赋予被测量的任一个值,均具有相同的分散性
8	实验标准差	来源于给定的测量结果,不表示被测量值估计的随机误差	来源于合理赋予的被测量之值,表示同一观测列中任一个估计值的标准不确定度
9	自由度	不存在	可作为不确定度评定是否可靠的指标
10	置信概率	不存在	当了解分布时,可按置信概率给出置信区间

二、不确定度的评定方法

由于测量结果的不确定度往往由许多原因引起,对每个不确定度来源评定的标准差,称为标准不确定度分量,用符号 u_i 表示。不确定度的评定在原理上很简单,主要有两种方法:直接评定法和综合评定法。

1. 直接评定法

对于检测实验室,按照国际不确定度评定指南 GUM 或我国 JJF 1059.1—2012《测量不确定度评定与表示》技术规范,对检验检测结果进行测量不确定度评定时,一般采用直接评定法。所谓直接评定法,就是在试验条件(检测方法、环境条件、测量仪器、被测对象、检测过程等)明确的基础上,建立由检测参数试验原理所给出的数学模型,即输出量 y 与若干个输入量 x_i 之间的函数关系: $y = f(x_1, x_2, \cdots, x_n)$。在数学模型中,输入量 x_1, x_2, $\cdots$, x_n 可以是以下几种情况。

① 由当前直接测量的量。它们的值与不确定度可得自单一观测、重复观测、依据经验对信息的估计,并可包含测量仪器读数的修正值,以及对周围环境温度、大气压、湿度等影响量的修正值。

② 由外部来源引入的量。如已校准的测量标准、测量仪器、有证标准物质、手册所得的测量值或参考数据。

x_i 的不确定度是 y 的不确定度来源。寻找不确定度来源时,可以从测量仪器、测量环境、测量人员、测量方法、被测量等各方面考虑。应做到不遗漏、不重复,特别要考虑对测量结果影响大的不确定度来源。

y 的不确定度来源取决于 x_i 的不确定度,为此首先必须评定 x_i 的标准不确定度 $u(x_i)$。

求出每个输入量估计值的灵敏度系数 $c_i = \dfrac{\partial y}{\partial x_i}$,再根据输入量间是独立还是相关,或是二者皆存在的关系,进行合成,求出合成不确定度 $u_c(y)$,最后根据对置信概率的要求(95%还是99%),确定包含因子(k 取 2 还是取 3),从而求出扩展不确定度。

采用直接评定法,必须具有三个前提:
① 对数学模型中的所有输入量进行了测量不确定度分量的评定;
② 由试验标准方法所决定的数学模型,能较容易地求出所有输入量的灵敏系数;
③ 各输入量之间的相关还是独立关系是明确的。

2. 综合评定法

如果不能满足直接评定法三个前提条件则必须使用综合评定法。比如光电直读光谱法测定方法，直接读出试样中各元素的含量，这时就按下面的步骤进行评定。

（1）规定被测量　清楚地写明需要测量什么，包括被测量和被测量所依赖的输入量（例如被测数量、常数、校准标准值等）的关系。

（2）识别不确定度的来源　列出不确定度的可能来源。包括第一步所规定的关系式中所含参数的不确定度来源，但是也可以有其他的来源。必须包括那些由化学假设所产生的不确定度来源。

（3）不确定度分量的量化　测量或估计与所识别的每一个潜在的不确定度来源相关的不确定度分量的大小。还有一点很重要的是，要考虑数据是否已反映所有的不确定度来源，计划其他的实验和研究来保证所有的不确定度来源都得到充分的考虑。制定不确定度的评估程序，这一程序的步骤包括解决现有数据与信息需求之间的矛盾，策划获取所需的其他数据。

很重要的是，认识到不是所有的分量都会对合成不确定度构成显著的贡献。实际上只有很少的分量才会有显著影响。除非数量很多，比最大的分量小三分之一的那些分量无需深入评估。对于第一个分量或合成分量的贡献进行初步评估，去掉那些不重要的分量。

不确定度分量的量化主要从 A 类不确定度和 B 类不确定度这两方面进行评定。

（4）计算合成不确定度　下面从不同种类的不确定度评定进行讨论。其他方法请参考有关资料。

三、不确定度的 A 类评定——贝塞尔法

用对观测列进行统计分析的方法来评定标准不确定度，称为不确定度的 A 类评定，有时也称 A 类不确定度评定。一般使用贝塞尔法进行评价。

不确定度 A 类评定的步骤见图 1-1 A 类不确定度评定步骤。

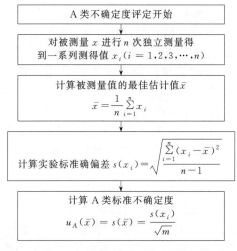

图 1-1　A 类不确定度评定步骤

对同一被测量 x 作 n 次测量，事先对 x 进行 n 次独立重复观测得到（预先测量）x_1，x_2，…，x_i，…，x_n，求平均值，再求实验标准差，按式（1-22）计算：

$$s(x_i) = \sqrt{\frac{\sum_{i=1}^{n}(x_i - \bar{x})^2}{n-1}} \quad (1\text{-}22)$$

式中 x_i——第 i 次测量的结果；

$\bar{x}$——所考虑的 n 次测量结果的算术平均值。

一般这种测量每半年或一年或规程规定的时间内测量一次或根据不确定度测量的程序进行测量，所用的样品一般尽量与实际测量的试样一致。

在随后实际测量中，按 SOP 测量对同类被测物的相同被测量 x 进行 m 次测量，得
$$x_1, x_2, \cdots, x_i, \cdots, x_m$$

计算测量平均值，$\bar{x} = \sum x_m / m$

计算 A 类评定标准不确定度测定 m 次（m 介于 1 到 n 之间），$u(\bar{x}) = s(x_i)/\sqrt{m}$。当 $m=1$ 时（只测 1 次），A 类标准不确定度为 $u(x) = s(x_i)$。

随着测量次数 m 的增加，测量结果的分散性 $s(\bar{x})$ 即与 $\sqrt{m}$ 成反比地减小，这是由于对多次观测值取平均后，正、负误差相互抵偿。所以，当测量要求较高或希望测量结果的标准差较小时，应适当增加 m；但当 $m > 20$ 时，随着 m 的增加，$s(\bar{x})$ 的减小速率减慢。在通常情况下，取 $m \geq 3$，以 $m = 4 \sim 20$ 为宜。另外，应当强调 $s(\bar{x})$ 是平均值的实验标准差，而不能称它为平均值的标准差。

四、不确定度的 B 类评定

用不同于对观测列进行统计分析的方法来评定标准不确定度，称为不确定度的 B 类评定，有时也称 B 类不确定度评定。这是用不同于对测量样品统计分析的其他方法进行的标准不确定度的评定，所得到的相应的标准不确定度称为 B 类标准不确定度分量，用符号 u_B 表示。它用根据经验或资料及假设的概率分布估计的标准差表征，也就是说其原始数据并非来自观测列的数据处理，而是基于实验或其他信息来估计，含有主观鉴别的成分。

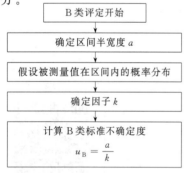

图 1-2 B 类不确定度评定步骤

用于不确定度 B 类评定的信息来源一般有：

① 以前的观测数据；

② 对有关技术资料和测量仪器特性的了解和经验；

③ 生产厂提供的技术说明文件；

④ 校准证书、检定证书或其他文件提供的数据、准确度的等别或级别，包括目前仍在使用的极限误差、最大允许误差等；

⑤ 手册或某些资料给出的参考数据及其不确定度；

⑥ 规定实验方法的国家标准或类似技术文件中给出的重复性限 r 或再现性限 R。

B 类不确定度评定的步骤见图 1-2。B 类不确定度评定方法如下。

M1-15 不确定度的 B 类评定（一）

1. 根据经验和有关信息或资料评定

CNAS-GL009：2018《材料理化检测测量不确定度评定指南及实例》附录 C.1"过硫酸铵氧化容量法测钢中铬的测量不确定度评定"中"由于每次的平行测定过程从试样处理开始均为同时进行，采用其差值进行统计，系统效应所带来的影响有相互抵消作用，其各个（历年同类分析数据）差值的差异反映了由随机效应所引入的不确定度"。这里的不确定度即是 B 类，但利用的历年同类平行分析数据的差值，用贝塞尔公式进行评定。其他的经验信息按下列方法进行。

先分析或判断被测量值落入区间 $[\bar{x} - a, \bar{x} + a]$，并估计区间

内被测量值的概率分布，再按置信概率 p 来估计包含因子 k，见表 1-7，则 B 类标准不确定度 $u(x_i)$ 按式(1-23) 计算：

$$u(x_i)=\frac{a}{k} \tag{1-23}$$

式中　a——置信区间半宽度；
　　　k——对应于置信概率 p 的包含因子。

表 1-7　正态分布情况下置信概率与包含因子之间的关系

$p/\%$	50	68.27	90	95	95.45	99	99.73
k 或 k_p	0.67	1	1.645	1.960	2	2.576	3

其他被测量值落入区间的说法有：测量仪器的最大允许差为 $\pm\Delta$（$a=\Delta$）；校准证书提供扩展不确定度 U（$a=U$）；手册查得的误差限为 $\pm\Delta$（$a=\Delta$）；资料上提供最小可能值 a_- 和最大值 a_+，最佳估计值落在该区间，则 $a=(a_+-a_-)/2$；经验推断某量值不会超出的范围也就是 a。

2. 已知扩展不确定度 U 和包含因子 k 评定

如果估计值 x_i 来源于制造部门的说明书、校准证书、手册或其他资料，其中同时还明确给出了其扩展不确定度 $U(x_i)$ 是标准不确定度 $u(x_i)$ 的 k 倍，指明了包含因子 k 的大小，表 1-8 给出了常用分布与包含因子 k、$u(x_i)$ 的关系，则标准不确定度 $u(x_i)$ 可用式(1-24) 计算：

$$u(x_i)=\frac{U(x_i)}{k} \tag{1-24}$$

表 1-8　常用分布与包含因子 k、$u(x_i)$ 的关系

分布类别	$p/\%$	k	$u(x_i)$
正态	99.73	3	$a/3$
三角	100	$\sqrt{6}$	$a/\sqrt{6}$
梯形 $\beta=0.71$	100	2	$a/2$
矩形	100	$\sqrt{3}$	$a/\sqrt{3}$
反正弦	100	$\sqrt{2}$	$a/\sqrt{2}$
两点	100	1	a

【例 1-2】 校准证书上指出标称值为 1kg 的砝码的实际质量 $m=1000.00032\text{g}$，并说明按包含因子 $k=3$，给出的扩展不确定度 $U=0.24\text{mg}$，则该砝码的标准不确定度为多少？

解： 砝码的标准不确定度为 $u(m)=0.24\text{mg}/3=80\mu\text{g}$，相应的相对标准不确定度 $u_{\text{rel}}(m)$ 为

$$u_{\text{rel}}(m)=\frac{u(m)}{m}=\frac{80}{1000.00032\times 10^6}=80\times 10^{-9}$$

在这个例子中，砝码使用其实际值 1000.00032g，而不使用其标称值，即砝码是以"等"使用。评定的标准不确定度 $80\mu\text{g}$ 是 1000.00032g 的标准不确定度。

3. 已知置信概率 p 和置信区间的半宽度 U_p

除非另有说明，一般按照正态分布考虑评定其标准不确定度 $u(x_i)$。正态分布的置信概率 p 与包含因子 k_p 之间的关系示于表 1-7，查出 k_p。$u(x_i)$ 的计算公式为式(1-25)：

M1-16　不确定度的 B 类评定（二）

$$u(x_i) = \frac{U_p}{k_p} \tag{1-25}$$

4. 已知扩展不确定度 U_p 以及置信概率 p 与有效自由度 ν_{eff} 的 t 分布

如 x_i 的扩展不确定度不仅给出了扩展不确定度 U_p 和置信概率 p，而且给出了有效自由度 ν_{eff} 或包含因子 k_p，这时必须按 t 分布处理，以 $t_p(\nu_{\text{eff}})$ 代替 k_p，用式(1-26)计算 $u(x_i)$：

$$u(x_i) = \frac{U_p}{t_p(\nu_{\text{eff}})} \tag{1-26}$$

这种情况提供的不确定度信息比较齐全，常出现在校准证书上。t 分布表参见表1-9。

表1-9　t 分布在不同置信概率 p 与自由度 ν 的 $t_p(\nu)$ 值

ν	置信概率 p				ν	置信概率 p			
	90%	95%	99%	99.50%		90%	95%	99%	99.50%
1	6.314	2.706	63.657	127.321	26	1.706	2.056	2.779	3.067
2	2.92	4.303	9.925	14.089	27	1.703	2.052	2.771	3.057
3	2.353	3.182	5.841	7.453	28	1.701	2.048	2.763	3.047
4	2.132	2.776	4.604	5.598	29	1.699	2.045	2.756	3.038
5	2.015	2.571	4.032	4.773	30	1.697	2.042	2.75	3.03
6	1.943	2.447	3.707	4.317	31	1.696	2.04	2.744	3.022
7	1.895	2.365	3.499	4.029	32	1.694	2.037	2.738	3.015
8	1.86	2.306	3.355	3.833	33	1.692	2.035	2.733	3.008
9	1.833	2.262	3.25	3.69	34	1.091	2.032	2.728	3.002
10	1.812	2.228	3.169	3.581	35	1.69	2.03	2.724	2.996
11	1.796	2.201	3.106	3.497	36	1.688	2.028	2.719	2.99
12	1.782	2.179	3.055	3.428	37	1.687	2.026	2.715	2.985
13	1.771	2.16	3.012	3.372	38	1.686	2.024	2.712	2.98
14	1.761	2.145	2.977	3.326	39	1.685	2.023	2.708	2.976
15	1.753	2.131	2.947	3.286	40	1.684	2.021	2.704	2.971
16	1.746	2.12	2.921	3.252	50	1.676	2.009	2.678	2.937
17	1.74	2.11	2.898	3.222	60	1.671	2	2.66	2.915
18	1.734	2.101	2.878	3.197	70	1.667	1.994	2.648	2.899
19	1.729	2.093	2.861	3.174	80	1.664	1.99	2.639	2.887
20	1.725	2.086	2.845	3.153	90	1.662	1.987	2.632	2.878
21	1.721	2.08	2.831	3.135	100	1.66	1.984	2.626	2.871
22	1.717	2.074	2.819	3.119	200	1.653	1.972	2.601	2.839
23	1.714	2.069	2.807	3.104	500	1.648	1.965	2.586	2.82
24	1.711	2.064	2.797	3.091	1000	1.646	1.962	2.581	2.813
25	1.708	2.06	2.787	3.078	∞	1.6449	1.96	2.5758	2.807

5. 以"等"使用的仪器的不确定度计算

以"等"使用的仪器，由校准证书或其他资料知道 $U(x_i)$、k，分清分布的种类后，按方法2或3中所述的方法计算标准不确定度分量。由校准证书或其他资料知道 $U_p(x_i)$、p、ν_{eff}，即按 t 分布计算，按方法4中所述的方法评定标准不确定度分量。

对于以"等"使用的仪器的标准不确定度评定，应注意以下几点。

以"等"使用的指示类仪器，使用时应对其示值进行修正或使用校准曲线；应使用其实际值（标称值），同时还应当考虑其长期稳定性的影响，通常把两次检定周期或校准周期之间的差值，作为不确定度的一个分量，该分量按均匀分布处理。

以"等"使用的仪器的标准不确定度评定，一般采用正态分布或 t 分布；使用时的环境条件偏离参考条件时，要考虑环境条件引起的不确定度分量；不需要考虑上一等别检定或校准的不确定度。

6. 以"级"使用的仪器的不确定度计算

以"级"使用的仪器，由检定证书上给出准确度"级别"（0.5，1，2，3等级别）知道该级别的最大允许误差为±A，一般采用均匀分布，得到示值允差引起的标准不确定度分量用式(1-27)计算：

$$u(x_i) = \frac{A}{\sqrt{3}} \tag{1-27}$$

对于以"级"使用的仪器的标准不确定度评定，应注意：以"级"使用的指示类仪器不需要再考虑仪器长期稳定性引起的不确定度；以"级"使用的仪器，不必考虑环境条件引起的不确定度。

表1-10给出了B类不确定度计算方法汇总。

表1-10 B类不确定度计算方法汇总

序号	种类	方法步骤		不确定度计算
1	根据经验和有关信息或资料评定	被测量值落入区间$[\bar{x}-a, \bar{x}+a]$	置信概率p来估计包含因子k	$u(x_i) = \dfrac{a}{k}$
2	已知扩展不确定度U和包含因子k评定	估计值x_i来源于制造部门的说明书、校准证书、手册或其他资料	明确给出其扩展不确定度$U(x_i)$是标准不确定度$u(x_i)$的k倍	$u(x_i) = \dfrac{U(x_i)}{k}$
3	已知置信概率p和置信区间的半宽度U_p	已知k_p		$u(x_i) = \dfrac{U_p}{k_p}$
4	已知扩展不确定度U_p以及置信概率p与有效自由度ν_{eff}的t分布	按t分布处理，查表1-9		$u(x_i) = \dfrac{U_p}{t_p(\nu_{eff})}$
5	以"等"使用的仪器的不确定度计算	根据"计量器具检定系统"或检定规程所规定的该等别的测量不确定度大小	$U(x_i)$、k或k_p	$u(x_i) = \dfrac{U(x_i)}{k}$ 或 $u(x_i) = \dfrac{U_p}{k_p}$
			$U_p(x_i)$、p、ν_{eff}	$u(x_i) = \dfrac{U_p}{t_p(\nu_{eff})}$
				指示类通常把两次检定周期或校准周期之间的差值，作为不确定度的一个分量，该分量按均匀分布处理
6	以"级"使用的仪器的不确定度计算	根据"计量器具检定系统"或检定规程所规定的该级别的最大允许误差进行评定	假设最大允许误差为±A，一般采用均匀分布	$u(x_i) = \dfrac{A}{\sqrt{3}}$
7	数字显示器的分辨力为δx或量值数字修约时，修约间隔为δx			$u(x_i) = \dfrac{\delta x}{2\sqrt{3}} = 0.29\delta x$
8	重复性条件或再现性条件下的重复性限r或再现性限R			$u(x_i) = \dfrac{r}{2.83}$ $u(x_i) = \dfrac{R}{2.83}$

五、合成标准不确定度

当测量结果是由若干个其他量的值求得时，按其他各量的方差和协方差算得的标准不确定度，称为合成标准不确定度。

M-17 合成标准不确定度

被测量 y 的估计值 $y=f(x_1,x_2,\cdots,x_n)$ 的标准不确定度是由相应输入量 x_1，x_2，$\cdots$，x_n 的标准不确定度合理合成求得的，其符号为 $u_c(y)$，下脚标"c"系"合成"之义，取自英文 combined 的第一个字母。

合成标准不确定度 $u_c(y)$ 表征合理赋予被测量之值 y 的分散性，是一个估计标准差。

方差是标准差的平方，协方差是相关性导致的方差。当两个被测量的估计值具有相同的不确定度来源，特别是受到相同的系统效应的影响（例如使用了同一台标准器）时，它们之间即存在着相关性。如果两个都偏大或都偏小，称为正相关；如果一个偏大而另一个偏小，则称为负相关。由这种相关性所导致的方差，即为协方差。显然，计入协方差会扩大合成标准不确定度，协方差的计算既有属于 A 类评定的，也有属于 B 类评定的。人们往往通过改变测量程序来避免发生相关性，或者使协方差将其减小到可以省略的程序，例如通过改变所使用的同一台标准器等。如果两个随机变量是独立的，则它们的协方差和相关系数等于零，但反之不一定成立。考虑协方差的内容这里不介绍，读者可参考《化学分析中不确定度的评估指南》等书籍。

1. 合成标准不确定度规则一

只涉及量的和或差的线性模型，例如 $y=c_1x_1+c_2x_2+\cdots+c_nx_n$，则合成标准不确定度按式(1-28) 计算：

$$u_c(y)=\sqrt{c_1^2u^2(x_1)+c_2^2u^2(x_2)+\cdots+c_n^2u^2(x_n)} \tag{1-28}$$

此时，有 $c_iu(x_i)=u_i(y)$，所以可以将上式写作：

$$u_c(y)=\sqrt{\sum_{i=1}^{n}u_i^2(y)} \tag{1-29}$$

【例 1-3】 $y=2x_1+x_2$，且 x_1 与 x_2 不相关，$u(x_1)=1.73\text{mm}$，$u(x_2)=1.15\text{mm}$，求 $u_c(y)$。

解：
$$u_c^2(y)=[2u(x_1)]^2+u^2(x_2)$$
$$u_c(y)=\sqrt{[2u(x_1)]^2+u^2(x_2)}$$
$$=\sqrt{(2\times1.73)^2+(1.15)^2}$$
$$=3.65(\text{mm})$$

2. 合成标准不确定度规则二

只涉及积或商的模型，如果函数 f 的表现形式为 $y=mx_1^{p_1}x_2^{p_2}\cdots x_n^{p_n}$，合成标准不确定度为：

$$u_{c,\text{rel}}(y)=\frac{u_c(y)}{y}=\sqrt{\sum_{i=1}^{n}\left[p_i\frac{u(x_i)}{x_i}\right]^2}=\sqrt{\sum_{i=1}^{n}[p_iu_{\text{rel}}(x_i)]^2} \tag{1-30}$$

式中 m——常数；

p_i——指数可以是正数、负数或分数（p_i 的不确定度可以忽略不计）。

$$u_{c,\text{rel}}(x_i)=u(x_i)/x_i$$

上式给出的是相对合成标准不确定度，对于函数 $y=mx_1^{p_1}x_2^{p_2}\cdots x_n^{p_n}$ 的形式，采用相对标准不确定度 $u_{c,\text{rel}}(y)$ 进行评定比较方便。

【例 1-4】 $y=x_1^2x_2$，x_1 和 x_2 不相关，计算 y 的相对不确定度。

解： ① 应用规则二，采用相对标准不确定度，用平方和求根的方法合成，输出量 y 的相对合成标准不确定度为：

$$u_{c,rel}(y) = \sqrt{[2u_{rel}(x_1)]^2 + u_{rel}^2(x_2)}$$

② 直接应用不确定度传播率

$$u_{c,rel}(y) = \frac{u_c(y)}{y} = \frac{\sqrt{[x_2 u(x_1)]^2 + [x_1 u(x_2)]^2}}{x_1 x_2}$$

$$= \sqrt{\frac{[2u(x_1)]^2}{x_1^2} + \frac{u^2(x_2)}{x_2^2}} = \sqrt{[2u_{rel}(x_1)]^2 + u_{rel}^2(x_2)}$$

六、不确定度的表达

M1-18　WS/T 493—2017 酶学参考实验室参考方法测定不确定度评定指南

$\bar{x}$ 取几位数由 U 来决定，U 一般取一位有效数字，最多取两位有效数字；$\bar{x}$ 的结果的小数点后的位数与 U 的小数点后的位数对齐。

不确定度的修约原则：按有效数字修约规则或只进不舍。如 0.0236 按有效数字修约规则取一位有效数字 0.02 或按只进不舍 0.03。当不确定度首位为 1 或 2，一般多保留一位。

通常，在报告基础计量学研究、基本物理常量测量及复现国际单位制的国际比对结果时，使用合成标准不确定度，同时给出有效自由度。在其他情况，如实验室之间能力比对试验、工业试验检测、商业检测，尤其在涉及安全、健康的情况下，报告测量结果时，均应同时报告扩展不确定度。

微课扫一扫

M-19　直接评定法实例

1. 合成标准不确定度的报告表示形式

化学分析报告中，当采用合成标准不确定度 u_c（即作为单个标准差）或相对合成标准不确定度（$u_{c,rel}$）表示结果时，可采用如下的形式："结果：y 的值（单位），标准不确定度的值（单位）"。当只考虑 A 类不确定度时，还应给出参加统计的数据组数 n。在使用标准不确定度时，不使用±符号。例如，氢氧化钠测量浓度值 $c_{NaOH}=0.10214(mol/L)$，合成标准不确定度 $u_c(c_{NaOH})=0.00010(mol/L)$ 时，结果表示为：$c_{NaOH}=0.10214(mol/L)$，$u_c(c_{NaOH})=0.00010(mol/L)$。

2. 扩展不确定度 U 的报告形式

形式：（结果）$(x \pm U)$（单位），$k=2$（或 3）。

例如，氢氧化钠测量浓度值 $c_{NaOH}=0.10214(mol/L)$，扩展不确定度为 0.00020(mol/L) 时，结果表示为：$c_{NaOH}=(0.10214 \pm 0.00020)(mol/L)$，$k=2$。

思考与交流

1. 讨论不确定度的定义和作用。
2. 讨论不确定度 A 类评定方法的步骤和注意事项。
3. 不确定度 B 类评定主要的形式和评定。
4. 合成不确定度的方法。
5. 表达不确定度的方式。

任务五　分析检验的质量控制

任务要求

1. 了解质量控制的内容。

2. 了解质量控制的基本要素。
3. 了解标准物质的用途与使用注意事项。
4. 了解分析检验过程的质量控制。
5. 了解内部质量控制（IQC）与外部质量控制的方法。

质量控制的任务就是把所有的误差，其中包括系统误差、随机误差，甚至是疏忽误差，减少到预期的水平。质量控制工作，应当使分析检验的工作做到恰到好处，不但要确保测定结果准确可靠，而且还要能达到提高工作效率、降低消耗的目的。为此，分析工作者应根据实际需要选择合适分析方法和误差限，否则将可能发生两种情况：要么分析结果不能表明产品是否合格，甚至导致错误的结论；要么过分地追求分析结果的可靠性，消耗了不必要的人力与物力。

一、质量控制的基本要素

质量控制的基本要素有：人员素质、仪器设备、材料试剂、分析方法、环境设施，简称人、机、料、法、环。

1. 人员素质

具有一批有良好职业道德修养、技术经验丰富、有资历的分析工作人员是保证分析质量的必要条件之一。一个称职的分析工作者，除具有良好职业道德外，还必须具有与分析科目要求相当的能力水平。有人作过统计，高级、中级、初级人员在分析数据上出错的比例为 $1:5:17$。由此可见，分析检验人员的操作技能、理论知识和实际经验是质量控制的首要因素。从事分析的人员必须经过与其承担的任务相适应的教育、培训，并具有相应的技术知识和经验，考核合格后，持证上岗。

2. 仪器设备

现代分析实验室需要专门的设备和仪器，分析工作的成功或失败常常与分析仪器和设备使用是否得当有很大的关系。在某些分析领域中，为获得可靠的结果，湿度和温度的控制是必要的前提。现代数据处理和管理系统对某些分析技术来讲是必不可少的，对于其他大多数分析技术来说，很快地也将面临这样的情况。对于检测准确性或者有效性有显著影响的所有设备，包括辅助测量设备、器具，在投入使用前应进行检定（校准）。定容仪器，特别是重复使用的，必须彻底清洗。专门的分析仪器和设备正在迅速替代通用仪器，因此某些种类的分析测量就只能在有这些仪器的实验室中进行。实验室不但应正确配备进行分析的仪器设备，还必须维护保养好它们，以保证分析质量。

3. 材料试剂

测试过程中，从取样、样品处理，直至进行测定都要用到化学试剂，正确选择化学试剂的等级是分析检验质量保证的重要内容。很多测定需要使用作为标准物质的化学试剂来标定标准溶液或标定仪器。试剂中某些杂质含量过高会增加空白值，而空白值则决定了方法能测定的最小值。使用的试剂，在使用前应按相应分析项目所要求的标准规范进行检测，检测合格后，方可投入使用。分析工作者应根据被测组分的含量水平，选择合适的器皿材料，并辅以正确的清洗过程，这样才能保证分析结果的质量。

4. 分析方法

实验室应使用适当的方法进行所有检验工作（包括样品的抽取、处置、传送和储存、制备、测量不确定度的估算、检验数据的分析），这些方法应与所要求的准确度和有关检验的标准规范一致。实验室应尽可能使用国际、国家、行业和地方标准方法，需要使用非标准方法时，应经过验证。产品检验采用非标准方法时应与客户达成协议，形成有效文件。

实验室样品从包装、运输、接收、制备、传递、储存等要充分考虑到检测方法对实验室样品的技术要求。应对接收的实验室样品进行编号登记，加上唯一性标识。分析样品的量一般应满足检测、复查或确证、留样的需要。

实验室在进行方法确认后应制定分析方法的控制程序，确保方法受控。实验室应定期核查方法的时效性，确保实验室使用的方法现行有效。

检测过程需依照检测方法和作业指导书，当测试过程出现异常现象应详细记录，并及时采取措施处置。检测的有效位数应与检测方法中规定相符，计算中间所得数据的有效位数应多保留一位，数值修约应遵守 GB/T 8170，检测结果应使用法定计量单位。

5. 环境设施

实验室的环境包括：实验室清洁工作、房屋管理、温度和湿度的控制、玻璃器皿清洗、水、电设施等。实验室的环境不应该影响分析检验结果的有效性或对所要求的测定准确度产生不利的影响。必要时，应对环境条件进行有效监测、控制并记录。另外还应配置停电、停水、防火等应急的安全设施，以免影响分析检验工作的质量。痕量分析与常量分析必须分别在独立的房间进行，使用完全独立的实验室设施。

M1-20 GB/T 15000.8—2003 标准样品工作导则（8）有证标准样品的使用

M1-21 JJF 1507—2015 标准物质的选择与应用

二、标准物质

标准物质（RM）是具有足够均匀和稳定特性的物质，其特性被证实适用于测量中或标称特性检查中预期用途。标称特性检查提供一个标称性值及其不确定度，该不确定度不是测量不确定度。赋值或未赋值的标准物质都可用于测量精密度控制，只有赋值的标准物质才可用于校准或测量正确度控制。标准物质既包括具有量的物质，也包括具有标称特性的物质，在物理、化学、生物与工程测定领域中用于校准测量仪器和测量过程，评价测量方法准确度和检查实验室的检测能力，确定材料或产品的特性量值，进行量值仲裁等，对进行质量管理、实施质量保证非常重要。标准物质可以是纯的或混合的气体、液体或固体。例如，校准黏度计用的纯水，化学分析中校准用的溶液，也可以是基准试剂。

标准物质具有下列特点：
① 标准物质的量值与物质的性质有关，与物质的数量和形状无关；
② 标准物质具有良好的复现性，可以批量制备并且在用完后再行复制；
③ 标准物质种类多，仅化学成分量标准物质就数以千计量的范围也很广。

标准物质既可用于校准检定测量仪器，评价测量方法的准确度，也可用于测量过程的质量评价以及实验室的资质认定与测量仲裁等。

1. 标准物质的特性

准确性、均匀性和稳定性是标准物质的特性和基本要求。

（1）准确性　通常标准物质证书中会同时给出标准物质的标准值和计量的不确定度，不确定度的来源包括称量、仪器、均匀性、稳定性、不同实验室之间以及不同方法所产生的不确定度。

(2) 均匀性　均匀性是物质的某些特性一致或具有相同组分或相同结构的状态。

(3) 稳定性　稳定性是指标准物质在指定的环境条件和时间内，其特性值保持在规定的范围内的能力。

标准物质是以特性量值的均匀性、稳定性和准确性为主要特征的。

为获得这些基本特征，标准物质起码应满足以下基本要求：材质均匀、量值稳定、认定量值准确、附有特定的证书、可批量生产、具有与被测物质相近的组成和特性。

2. 标准物质的分级、分类

(1) 标准物质的分级　我国将标准物质分为一级与二级，它们都符合"有证标准物质"的定义。

有证标准物质（CRM）是标准物质（RM）中的一个特殊类别，须附有符合一定要求的认定证书。根据以上定义，有证标准物质（CRM）是标准物质（RM）的子集。有证标准物质（CRM）是附有权威机构发布的文件，提供使用有效程序获得的具有不确定度和溯源性的一个或多个特性值的标准物质。文件以证书的形式给出，有证标准物质制备和颁发证书的程序是有规定的。

① 一级标准物质代号为 GBW，是指采用绝对测量方法或其他准确、可靠的方法测量标准物质的特性量值，其测量准确度达到国内最高水平的有证标准物质。一级标准物质由国务院计量行政部门批准、颁布并授权生产。一级标准物质主要用于研究与评价标准方法，对二级标准物质定值。

② 二级标准物质代号 GBW(E)，是指采用准确、可靠的方法，或直接与一级标准物质相比较的方法定值的标准物质。二级标准物质常称为工作标准物质，主要用于评价分析方法以及同一实验室内或不同实验室间的质量保证。

分析检验中还使用基准试剂，也属于标准物质的范畴。基准试剂（PT）是纯度高、杂质少、稳定性好、化学组分恒定的化合物。基准试剂是可直接配制标准溶液的化学物质，也可用于标定其他非基准物质的标准溶液，实验室暂无储备时，一般可由优级纯试剂担当。在基准试剂中有容量分析、pH 测定、热值测定等。基准试剂有第一基准试剂和工作基准试剂之分。第一基准试剂属于一级标准物质，纯度范围为 99.98%～100.02%，测量不确定度优于 0.01%（置信概率为 95%），必须由国家计量科学院检定。试剂生产单位则利用第一基准试剂作为工作基准试剂（属于二级标准物质）的测定标准。目前，商业经营的基准试剂主要是指容量分析类中的容量分析工作基准试剂［纯度范围为 99.95%～100.05%，不确定度 0.05%（置信概率为 95%）］，一般用于标定滴定液。

(2) 标准物质的分类　我国生产使用的标准物质多达千种以上，涉及领域也很广，按照检测特性考虑，基本上可分为三种，即化学成分标准物质、工程技术特性标准物质、物理学和物理化学特性标准物质。参照国际上常用的分类方式，我国标准物质目前按标准物质属性和应用领域分类分成 13 类：钢铁、有色金属、建筑材料、核材料与放射性、高分子材料、化工产品、地质、环境、临床化学与医药、食品、能源、工程技术、物理学与物理化学。

3. 标准物质的用途

(1) 方法的研制和评价　在研究和发展新的测试方法时，常用标准物质作为已知物，对新方法进行验证，以考核和评定新方法的准确度和可信度。标准物质可以用来评价分析方法。具体操作过程是：选择含量水平、化学组成和物理形态与样品尽可能相近的标准物质，与样品同时作平行测定。如果标准物质的测定值与证书上所给的保证值一致，则表明该分析方法可行，不存在明显的系统误差，样品分析结果数据可靠，可近似地将测量精密度作为结果的准确度对待。

（2）建立测量的溯源性　溯源性是指通过具有规定的不确定度的连续比较链，使测量结果或标准的量值能够与规定的参比基准，通常是国家基准或国际基准联系起来的特性。

为了确保测定的溯源性，实验室应控制和验证多种参数，但是完成其全部细节是非常艰巨的工作。使用已建立溯源性的标准物质可使这项工作大为简化。采用的标准物质与被分析的实际样品的基体足够相似，可使测定中可能引起误差的所有分析问题都包括在内，用户对标准物质和未知样品应使用相同分析程序。

当实验室使用这样的标准物质，如果发现与标准值差异可忽略时，表明结果准确，而且能溯源到基本测量标度。假若差异不可接受，则表明测量程序中包含必须验明并予以消除的误差。容易产生误差的最关键步骤可能是样品处理和校正是否匹配。因此，标准物质的作用在于可与在工业计量实验室所使用的传递标准相比较，因为它的工作也允许具有特定不确定度。

（3）测量可比性的保证　目前大量国外临床检验用分析仪器进入我国，由于缺乏相应的标准物质，许多检验数据都缺乏可比性。使用标准物质后，能使各实验室之间的检测数据有更好的可比性。

（4）保证产品质量监督检验的顺利进行　在生产过程中，从工业原料的检验、工艺流程的控制、产品质量的评价、新产品的试制到三废的处理和利用等都需要各种相应的标准物质保证其检验结果的可靠性，使生产过程处于良好的质量控制状态，有效地提高产品质量。

另外，标准物质在产品保证制定验证与实施方面，在产品检验和认证机构的质量控制和评价方面，在实验室认可工作方面都发挥着重要作用。

4. 标准物质的使用原则

标准物质的使用应当以保证测量的可靠性为原则。实验室在检测工作中，凡需要使用标准物质的，必须使用有证的标准物质，且在有效期内。标准物质需要有明显的标志表明其校准或检定状态，标准物质可以重新赋值。要注意标准物质的取用量大于最小取样量；应在分析方法和操作过程处于正常稳定状态下及处于统计控制中使用标准物质。

M1-22　标准物质的使用

5. 有证标准物质的选择

寻找有证标准物质的第一步是将所需有证标准物质的清单与国际市场的可供应有证标准物质目录对比。实验室初步审查后认为最有希望的有证标准物质必须保证：证书写明关心的成分已有效定值，且其数值并非单纯的列举，定值的程序具有计量可靠性的应有水平，具有完整文件。关于基体问题，实验室要使有证标准物质与样品合理的类似。采用市场上可供应的有证标准物质，通常能够确保最好的准确度保证和最好的性价比。

6. 内部标准样品（RM）的使用

如果市场不能提供满足实验室所指明需求的 CRM，实验室可着手开发自己内部的 RM。实验室首先应探讨以下可能性：与那些有能力开发这种新的 CRM 的制造商联系，与有同样要求的用户联系，努力建立联合项目；同时，可能得到对 CRM 负责的国家实验室的帮助。

制备和使用内部 RM，应提供计量溯源性保证和文件证明，内部 RM 可允许有比 CRM 低的准确度，但它要有较好的适用性。

内部制备的 RM 应满足下列条件：几年内可连续获得；具有已确认的均匀性和稳定性；内部定值分析已确认的溯源性；保证没有对校准要求的不确定度可能有不利影响的偏移，不确定度数值应满足校准要求的不确定度；为表征内部 RM，通常需要得到不确定度数值，最好是通过使用 CRM 使其得到确认。内部 RM 应是采用确认了溯源性和足够不确定度的程序确定其标准值及其不确定度的样品。

7. 进口标准物质的使用

使用国内不能生产的进口标准物质时，必须满足以下条件：在有效期内，并且有合格证书及不确定度数值；经过分析检验，证明性能符合要求；使用新批号时，必须进行比对测试；分析检验和比对测试的数据，必须归档保存，以便审查。

8. 标准物质使用注意事项

在质量控制中经常将 CRM 作为未知的"盲样"使用，有可能误用。一般在某一专业技术领域某个水平仅有少量 CRM，有可能达不到预期的目的。此外，同一 CRM 绝不能在一个测量过程中既用于校正目的又作为未知检验的"盲样"。

CRM 的均匀性不仅取决于标准物质本身的均匀性，还取决于均匀性检验时所用方法的重复性和均匀性的统计设计。对于某些 CRM 来说，均匀性检验只是在质量、物理尺寸、测量时间等确定的一个试验部分才是有效的。

CRM 定值特性的合成标准不确定度可能来自标准物质的不均匀性、定值方法以及实验室内、实验室间的不确定度，还包括标准物质有效期内的变化，是标准物质最佳估计值的不确定程度。无论是评定方法的准确度和精密度，或者是进行仪器校准，选择 CRM 需要考虑的一个重要的方面是该方法最终使用要求的不确定度水平。显然，用户不应当选用不确定度超过最终使用要求的 CRM，不能简单地以标准物质的不确定度代替测量过程（测量方法）的不确定度。

在评价测试方法、校准仪器等应用中，使用标准物质进行测定时，其测量的条件（仪器、人员、环境等）应处于最佳的状态，否则，有可能因这些条件的变化而影响评价或测定结果的准确度。标准物质的正确使用与否与采购和使用者有着密切的关系。

三、分析检验过程的质量控制

质量控制是为保证实验室中得到的数据的准确度和精密度落在已知置信概率下所采取的措施。分析检验过程质量控制的目的是把分析误差控制在允许限度内，保证测定结果有与要求相应的精密度和准确度。为此，在分析检验过程中，可以采取下面这些措施来控制分析检验结果的质量。

1. 标准物质监控

通常的做法是实验室直接用合适的有证标准物质或内部标准样品作为监控样品，定期或不定期将监控样品以比对样或密码样的形式，与样品检测以相同的流程和方法同时进行检测，实验室完成后上报检测结果给相关质量控制人员，也可由检测人员自行安排在样品检测时同时插入标准物质，验证检测结果的准确性。

一般可用于仪器状态的控制、样品检测过程的控制、实验室内部的仪器比对、人员比对、方法比对以及实验室间比对等。这种方法的特点是可靠性高，但成本高。

2. 人员比对

由实验室内部的检测人员在合理的时间段内，对同一样品使用同一方法，在相同的检测仪器上完成检测任务，比较检测结果的符合程度，判定检测人员操作能力的可比性和稳定性。实验室进行人员比对，比对项目尽可能检测环节复杂一些，尤其是手动操作步骤多一些。检测人员之间的操作要相互独立，避免相互之间存在干扰。

通常情况下，实验室在监督频次上，对新上岗人员的监督高于正常在岗人员，且在组织人员比对时，最好始终以本实验室经验丰富和能力稳定的检测人员所报结果为参考值。

实验室内部组织的人员比对主要用于考核新进人员、新培训人员的检测技术能力和监督在岗人员的检测技术能力。

3. 方法比对

方法比对是不同分析方法之间的比对试验，指同一检测人员对同一样品采用不同的检测方法检测同一项目，比较测定结果的符合程度，判定其可比性，以验证方法的可靠性。

方法比对的考核对象为检测方法，主要目的是评价不同检测方法的检测结果是否存在显著性差异。比对时，通常以标准方法所得检测结果作为参考值，用其他检测方法的检测结果与之进行对比，方法之间的检测结果差异应该符合评价要求，否则，即证明非标准方法是不适用的，或者需要进一步修改、优化，用于对实验室涉及的非标准方法的确认。

4. 仪器比对

仪器比对是指同一检测人员运用不同仪器设备（包括仪器种类相同或不同），对相同的样品使用相同检测方法进行检测，比较测定结果的符合程度，判定仪器性能的可比性。仪器比对的考核对象为检测仪器，主要目的是评价不同检测仪器的性能差异（如灵敏度、精密度、抗干扰能力等）、测定结果的符合程度和存在的问题。所选择的检测项目和检测方法应该能够适合和充分体现参加比对的仪器的性能。

仪器比对通常用于实验室对新增或维修后仪器设备的性能情况进行的核查控制，也可用于评估仪器设备之间的检测结果的差异程度。进行仪器比对，尤其要注意保持比对过程中除仪器之外其他所有环节条件的一致性，以确保结果差异对仪器性能的充分响应。

5. 留样复测

留样复测是指在不同的时间（或合理的时间间隔内），再次对同一样品进行检测，通过比较前后两次测定结果的一致性来判断检测过程是否存在问题、验证检测数据的可靠性和稳定性。若两次检测结果符合评价要求，则说明实验室该项目的检测能力持续有效；若不符合，应分析原因，采取纠正措施，必要时追溯前期的检测结果。事实上，留样复测可以认为是一种特殊的实验室内部比对，即不同时间的比对。留样复测应注意所用样品的性能指标的稳定性，即应有充分的数据显示或经专家评估，表明留存的样品赋值稳定。

留样复测作为内部质量控制手段，主要适用于有一定水平检测数据的样品或阳性样品、待检测项目相对比较稳定的样品以及当需要对留存样品特性监控、检测结果的再现性进行验证等。采取留样复测有利于监控该项目检测结果的持续稳定性及观察其发展趋势；也可促使检验人员认真对待每一次检验工作，从而提高自身素质和技术水平。但要注意，留样复测只能对检测结果的重复性进行控制，不能判断检测结果是否存在系统误差。

6. 空白测试

空白测试又称空白试验，是在不加待测样品（特殊情况下可采用不含待测组分，但有与样品基本一致基体的空白样品代替）的情况下，用与测定待测样品相同的方法、步骤进行定量分析，获得分析结果的过程。

实验室通过做空白测试，一方面可以有效评价并校正由试剂、实验用水、器皿以及环境因素带入的杂质所引起的误差；另一方面在保证对空白值进行有效监控的同时，也能够掌握不同分析方法和检测人员之间的差异情况。此外，做空白测试，还能够准确评估该检测方法的检出限和定量限等技术指标。

7. 重复测试

重复测试即重复性试验，也称为平行样测试，指的是在重复性条件下进行的两次或多次测试。重复性条件指的是在同一实验室，由同一检测人员使用相同的设备，按相同的测试方法，在短时间内对同一被测对象相互独立进行检测。

重复测试可以广泛地用于实验室对样品制备均匀性、检测设备或仪器的稳定性、测试方法的精密度、检测人员的技术水平以及平行样间的分析间隔等的监测评价。需要注意的是，随着待测组分含量水平的不同，检测过程中对测试精密度可能产生重要影响的因素会有很大不同。

8. 回收率试验

回收率试验也称"加标回收率试验"，通常是将已知质量或浓度的被测物质添加到被测样品中作为测定对象，用给定的方法进行测定，所得的结果与已知质量或浓度进行比较，计算被测物质分析结果增量占添加的已知量的百分比。该计算的百分比即称该方法对该物质的"加标回收率"，简称"回收率"。通常情况下，回收率越接近100%，定量分析结果的准确度就越高，因此可以用回收率的大小来评价定量分析结果的准确度。

回收率试验具有方法操作简单，成本低廉的特点，能综合反映多种因素引起的误差，在检测实验室日常质量控制中有十分重要的作用。主要适用各类化学分析中，如各类产品和材料中低含量重金属、有机化合物等项目检测结果控制，化学检测方法的准确度、可靠性的验证，化学检测样品前处理或仪器测定的有效性等。

9. 校准曲线的核查

校准曲线用于描述待测物质浓度或量与检测仪器相应值或指示值之间的定量关系。通过使用标准溶液按照正常样品检测程序作简化或完全相同的分析处理，而绘制得到的校准曲线则相应称为标准曲线和工作曲线。

为确保校准曲线始终具有良好的精密度和准确度，就需要采取相应的方法进行核查。对精密度的核查，通常在校准曲线上取低、中、高3个浓度点进行验证。对准确度的核查，通常采用加标回收率试验的方法进行控制。

校准曲线法是实验室仪器分析中经常采用的方法，通常待测样品组分浓度波动较大，且样品批量较大。检测过程中采用的校准曲线的精密度和准确度会受到实验室的检测条件、检测仪器的响应性能、检测人员的操作水平等多种因素的影响。定期的核查一方面可以验证仪器的响应性能、检测人员的操作规范稳定程度等，另一方面也可以同时得到绘制曲线时所用标准溶液的稳定性核查信息。

10. 质量控制图

为控制检测结果的精密度和准确度，通常需要在检测过程中，持续地使用监控样品进行检测控制。对积累的监控数据进行统计分析，通过计算平均值、极差、标准差等，按照质量控制图的制作程序，确定中心线，上、下控制限，以及上、下辅助线和上、下警戒线，从而绘制出分析用控制图。通过分析用控制图，判断测量过程处于稳定或控制状态后，就可以将分析用控制图转换为控制用控制图，并将日常测定的控制数据描点上去，判断是否存在系统变异或趋势。

四、内部质量控制（IQC）与外部质量控制

1. IQC的组成

根据GB/T 32465—2015《化学分析方法验证确认和内部质量控制要求》中"术语及定义"，IQC包括两方面工作内容：一是检测人员在检测过程中所采取的质量控制措施（后面简称"检测过程质量控制"）；二是质控部门或质控人员实施的分析系统核查。

2. 质量控制样品的基本要求

质量控制样品（质控样品）是插入分析批中与检测样品一同经历同样检测过程的样品。因此，质控样品应对检测样品具有可靠的代表性，且质控样品和检测样品应有相同的误差来源，有相同的基质，有相似的物理状态，被测目标组分浓度范围应同检测样品基本一致并被准确赋值。实验室可使用有证标准物质、采用特定方法准确赋值后的材料、实验室在确认自

身条件可靠的情况下得到准确含量或浓度的样品作为质控样品,应确保质控样品与检测过程中用于赋值的标准物质之间相互独立。

M1-23 GB/T 32465—2015 化学分析方法验证确认和内部质量控制要求

M1-24 分析系统核查的一般原则与分析批的要求

3. 对分析批的要求

分析批即由同一分析人员、用相同的程序和试剂在同一台仪器上同时或不间断地依次对由数个待测样品和控制样品组成的一组样品进行的一组分析。应尽可能以分析批为 IQC 对象。在一批样品分析过程中,试剂、仪器、分析人员、各实验室条件都应相同。在此情况下,分析批的系统误差都会保持不变,该批样品是 IQC 操作的一个基本单元。在分析批中应随机安排质控样品检测顺序,将分析过程中由于系统的微小变化所导致的系统效应转化为随机效应。

4. 检测过程质量控制要求

① 检测样品均应附带空白(或阴性样品)、加标回收(或已知值样品)、重复样品。检测顺序为:空白(或阴性样品)、样品、加标回收(或已知值样品)、重复样品。

② 隔 20 个样品附带一组质量控制样品。如果样品批量不足 20,也应视为一批,实施完整的检测过程质量控制。

③ 实验室可根据具体情况对样品批量作出适当调整。

④ 仲裁检验或验证检验时,检测过程质量控制措施更为严格。在分析仪器上的进样顺序是:试剂空白、阴性对照品、要验证或仲裁的样品、阴性对照样品,最后是阳性对照样品。任何顺序的调整都应有充分的理由证明其合理性。

⑤ 检测结果准确性判断准则。每批样品检测中,检测人员应根据 SOP 的要求判断质量控制结果是否满足要求。样品和重复样品检测结果之间的差异不能超过实验室重复性限;回收率应处于实验室方法验证或确认阶段所确认的回收率置信范围内。

⑥ 样品前处理液中的目标组分浓度调整。必要时,还应对样品前处理液中目标组分的浓度进行调整。一般情况下,样品经过前处理并定容之后,其中目标组分的浓度至少应处于校准曲线工作范围内,最好处于校准曲线工作范围的中部。

⑦ 校准曲线维护。按 SOP 的要求判断质量控制结果是否满足要求;每次使用已有标准曲线时,应按照 SOP 的要求实施校准曲线的核查;应在检测原始记录中记录校准曲线核查的结果;必要时应建立校准曲线的截距和斜率控制图,用于控制校准曲线的质量。

5. 记录

应在检测原始记录中记录过程质量控制措施、实施和判断结果。

6. 分析系统核查

分析系统是指影响检测结果质量的条件范围,包括仪器、试剂、操作程序、检测样品、工作人员、环境和质量保证措施等。

（1）一般原则　实验室核查分析系统，应符合以下一般原则。

应使用分析系统核查工具核查已建立的分析系统。实验室应明确承担分析系统核查职责的部门或人员。通过分析系统核查结果所得结论，只适合检测方法验证或确认后的浓度范围内的样品检测。通过方法验证或确认建立的分析系统，其构成系统的要素均被确定，且系统的性能指标证明能满足相关要求，能出具准确可靠的检测结果。检测人员在检测过程中主要质量责任是确保分析系统稳定，严格按照 SOP 的要求实施检测过程质量控制措施，当结果满足 SOP 要求时，可以报出检测结果。实验室质控部门或质控人员按照 SOP 的要求实施分析系统核查，核查结果得出系统是否正常的结论。如果核查表明系统已发生偏离，质控部门或质控人员应与检测人员一道分析原因，制定和实施纠正措施。纠正措施实施完毕后，质控部门或质控人员应再次核查分析系统，以证明系统已经恢复正常。

（2）用于分析系统核查的质控样品　用于分析系统核查的质控样品应具备性质稳定、含量不变、足够均匀、数量足够的特点。实验室应确保此四个要求得到满足。

M1-25　用于分析系统核查的质控样品

质控样品的基质应与待测样品尽可能相同，应有良好的稳定性、有足够的量、有合适的分析物浓度并便于保存。同时满足这些条件的质控样品是很难得到的，实验室可以用不同类型的质控样品来满足质量控制的需要。用于分析系统核查的质控样品包含有证标准样品即 CRM 基质、标准溶液参考物质或内部质控物质、空白样、常规测试样四类。按这四类的顺序进行选择。

（3）核查频次　应将分析任务区分为检测频率高、检测频率低和特殊分析等几类，按下列要求决定分析系统核查频次。

① 检测频率低、每批样品数量不足 20 个，或检测频率高、每批样品数量大于 20 个，且批内样品目标组分浓度或含量范围较小。这两种情况下，可确定一个浓度或含量点，在此浓度或含量点制作控制图，以后分析系统核查中，每批样品中至少或每间隔 20 个加入一个质控样品，将检测所得的单个结果或平均值标在控制图上，判断分析系统稳定性。

② 检测频率高，批内样品目标组分浓度或含量范围较大。这种情况下，应确定至少两个具有代表性的目标浓度或含量水平，一个需接近目标浓度或含量的中等水平，另一个需接近较高或较低目标组分浓度或含量水平。在此两个浓度或含量水平上制作控制图，以后分析系统核查中，每批样品检测时，每 20 个检测样品中加入一个质控样品，将检测所得的单个结果或平均值标在控制图上，判断分析系统稳定性。

③ 特殊分析。对于一些特殊分析，统计控制的方法可能不适用。但是可以假设批内样品为同一类型，即误差充分相似。在这种情况下，应对所有被测物质重复测定，并插入空白对照，加入适当数量的质控样品。在合适的情况下可对不同浓度的被测物进行回收率试验。

分析的频度最低的要求是每个分析批中应至少分析一个质控样品。如样品中分析物浓度范围大，应采用至少两个不同浓度水平的质控样品。原则上质控样品应按随机的顺序进行分析，但建议每个分析批开始和结束前各分析一次质控样品。

（4）分析系统核查工具　分析系统核查工具主要有控制图、参加能力计划或测量审核、组织实验室比对等。

（5）测量不确定度在实验室内部质量控制中的应用　实验室应在方法验证或确认阶段系统评定测量不确定度。方法使用期间，也应定期重新评定测量不确定度。

7. 外部质量控制

实验室应参加国内外实验室认可机构组织的能力验证和实验室主管机构组织的比对活

动,参加国际间、国内同行间的实验室比对试验。

外部质量控制活动一般有:
① 中国合格评定国家认可委员会(CNAS)、亚太实验室认可合作组织(APLAC)等实验室认可机构组织的能力验证;
② 国际专业技术协会组织的协同试验;
③ 国内行业主管部门组织的能力验证;
④ 能力验证提供者组织的能力验证试验;
⑤ 与其他同行实验室进行分割样(子样)的比对试验;
⑥ 与其他同行实验室进行标准溶液的比对试验。
实验室完成试验,及时递交试验结果和相关记录,应根据外部评审、能力验证、考核、比对等结果来评估本实验室的工作质量,且采取相应的改进措施。

思考与交流

1. 质量控制的内容主要有哪些?
2. 质量控制的基本要素有哪些?
3. 标准物质的用途和使用注意事项有哪些?
4. 分析检验过程的质量控制有哪些?
5. 外部质量控制活动有哪些?

任务六 分析检验的质量评定技术

任务要求

1. 了解内部质量评定技术,掌握主要的质量控制图的制作。
2. 了解质量控制图的使用。
3. 了解外部质量评定技术的活动。

质量评定技术是为推断输出数据的质量而对测量过程实施的监督。质量评定分为实验室内部(室内)和实验室外部(室间)的质量评价。实验室内部的质量评价一般可采用重复测量、内部考核样品、控制图、交换操作者、交换仪器设备、独立的测量、权威法测量和审查等方法。实验室外部(室间)的质量评价一般可采用实验室会测、交换样品、外部参考物质测量、标准物质测量和审查等方法。

一、内部质量评定技术

内部质量评定方法很多,比如重复测定是评价精密度的经典方法。不同独立测量技术是为了估计测量技术引起的系统误差，用一个已知准确度的方法或者两个未知准确度的方法都可以，但关键是要独立。表面上是独立的方法，但有共同的步骤时，例如都有溶解样品这一步骤时，就不是完全独立的，因为溶解过程中的系统误差此时就检验不出来。进行内部审查，是解决这一问题比较好的方法。

内部审查可分为两类：一类为系统审查；另一类为工作审查。系统审查的内容有设备现场检查和实验现场检查。设备现场检查包括仪器、记录、校准等检查；实验现场检查包括一般性检查和详细检查。一般性检查主要检查关键步骤；详细检查要检查整个过程以发现问题或缺陷，采取修改措施（包括立即修改措施和长久修改措施）。内部工作审查的最好方法是控制图法，经过内部审查后可减少外部审查时的问题。内部工作审查使用质控样品，所有这些样品以及质量保证样品的测量，在使用控制图时能得到最好的说明，控制图法是内部质量评定技术的主要方法。

控制图是一种将显著性统计原理应用于控制生产过程的图形方法，由休哈特（Walter Shewhart）博士于1924年首先提出。控制图法首先用来帮助评估一个过程是否已达到或继续保持在具有适当规定水平的统计控制状态，然后用来帮助在生产过程中，通过保持连续的产品质量记录，来获得并保持对重要产品或服务的特性的控制与高度一致性。应用控制图并仔细分析控制图，可以更好地了解和改进过程。我们主要介绍常规控制图。

1. 常规控制图的性质

常规控制图要求从过程中以近似等间隔抽取数据。此间隔可以用时间来定义（例如每小时）或者用数量来定义（例如每批）。通常，这样抽取的组在过程控制中称为子组，每个子组由具有相同可测量单位和相同子组大小的同一产品或服务所组成。从每一子组得到一个或多个子组特性，如子组平均值 $\bar{X}$、子组极差 R 或标准差 s。常规控制图就是给定的子组特性值与子组号对应的一种图形，它包含一条中心线（CL），作为所点绘特性的基准值。在评定过程是否处于统计控制状态时，此基准值通常为所考察数据的平均值。对于过程控制，此基准值通常为产品规范中所规定特性的长期值，或者是基于过程以往经验所知的特性的标称值，或者是产品或服务的隐含目标值。控制图还包含由统计方法确定两条控制限，位于中心线的各一侧，称为上控制限（UCL）和下控制限（LCL），参见图1-3。

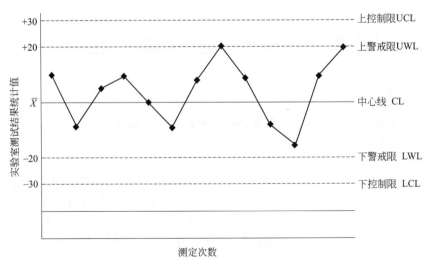

图 1-3 控制图示意图

常规控制图采用±3σ（σ为总体标准差）控制限。描点超出控制限确实是由偶然事件引起而非真实信号的可能性被定得很小，因此当一个点超出控制限时，就应采取某种行动，故 3σ 控制限有时也称为"行动限"。许多场合，在控制图上另外加上 2σ 控制限是有益的。这样，任何落在 2σ 界限外的子组值都可作为失控状态即将来临的一个警示信号，因此，2σ 控制限有时也称作"警戒限"。

应用控制图时可能发生两种类型的错误。第一种错误称作第一类错误。这是当所涉及的过程仍然处于受控状态，但有某点由于偶然原因落在控制限之外，而得出过程失控的结论时所发生的错误。此类错误将导致对本不存在的问题而去无谓寻找原因而增加费用。

第二种错误称作第二类错误。当所涉及的过程失控，但所产生的点由于偶然原因仍落在控制限之内，而得出过程仍处受控状态的错误结论。此时由于不合格品的增加而造成损失。第二类错误的风险是以下三项因素的函数：控制限的间隔宽度、过程失控的程度以及子组大小。上述三项因素的性质决定了对于第二类错误的风险大小只能作出一般估计。

2. 质量控制图的作用

质量控制图可以及时、直观地展示出分析过程是否处于统计控制中；控制图可以对被控过程特性作出估计，如用极差或标准差控制图可以估计例行测量过程的变动性；控制图是例行实验工作中决定观测值取舍的最好标准和依据；控制图是检验实验室间数据是否一致的有效方法；控制图可以检验测量过程中是否存在明显的系统偏差，并能指出偏差的方向。

3. 典型的质量控制图

常规控制图有两种类型：计量控制图和计数控制图。这里只讨论计量控制图。

计量数据是指对于所考察子组中每一个单位产品的特性值的数值大小进行测量与记录所得到的观测值，例如以摩尔每升（mol/L）表示的物质的量浓度，以欧姆（Ω）表示的电阻等。计量控制图代表了控制图对过程控制的典型应用。

计量控制图又有两种不同的情形。

① 标准值未给定情形的控制图。这种控制图的目的是发现所点绘特性（如 $\overline{X}$、R 或任何其他统计量）观测值本身的变差是否显著大于仅由偶然原因造成的变差。这种控制图完全基于子组数据，用来检测非偶然原因造成的那些变差。

② 标准值给定情形的控制图。这种控制图的目的是确定若干个子组的特性的观测值与其对应的标准值之差，是否显著大于仅由预期的偶然原因造成的差异，其中每个子组的 n 值相同，标准值给定情形的控制图与标准值未给定情形的控制图之间的差别，在于有关过程中心位置与变差的附加要求不同。标准值可以基于通过使用无先验信息或无规定标准值的控制图而获得的经验来确定，也可以基于通过考虑服务的需要和生产的费用而建立的经济值来确定，或可以是由产品规范指定的标称值确定。

M1-28 GB/T 17989—2000 控制图通则和导引

M1-29 均值（$\overline{X}$）图与极差（R）图或标准差（s）图制作

化学分析实验室内部质量控制用到的最重要的控制图有两类，即 X 图（单值图或均值图）和 R 图（极差图）。

(1) 均值（$\bar{X}$）图与极差（R）图或标准差（s）图　计量控制图可以同时利用离散程度（产品件间变异）和位置（过程平均）去描述过程的数据。正由于这一点，计量控制图几乎总是成对地绘制并加以分析。其中，一张是关于位置的控制图，一张是关于离散程度的控制图，最常用的一对即 $\bar{X}$ 图与 R 图。表 1-11 给出了计量控制图的控制限公式，其系数见附录 1。

表 1-11　常规计量控制图的控制限公式

统计量	标准值未给定		标准值给定	
	中心线	UCL 与 LCL	中心线	UCL 与 LCL
$\bar{X}$	$\bar{\bar{X}}$	$\bar{\bar{X}} \pm A_2 \bar{R}$ 或 $\bar{\bar{X}} \pm A_3 \bar{s}$	X_0 或 μ	$X_0 \pm A\sigma_0$
R	$\bar{R}$	$D_3 \bar{R}, D_4 \bar{R}$	R_0 或 $d_2 \sigma_0$	$D_1 \sigma_0, D_2 \sigma_0$
s	$\bar{s}$	$B_3 \bar{s}, B_4 \bar{s}$	s_0 或 $C_4 \sigma_0$	$B_5 \sigma_0, B_6 \sigma_0$

注：X_0、R_0、s_0、μ 和 σ_0 为给定的标准值。

(2) 单值（X）图　在某些过程控制情形下，由于测量单个观测值所需要的时间太长或费用太大，所以不能考虑重复观测。当测量很昂贵（例如破坏性试验）或者当任一时刻的输出都相对均匀时，也属于这类情形。其他还有一些情形只有一个可能的数值，例如仪表读数或一批输入原材料的性质，在这些情况下，需要基于单个读数进行过程控制。

在单值图情形下，由于没有合理子组来提供批内变异的估计，故控制限就基于经常为两个观测值的移动极差所提供的变差来进行计算。移动极差就是在一个序列中相邻两个观测值之间的绝对差，即第一个观测值与第二个观测值的绝对差，然后第二个观测值与第三个观测值的绝对差。从移动极差可以计算出平均移动极差（$\bar{R}$），然后建立控制图。同样，从整个数据可算出总平均值（$\bar{X}$）。表 1-12 为单值图的控制限公式。

对于单值图应注意下列问题：

① 单值图对过程变化的反应不如 $\bar{X}$ 图和 R 图那么灵敏；

② 若过程的分布不是正态的，则对于单值图的解释应特别慎重；

③ 单值图并不辨析过程的件间重复性，故在一些应用中，采用子组大小较小（2 至 4）的 $\bar{X}$ 图与 R 图可能会更好，即使要求子组之间有更长的间隔时间。

表 1-12　单值图的控制限公式

统计量	标准值未给定		标准值给定	
	中心线	UCL 与 LCL	中心线	UCL 与 LCL
单值	$\bar{X}$	$\bar{X} \pm E_2 \bar{R}$	X_0 或 μ	$X_0 \pm \sigma_0$
移动极差 R	$\bar{R}$	$D_4 \bar{R}, D_3 \bar{R}$	R_0 或 $d_2 \sigma_0$	$D_2 \sigma_0, D_1 \sigma_0$

注：1. X_0、R_0、s_0 和 μ 为给定的标准值。

2. $\bar{R}$ 表示 $n=2$ 时观测值的平均移动极差。

3. 系数 d_2、D_1、D_2、D_4 以及 E_2（$=3/d_2$）由计量值控制图系数表中 $n=2$ 行查得。

(3) 中位数（Me）图　对于具有计量数据的过程控制，中位数图是另一种可以替代 $\bar{X}$ 图与 R 图的控制图。由中位数图获得的结论与 $\bar{X}$ 图与 R 图相似且具有某些优点，它易于使用，计算较少。这点可以增加现场操作人员对控制图法的接受程度。由于对单个数据（像中位数一样）进行了描点，中位数图表明了过程输出的离散程度，并给出过程变差的一种动态描述。

中位数图的控制限可以用两种方法进行计算：利用子组中位数的中位数和极差的中位数；或者利用子组中位数的平均值和极差的平均值。后一种方法更简易方便，故采用这种方法。

4．控制限的计算

（1）中位数图　中心线 $=\overline{Me}=$ 子组中位数的平均值。

$$\mathrm{UCL}_{Me}=\overline{Me}+A_4\overline{R} \quad (1\text{-}31)$$

$$\mathrm{LCL}_{Me}=\overline{Me}-A_4\overline{R} \quad (1\text{-}32)$$

中位数图的建立方法与上面的 $\overline{X}$ 图和 R 图相同。常数 A_4 的值见表 1-13。

M1-31　中位数（Me）图

表 1-13　A_4 的值

n	2	3	4	5	6	7	8	9	10
A_4	1.88	1.19	0.80	0.69	0.55	0.51	0.43	0.41	0.36

应该注意，具有 3σ 控制限的中位数图对于失控状况的反应比 $\overline{X}$ 图要慢。

（2）R 图　中心线 $=\overline{R}=$ 所有子组的 R 值的平均值。

$$\mathrm{UCL}_R=D_4\overline{R} \quad (1\text{-}33)$$

$$\mathrm{LCL}_R=D_3\overline{R} \quad (1\text{-}34)$$

常数 D_3 和 D_4 的值见附录 1。

5．计量控制图的控制程序与解释

$\overline{X}$ 图显示过程平均的中心位置，并表明过程的稳定性。$\overline{X}$ 图从平均值的角度揭示组间不希望出现的变差。R 图则揭示组内不希望出现的变差，它是所考察过程的变异大小的一种指示器，也是过程一致性或均匀性的一个度量。若组内变差基本不变，则 R 图表明过程保持统计控制状态，这种情况仅当所有子组受到相同处理时才会发生。若 R 图表明过程不保持统计控制状态，或 R 值增大，这表示可能不同的子组受到了不同的处理，或是若干个不同的系统因素正在对过程起作用。

R 图的失控状态也会影响到 $\overline{X}$ 图。由于无论是对子组极差还是对子组平均的解释能力都依赖于件间变异的估计，故应首先分析 R 图。

6．开始建立控制图之前的预备工作

（1）质量特性的选择　在选择控制方案所需的质量特性时，通常应将影响生产或服务性能的特性作为首选对象。分析检验一般选择重要的含量指标为质量特性。

（2）合理子组的选择　在尽可能的范围内，应保持子组大小 n 不变，以避免繁琐的计算和解释。当然，应该注意，常规控制图原理对于 n 变化的情形也同样适用。

（3）子组频数与子组大小　子组大小取为 4 或 5，而抽样频数，一般在初期时高，一旦达到统计控制状态后就低。通常认为，对于初步估计而言，抽取大小为 4 或 5 的 20～25 个子组就足够了。平均极差 $\overline{R}$ 常常用于估计 σ。随着在一个子组中抽样的时间间隔加长，变差来源的数目也会增加。

（4）预备数据的收集　预备数据可以从一个连续运作的生产过程中逐个子组地进行收集，直到获得 20 至 25 个子组为止。在收集原始数据时，过程应该呈现出一种稳定状态。

7．建立控制图的步骤

下面①～⑥给出了有关标准值未给定情形下建立了 $\overline{X}$ 图和 R 图的步骤。建立其他控制图时，基本步骤相同，但用于计算的常数有所不同。标准控制图表的一般格式如图 1-4 所示。

图 1-4　标准控制图表的一般格式

① 若预备数据未依照规定计划按子组来获取，则依照上述的合理子组准则，将整批观测值分解成子组序列。这些子组必须具有相同的结构和大小。

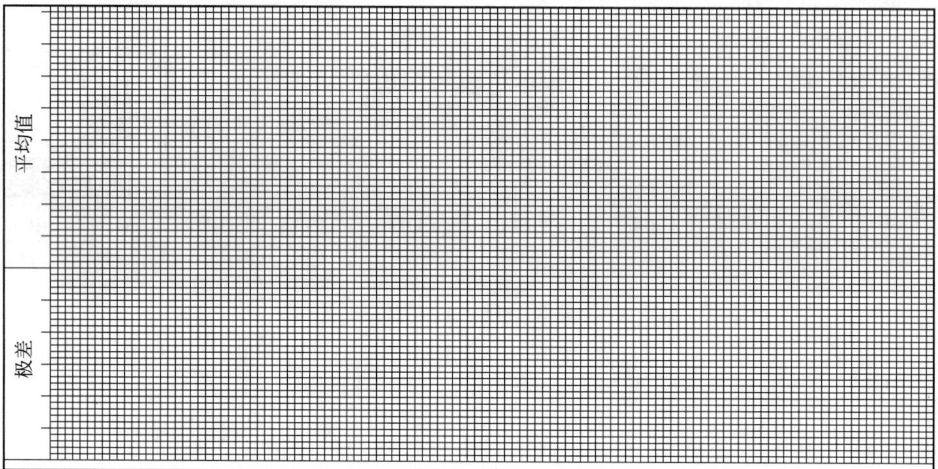

② 计算每个子组的平均值 $\overline{X}$ 和极差 R。

③ 计算所有观测值的总平均值 $\overline{\overline{X}}$ 和平均极差 $\overline{R}$。

④ 在适当的表格或图纸上绘制一张 $\overline{X}$ 图与一张 R 图。用纵坐标表示 $\overline{X}$ 和 R，用横坐标表示子组号。在平均值图上点绘 $\overline{X}$ 的计算值，在极差图上点绘 R 的计算值。

⑤ 在上述每张图上分别画出表示 $\overline{\overline{X}}$ 和 $\overline{R}$ 的水平实线。

⑥ 在上述图上标出控制限。在 $\overline{X}$ 图上于 $\overline{\overline{X}} \pm A_3 \overline{R}$ 处作两条水平虚线，而在 R 图上分别于 $D_3 \overline{R}$ 和 $D_4 \overline{R}$ 处作两条水平虚线，这里 A_2、D_3 和 D_4 与子组大小 n 有关，计量值控制图系数表中给出。无论何时，只要 n 小于 7，R 图上就不需要标出 LCL 项，因为这时 D_3 的值为零。

M1-32　建立控制图的步骤

8. 计量控制图示例

① $\overline{X}$ 图与 R 图：标准值给定的情形。

【例 1-5】 茶叶进口商的生产经理希望通过控制分装过程使每包茶叶的平均质量为 100.6g。根据类似的分装过程，假定该过程的标准差为 1.4g。现选定子组大小为 5 的 25 个子组，计算各子组的平均值和极差（见表 1-14），试判断其数据控制。

表 1-14 茶叶分装过程

子组号	子组平均值 $\overline{X}$	子组极差 R	子组号	子组平均值 $\overline{X}$	子组极差 R
1	100.6	3.4	14	99.4	5.1
2	101.3	4	15	99.4	4.5
3	99.6	2.2	16	99.6	4.1
4	100.5	4.5	17	99.3	4.7
5	99.9	4.8	18	99.9	5.0
6	99.5	3.8	19	100.5	3.9
7	100.4	4.1	20	99.5	4.7
8	100.5	1.7	21	100.1	4.6
9	101.1	2.2	22	100.4	4.4
10	100.3	4.6	23	101.1	4.9
11	100.1	5.0	24	99.9	4.7
12	99.6	6.1	25	99.7	3.4
13	99.2	3.5			

解： 由于标准值已给定（$X_0 = 100.6$，$\sigma_0 = 1.4$），所以，利用表 1-11 给出的公式和附录 1 中 $n=5$ 行对应的系数 A、d_2、D_3、D_1 能立即建立均值图和极差图。

$\overline{X}$ 图：

中心线 $= X_0 = 100.6 \text{g}$

$\text{UCL} = X_0 + A\sigma_0 = 100.6 + (1.342 \times 1.4) = 102.5 \text{(g)}$

$\text{LCL} = X_0 - A\sigma_0 = 100.6 - (1.342 \times 1.4) = 98.7 \text{(g)}$

R 图：

中心线 $= d_2 \sigma_0 = 2.326 \times 1.4 = 3.3 \text{ (g)}$

$\text{UCL} = D_1 \sigma_0 = 4.918 \times 1.4 = 6.9 \text{ (g)}$

$\text{LCL} = D_3 \sigma_0 = 0 \times 1.4$（由于 n 小于 7，故不标出 LCL）

绘制均值图、极差图（见图 1-5）。

图 1-5 的控制图表明，该过程对于预期的过程水平失控，因为在 $\overline{X}$ 图上出现了连续 13 个点低于中心线，在 R 图上出现了连续 16 个点高于中心线。对于引起这种长序列的平均值偏低的原因应加以调查并消除。

② 单值（X）图与移动极差（R）图：标准值未给定的情形。

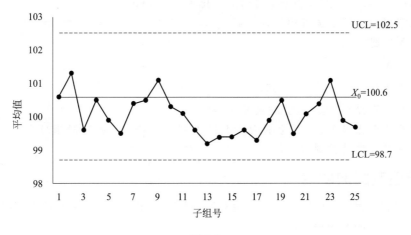

图 1-5

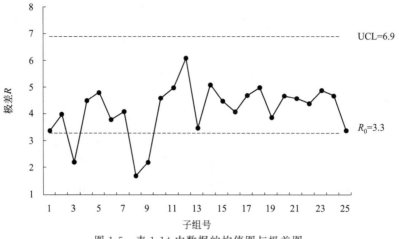

图 1-5　表 1-14 中数据的均值图与极差图

【例 1-6】 表 1-15 给出了连续 10 批脱脂奶粉的样品"水分含量"的实验室分析结果。试判断其数据控制。

表 1-15　连续 10 批脱脂奶粉样品的水分含量

批号	1	2	3	4	5	6	7	8	9	10
X（水分含量）/%	2.9	3.2	3.6	4.3	3.8	3.5	3	3.1	3.6	3.5
R（移动极差）/%	—	0.3	0.4	0.7	0.5	0.3	0.5	0.1	0.5	0.1

将一个样品的奶粉作为一批的代表，在实验室情况下对其成分特性进行测试，希望将该过程的产品水分含量控制在 4% 以下。由于发现单批内的抽样变差可以忽略，因此决定对每批只抽取一个观测值，并以连续各批的移动极差作为设置控制限的基础。

解： $\overline{X}=(2.9+3.2+\cdots+3.5)/10=3.45$

$\overline{R}=(0.3+0.4+\cdots+0.1)/9=0.38$

移动极差（R）图：

中心线 $=\overline{R}=0.38$

$UCL=D_4\overline{R}=3.267\times 0.38=1.24$

$LCL=D_3\overline{R}=0\times 0.38$ （由于 n 小于 7，故不标出 LCL）

由于该移动极差图已呈现出统计控制状态，于是可进行单值图的绘制。

单值（X）图

中心线 $=\overline{X}=3.45$

$UCL=\overline{X}+E_2\overline{R}=3.45+(2.66\times 0.38)=4.46$

$LCL=\overline{X}-E_2\overline{R}=3.45-(2.66\times 0.38)=2.44$

控制限公式和系数 E_2 的值分别由表 1-12 和附录 1 给出。控制图绘制于图 1-6 中，该控制图表明过程处于统计控制状态。

二、质量控制图的使用

在记录控制数据时，应同时记录对解释控制数据有重要意义的所有信息，以便为此后发生失控时查找失控的原因提供可能。

在日常工作中，如果控制值落在控制限之外，或观察到在一个时间段内控制值呈现一种特定的、系统性的变化模式时，应特别警惕。

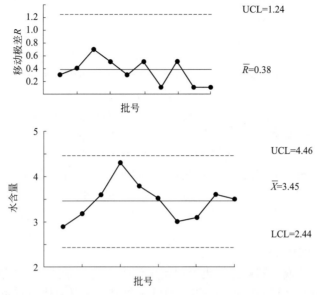

图 1-6　表 1-15 中数据的移动极差图与单值图

1. 控制数据的解释

控制数据的日常解释有三种可能的情况：方法受控、方法受控但统计失控、方法失控。

(1) 方法受控　如果控制值落在警戒限之内；或控制值在警戒限和控制限之间，但前两个控制值在警戒限之内。在这种情况下，可以报告分析结果。

(2) 方法受控但统计失控　如果所有控制值落在警戒限之内（最后 3 个控制值中最多有 1 个落在警戒限和控制限之间），且连续 7 个控制值单调上升或下降；或连续 11 个控制值中有 10 个落在中线的同一侧。在这种情况下，可以报告分析结果，但问题可能在发展。应尽早发现重要的变化趋势（例如，大多数控制值虽然在警戒限之内但离中位线很远），以避免将来发生严重的问题。

(3) 方法失控　如果控制值落在控制限之外；或控制值落在警戒限和控制限之间，且前两个控制值中至少有一个也落在警戒限和控制限之间（三分之二规则）。在这种情况下，不得报告分析结果。所有在上一个受控的控制值之后分析的样品均应重新分析。

2. 失控的处置

给出失控后实验室应如何行动的一般原则是很难的。不同的情况不可能用完全相同的方式处理。分析人员的经验和常识对纠正行动的选择是非常重要的。

主要处置方法有识别粗大误差、消除系统误差、改善精密度，发现的问题及其解决方案应予以记录。

三、外部质量评定技术

每个实验室都有能力来估计自己测量结果的精密度，但在内部要评价系统误差是困难的，此时可用外部质量评定技术达到此目的。外部质量评定技术主要包括实验室会测、与其他实验室交换样品以及分析从外部得到的标准物质或控制样品。只要使用得当，标准物质是评价测量过程最好的考核样品，这些标准物质具有被广泛认可的明显优点，为比较测量系统和比较由各实验室在不同条件下取得的数据提供了依据。

1. 用标准物质或质控样品作为考核样品

由政府管理机构或中心实验室每年一次或两次把为数不多的标准物质（或质控样品）发

放到各实验室中去，用指定方法对这类考核样品进行分析检验。依据标准物质的标准值及其不确定度来判断评价各实验室所得结果，以此验证各实验室的测试能力和质量。

用标准物质（或控制样品）作为考核样品，对包括人员、仪器、方法等在内的整个测量系统进行质量评价，最常用的方式是盲样分析。盲样分析分单盲分析和双盲分析两种。所谓单盲分析是指考核前，考核试样的真实组分含量时对考核的实验室或操作人员是保密的，但考核是事先通知的。所谓双盲分析是指被考核的实验室或操作人员根本不知道考核这件事，当然更不知道考核样的真实组分含量，双盲分析的要求要比单盲分析要高。结果可采用平均相对误差、控制图法或参考能力验证的能力评定方法进行评价。

如果没有合适的标准物质作为考核样品，只能由中心实验室配制质控样品发到各实验室中去。由于质控样品的稳定性或均匀性都没有经过严格的鉴定，又没有准确的鉴定值，所以用质控样品来评价各实验室的数据就没有用标准物质那样方便。在评价各实验室数据时，中心实验室可以利用自己的控制图，但控制图中的控制限一般要大于内部控制图的控制限。

2. 实验室的定秩检验

如果缺乏标准物质或控制样品，也可用实样代替，但评价实验室质量的方法不相同，常用的是实验室定秩检验（见 GB/T 28043—2011《利用实验室间比对进行能力验证的统计方法》）和尤登图法。

M1-33　GB/T 6379.2—2004 测量方法与结果的准确度（正确度与精密度）第 2 部分：确定标准测量方法重复性与再现性的基本方法

所谓实验室定秩检验是：中心实验室先把实样分发到各实验室中，然后再把每个实验室所得的数据从大到小排列，最小值得 1 分，最大值得 n 分，当两个实验室在第 x 个秩数处出现关联（即相同数值）时，则给予每个实验室的秩数为 $x+\frac{1}{2}$。根据每个实验室得到的秩之和，对每个实验室记分。对 M 个样品，最小可能的分数是 M，最大可能的分数是 nM。需要对分数的判断得出一个定量的量度，也即希望知道，对于一个多大（或多小）的分数，有理由认为不存在明显的系统误差。对于各种 n 和 M 的组合，表 1-16 列出了 5% 风险（即显著水平 $\alpha=0.05$）的双侧临界秩分。当一个实验室的分数超出这些范围时，就可以认为具有这种极端分数的实验室有明显的系统误差，该实验室应查清系统误差来源。中心实验室可据此做出决定，取消所有来自该实验室的测量结果，并令其整改。

表 1-16　5% 风险的双侧临界秩分

实验室数目	材料数目												
	3	4	5	6	7	8	9	10	11	12	13	14	15
3		4	5	7	8	10	12	13	15	17	19	20	22
		12	15	17	20	22	24	27	29	31	33	26	38
4		4	6	8	10	12	14	16	18	20	22	24	26
		16	19	22	25	28	31	34	37	40	43	46	49
5		5	7	9	11	13	16	18	21	23	26	28	31
		19	23	27	31	35	38	42	45	49	52	56	59
6	3	5	7	10	12	15	18	21	23	26	29	32	35
	18	23	28	32	37	41	45	49	54	58	62	66	70
7	3	5	8	11	14	17	20	23	26	29	32	36	39
	21	27	32	37	42	47	52	57	62	67	72	76	81

续表

实验室数目	材料数目												
	3	4	5	6	7	8	9	10	11	12	13	14	15
8	3	6	9	12	15	18	22	25	29	32	36	39	43
	24	30	36	42	48	54	59	65	70	76	81	87	92
9	3	6	9	13	16	20	24	27	31	35	39	43	47
	27	31	41	47	54	60	66	73	79	85	91	97	103
10	4	7	10	14	17	21	26	30	34	38	43	47	51
	29	37	45	52	60	67	73	80	87	94	100	107	114
11	4	7	11	15	19	23	27	32	36	41	46	51	55
	32	41	49	57	65	73	81	88	96	103	110	117	125
12	4	7	11	15	20	24	29	34	39	44	49	54	59
	35	45	54	63	71	80	88	96	104	112	120	128	136
13	4	8	12	16	21	26	31	36	42	47	52	58	63
	38	48	58	68	77	86	95	104	112	121	130	138	147
14	4	8	12	17	22	27	33	38	44	50	56	61	67
	14	52	63	73	83	93	102	112	121	130	139	149	158
15	4	8	13	18	23	29	35	41	47	53	59	65	71
	44	56	67	78	89	99	109	119	129	139	149	159	169

【例 1-7】 GB/T 6379.2—2004 附录 B 煤中硫含量数据,临界秩分为 6,30。数据如表 1-17 所示。这里实验室 6,实验室秩分超出临界值,应给予处理。

表 1-17 GB/T 6379.2—2004 附录 B 煤中硫含量数据[%(质量分数)]

实验室数目	样本的含量				样本结果秩分				实验室秩分
	1	2	3	4	1	2	3	4	
1	0.708	1.205	1.688	3.240	7	2	6	4	19
2	0.680	1.217	1.643	3.200	5	3	2	1	11
3	0.667	1.297	1.613	3.370	2	7	1	8	18
4	0.660	1.203	1.667	3.203	1	1	4	2	8
5	0.690	1.248	1.650	3.216	6	5	3	3	17
6	0.733	1.373	1.720	3.290	8	8	8	7	31
7	0.677	1.240	1.690	3.247	3.5	4	7	5	19.5
8	0.677	1.253	1.673	3.257	3.5	6	5	6	20.5

3. 尤登图法

实验室会测的结果评价常用尤登图法。尤登图又称双样品图,因为尤登首先使用这种图来分析实验室会测结果,故称尤登图。

尤登图的数据可以通过以下步骤得到。

① 把两个不同的样品(材料组分最好相似,含量稍有差异,但也不必强调这些)分送到各会测实验室中去。

② 各会测实验室对每个样品测量一次,把对 x 的测量结果表示在 x 轴上,对 y 的测量结果表示在 y 轴上,两个测量结果为每个会测实验室在这样一个坐标系中确定的一个点。

通过 x 和 y 的平均值分别在图上作垂直线和水平线,将图分成四个象限(见图 1-7)。

如果各实验室之间不存在系统误差,只有随机误差存在,两次测量结果存在四种可能:

两次都高、两次都低、x 高 y 低、x 低 y 高。在四个象限中，相应的情况是＋＋、－－、＋－、－＋。因为这种分散性由随机误差所致，相应实验室的点应均匀分布在这四个象限中，成为一个圆形，如图 1-8 中（a）所示。

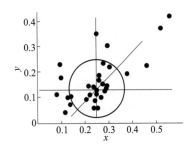

图 1-7 双样品图（亦称尤登图）　　　　　　图 1-8 尤登图

如果会测实验室之间存在系统误差，而且相对于随机误差来讲系统误差比较明显，两次测量结果基本上只存在两种可能：两次都高或两次都低，一高一低的情况就不易出现。

经常出现的情况是点主要分布在＋＋（右上）象限和－－（左下）象限，如图 1-8 中（b）所示。这种情况说明，如果某个实验室对某种材料得到高的结果，则它对另一个材料也得到高的结果，反之亦然。这说明各实验室测量结果的差异主要来自系统误差，通常这些点形成一个椭圆状的图形，椭圆的主轴是与 x 轴成 45°的对角线［见图 1-8 中（b）］。

如果不存在系统误差时，散点形成的圆形内分布又是如何呢？如果测量结果服从正态分布时，如图 1-9 所示 x、y 分布强度。图 1-9 中实线相当于 1σ、2σ、3σ 的出现范围。如果散点出现在 3σ 范围之外，该散点的测量结果就不正常了，可以舍弃实验室的所有测量结果。

【例 1-8】 表 1-18 中列出了 12 个实验室测量 A、B 两个样品的结果。如何评价这 12 个实验室的测量结果？把表 1-18 中的点画成散点图，见图 1-10。

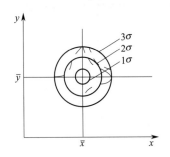 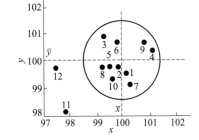

图 1-9 尤登图中散点分布的可能强度　　　　图 1-10 A、B 两个样品的尤登图

表 1-18 双样品尤登图法的测量结果

实验室	测定结果/%		实验室	测定结果/%	
	样品 A	样品 B		样品 A	样品 B
1	100.0	99.5	8	99.4	99.7
2	99.7	99.7	9	100.8	100.7
3	99.4	101.0	10	99.8	99.5
4	101.1	100.4	11	97.9	98.1
5	99.5	99.8	12	97.5	98.1
6	99.8	100.7	平均值(10 个)	99.97	100.02
7	100.2	99.2			

解：由图 1-10 可看出，实验室 11 和实验室 12 的结果明显偏离。暂不考虑这两个实验室的结果，先计算出 10 个实验室的平均值、标准差和 3σ。

$$\overline{x}=99.97;\ \overline{y}=100.02;\ \sigma=\sqrt{\frac{n_A-s_A^2+n_B-s_B^2}{n_A+n_B-2}}=0.60$$

$3\sigma=3\times 0.60=1.80$。以 $(\overline{x},\overline{y})$ 为原点，以 3σ 为半径画个圆（见图 1-10）。由图 1-10 中可看到实验室 11 和实验室 12 的点在圆之外，其余的实验室点均在圆内，于是可决定舍弃实验室 11 和实验室 12 的所有测量结果。

实际上各实验室之间不存在系统误差是不大可能的，因此尤登图呈现均匀的圆形可能性不大，往往呈现为椭圆形，可以从点的椭圆形状通过图解法和 F 检验法来判断随机误差和系统误差（具体方法可查阅相关文献资料）。

尤登图法除了作为外部质量评定技术之外，还能用于比较两种分析方法。此时用两种分析方法测定不同含量的样品，如果这两种分析方法之间没有显著性差异，则尤登图中点应均匀分布在 45°的直线两侧，否则就是有显著性的差异。

思考与交流

1. 试着用习题中的有关数据进行质量控制图的制作。
2. 质量控制图如何使用？
3. 讨论外部质量评定技术的作用。

任务七　样品的质量保证

任务要求

1. 了解抽样的重要性。
2. 了解取样方式和样品类型。
3. 了解样品的质量评价方法。

对于企业的产品质量检验而言，抽样检验方法无疑是十分重要的。选择抽样检验来完成对于全面检验结果的检查以及对其结果进行修正，将会帮助产品质量检验结果更加准确。在此之外，在工业生产的过程当中，采用抽样检验还能够对产品的质量起到控制的作用。借助于抽样检验的办法，也可以让企业在进行成批或者是大量的产品生产的过程里面，对生产过程的正常运行起到监督管理的效果。对产品质量检验选择抽样检验的办法，也可以对产品或者是半成品的合格与否等信息做到及时反馈，从而更好地控制产品的质量，让产品质量更加稳定、更加有保证。取样方式和样品类型也影响分析的质量。这里不多作介绍。

一、抽样的重要性

分析工作一般是取分析对象中一部分有代表性物质进行测定，并以此来推断被分析总体的性质。分析对象的全体称为总体。构成总体的每一个单位称为个体。从总体中抽出部分个体，作为总体的代表性物质进行检验，这部分个体的集合称为样品。从总体中抽取样品的操作过程称为抽样。按一定程序从总体中抽取的一组（一个或多个）个体（或抽取单元）称为样品。有时样品也称为样本。样品中包含的个体（或抽取单元）称为样品容量。单位产品是为实施抽样检查而划分的基本单位。单位产品有时是天然形成的，有时需要人为划分。检查批是为抽样目的汇集的具有相同实质条件总体的一部分。批中单位产品的数量称为批量。一个批通常是在稳定的生产条件下，由在同一生产周期内生产出来的同结构、同等级、同规格、同成分的单位产品构成。"代表样品"这个术语经常用来表示能显示总体平均特性的单个样品。从代表样品中获得的信息一般不如从总体的随机样品中获得的信息多。

复合样品可以看作是产生一个代表样品的特殊方式。精心制备固体复合样品的步骤包括成熟的甚至已经标准化的粉碎、研磨、混合和掺和。对于液体（特别是水）已有好几种成熟的取样系统。

对于单次测定的要求来讲，分析实验室所收到的样品一般过大，通常需要从样品中取出所需要的试验部分，这部分样品称为子样。为了使结果互相一致，这样的试验部分必须十分相似。在取出试验部分（取子样）之前，常常需要减小颗粒的大小进行混合，或用其他方法处理实验室样品，这一步的工作量取决于原始样品的均匀程度。一般讲，取子样的标准差不应超过取样标准差的1/3，达到这一水平已相当好了，再要低于这个水平是费时费事的。当然，这并不是说在取子样时可以漫不经心，如果一个实验室样品已很均匀，在取子样时要注意避免引起偏析。

副样品是由客户提出的交由检验机构，不用于检测仅用于留样的样品，并经客户签字确认与样品同质的样品，必要时作为备查、复测或仲裁复议。保留样品是实验室出于样品备份的需要，在实验室内制取样品的同时分装制备的可代表样品原始特性的样品。

如果采样不合理，样品不能反映总体的真实情况，即使分析结果非常准确，也毫无意义，甚至还会导致错误的结论及后果。因此在评价检验结果的可靠性时，样品的质量是一个重要方面。但在实际工作中，样品的质量往往被忽视。分析人员往往只报道在某时对某特定试样所得的分析结果，而这些结果有可能不能提供所需要的信息。这可能是取样方法、样品贮存、样品保管或分析前的预处理过程不当所引起的。由于对取样方法本身考虑不周，常常使分析结果与总体之间得不到肯定的关系，甚至到无法解释的程度。

不好的分析结果可能由多种因素引起，如试剂的污染、方法带有系统误差等。这些误差来源的大部分都可用适当的空白、标准物质等来加以控制和校准。然而，取样不正确则是一个特殊的问题，对此既不能控制也无法使用空白。因此，取样的不确定度经常与分析的不确定度分开处理。假设分析过程的总标准差为 $s_{总}$，取样操作的标准差为 s_0，分析操作的标准差为 s_a，则 $s_{总}^2 = s_0^2 + s_a^2$。显然，取样是一个关键步骤。因此，在检测过程中，应对抽什么样的样品、什么时候抽、在哪里抽、怎样抽以及抽多少样品进行分析等问题作充分的考虑，并在每一个分析测定的步骤中写明。

一般认为，分析测量的不确定度降低到样品不确定度的1/3或更少时，再进一步降低分析测量的不确定度就没有什么意义了，根据 $s_{总}^2 = s_0^2 + s_a^2$，如果样品的不确定度较大，并且不可能再降低样品的不确定度，那么进一步完善测量方法显然作用不大，此时就应该采用快速的分析方法，即使快速的分析法的精度比较差。事实上，在这种情况下，正是可测试较多样品的快速低精度的方法，可能是降低分析的无规则物料平均值不确定度的最好途径。

测定花生中黄曲霉素含量的过程是说明取样重要性的一个极好实例。黄曲霉素是由霉菌产生的很毒的化合物，这些霉菌在潮湿、温暖的条件下生长得最快。这种条件在仓库中可能是在局部部位上发生的，所以就使严重污染的花生呈不规则分布。一颗严重霉变的花生在磨碎和混合后可能会使相当大的一批花生中的黄曲霉素含量超出国家食品标准允许范围（对人的食用来说，大约为25ng/g）。测量黄曲霉素含量时先将一定量试样中黄曲霉素用溶剂萃取出来，再用薄层色谱法分离，然后测量黄曲霉素斑点的荧光。图1-11表示取样、分样和分析测量三种操作的相对标准差。从图1-11中可明显看出，取样过程是此实验中分析不确度的主要原因。

二、样品的质量评价

抽样检查的最终目的是为了判定批的质量，而批的质量又是根据样品的质量推测出来的。

1. 批的质量

$$p = \frac{D}{N} \times 100 \qquad (1\text{-}35)$$

式中　p——批质量水平，每百单位产品中不合格品数或不合格数（后者可能大于100）；

　　　D——批中不合格品总数或不合格总数；

　　　N——批量。

2. 样品的质量

用 d 表示样品中不合格品数或不合格数（后者可能大于100），n 表示样品量（样品数量），显然，$\frac{d}{n} \times 100$

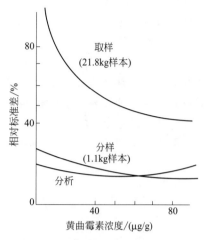

图1-11　在测量花生的黄曲霉素含量过程中与取样和分析操作有关的相对标准差

表示样品中每百单位产品的不合格品数或不合格数，由此可以估计出 p，但不能完全代表批的每百单位产品的不合格品数或不合格数，可能产生的误差为 Δp：

$$\frac{d}{n} \times 100 = p + \Delta p$$

Δp 的大小与置信概率有关，代表了由样品不合格（品）数估计批的不合格（品）数的"模糊"程度。需要的置信概率越大，估计结果越模糊，Δp 越大，反之则越小。而样品量越大，这种估计越精确，Δp 越小。Δp 是造成抽样检查不能完全代表批的质量水平的根本原因。

对于计量检查可以用计量特性的平均值以及标准差表示批的质量和样品的质量。

批的质量：

$$\mu = \frac{\sum_{i=1}^{N} x_i}{N} \qquad \sigma = \sqrt{\frac{\sum_{i=1}^{N}(x_i - \mu)^2}{N-1}} \qquad (1\text{-}36)$$

样品的质量：

$$\overline{x} = \frac{\sum_{i=1}^{n} x_i}{n} \qquad s = \sqrt{\frac{\sum_{i=1}^{n}(x_i - \overline{x})^2}{n-1}} \qquad (1\text{-}37)$$

可以用样品均值 $\overline{x}$ 估计批的期望值 μ，用样品标准差 s^2 估计批的标准差 σ^2，但这种估计也是"模糊"的。

思考与交流

1. 讨论抽样的重要性。
2. 讨论样品的质量评价方式。

知识拓展

质量控制图变差可查明原因的模式检验

虽然模式检验可以作为一组基本的检验，但是分析者还应留意任何可能表明过程受到特殊原因影响的独特模式。因此，每当出现可查明原因的征兆时，这些检验就应该仅仅看作是采取行动的实用规则。这些检验中所规定的任何情形的发生都表明已出现变差的可查明原因，必须加以诊断和纠正。

上下控制限分别位于中心线之上与之下的 3σ 距离处。为了应用上述检验，将控制图等分为 6 个区，每个区宽 1σ。这 6 个区的标号分别为 A、B、C、C、B、A，两个 A 区、B 区及 C 区都关于中心线对称。这些检验适用于 $\overline{X}$ 图和单值（X）图。这里假定质量特性 X 的观测值服从正态分布。

图 1-12 给出了一组用于解释质量控制图的八个模式检验示意图。

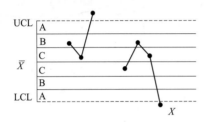
检验1：1个点落在A区以外

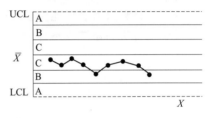
检验2：连续9点落在中心线同一侧

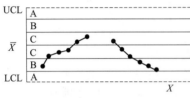
检验3：连续6点递增或递减

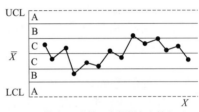
检验4：连续14点相邻点交替上下

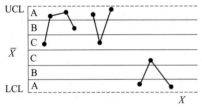
检验5：连续3点中落在中心线同一侧B区以下

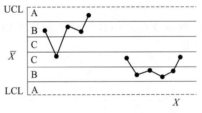
检验6：连续5点中有4点落在中心线同一侧C区以外

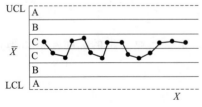
检验7：连续15点落在中心线两侧C区内

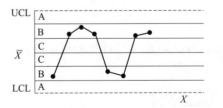
检验8：连续8点落在中心线两侧且无一在C区内

图 1-12　可查明原因的检验

（1）质量控制图检验 1：1 个点落在 A 区以外。

检验 1 给出了对控制图的基本解释：点出界就判异。当过程处统计控制状态时，点落在控制限内的概率为 99.73%，落在控制限外的概率为 0.27%。检验 1 可以对过程中的单个失控做出反应，如计算、测量误差、原材料不合格、设备故障等。

(2) 质量控制图检验2：连续9点落在中心线同一侧。

当过程处于统计控制状态时，连续9点落在中心线同一侧的概率为0.3906%，即虚发报警的概率为0.3906%，第一类错误的概率为0.3906%。

在质量控制图中心线同一侧连续出现的点称为链。链必须由"连续"出现的点构成。链中包含的点数称为链长。链长≥9，判断出现了异常。检验2主要是过程平均值减小的缘故。

(3) 质量控制图检验3：连续6点递增或递减。

当过程处于统计控制状态时，连续6点递增或递减的概率为0.2733%，即虚发报警的概率为0.2733%，第一类错误的概率为0.2733%。

逐点上升或下降的状态称为倾向或趋势。注意，递减的下降倾向，后面的点一定要低于或等于前面的点，否则倾向中断，需要重新计算。递增的上升倾向也是同样的。检验3可能是工具逐渐磨损、逐渐变坏等，从而使得参数随着时间而变化。

(4) 质量控制图检验4：连续14点中相邻点交替上下。

对于"连续14点中相邻点交替上下"这种模式名为"蛋计时器效应"。连续14点中相邻点交替上下时，虚发警报的概率大约为0.004，与模式3基本一致。检验4是交替使用某物所带来的系统影响。

(5) 质量控制图检验5：连续3点中有2点落在中心线同一侧的B区以外。

当过程处于统计控制状态时，点落在B区以外的概率为0.0228，连续3点中有2点落在中心线同一侧的B区以外的概率为0.3048%。检验5主要是由于过程参数μ发生了变化。

(6) 质量控制图检验6：连续5点中有4点落在中心线同一侧的C区以外。

当过程处于统计控制状态时，点落在C区以外的概率为0.1587。连续5点中有4点落在中心线同一侧的C区以外的概率为=0.5331%，即虚发报警的概率为0.5331%，第一类错误的概率为0.5331%。检验6模式对于过程平均值的偏移也是较灵敏的，也是由于μ发生了变化。

(7) 质量控制图检验7：连续15点落在中心线两侧的C区内。

当过程处于统计控制状态时，连续15点落在中心线两侧的C区内的概率为0.326%，即虚发报警的概率为0.326%，第一类错误的概率为0.326%。模式7原因是分层问题。

(8) 质量控制图检验8：连续8点落在中心线两侧且无一在C区内。

当过程处于统计控制状态时，连续8点落在中心线两侧且无一在C区内的概率为0.0103%，即虚发报警的概率为0.0103%，第一类错误的概率为0.0103%。检验8的原因是数据是来自两个不同的分布。

以上介绍了质量控制图的八种检验模式。通过介绍，我们知道了判异准则有点出界（检验1）和界内点排列不随机（检验2～检验8）两类，前者比较容易辨别，后者则需要观察点的分布情况，查找规律，做出判断。因此，在质量控制图中要注意对这些模式进行识别，及时发现、消除异常情况，从而保证过程的稳定性。

项目小结

分析质量保证概述

分析质量保证的目的和内容、质量保证在分析检验中的意义、分析检验的质量保证体系。

分析检验质量的标准

分析检验的精密度、重复性标准差和再现性标准差、重复性限和再现性限、重复性临界极差。

离群值的检验与数据样本之间显著性检验

离群值概述、已知标准差情形离群值的判断规则、未知标准差情形离群值的判断规则、数据样本之间显著性检验的 T 检验和 F 检验。

测量不确定度

测量不确定度概念、不确定度的评定及合成步骤、不确定度的 A 类评定——贝塞尔法、不确定度的 B 类评定、合成标准不确定度、不确定度的表达。

分析检验的质量控制

质量控制的内容、质量控制的基本要素、标准物质、分析检验过程的质量控制、内部质量控制（IQC）与外部质量控制。

分析检验的质量评定技术

内部质量评定技术、外部质量评定技术。

样品的质量保证

抽样的重要性、取样方式和样品类型、样品的质量评价。

练一练测一测

任务一

1. 解释下列名词：分析质量保证、分析质量控制、分析质量评价、质量保证体系。
2. 分析质量保证的目的是什么？主要内容包括哪些方面？
3. 分析质量保证在分析检验中的意义有哪些？
4. 实施质量保证系统的方法有哪些？

任务二

1. 解释下列名词：准确度、精密度、重复性精密度、再现性精密度、重复性限、再现性限、临界极差。
2. 某实验室标准溶液室标定某一标准滴定溶液，甲做的四个数据是 0.1047、0.1039、0.1025、0.1050，乙做的四个数据是 0.1037、0.1026、0.1049、0.1040。根据 GB/T 601—2016 来判断标定是否符合要求。若符合要求，请报出该标准溶液的浓度。
3. 某一检验室采用原子吸收分光光度法测定铅含量，已知该方法铅含量为 $1.017\mu g/mL$ 时，重复性限 $r=0.002$，已测得同一样品的 5 个数据为 1.017、1.017、1.015、1.016、1.017，求最终测试结果。

任务三

1. 解释下列名词：离群值、歧离值、统计离群值、检出水平（α）、剔除水平（α^*）。
2. 测定某样品中的锰，5 次平行测定数据如下：10.29％、10.33％、10.38％、10.40％、10.70％。试用奈尔检验法判别 10.70％这一数据是否应剔除？[置信概率为 95％；已知临界值 $R_{0.95}(5)=2.08$，$s=0.15\%$]
3. 某人在一次监测时得数据如下：15.02、14.90、14.01、14.92、14.95、15.01、14.98、14.99，用狄克逊检验法判断是否有离群值需要剔除？
4. 对同一铜合金，有 10 个分析人员分析进行分析，测得其中铜含量（％）的数据为：62.20、69.49、70.30、70.65、70.82、71.03、71.22、71.25、71.33、71.38。问这些数据中哪个（些）数据应被舍去（$\alpha=0.05$）？分别用格拉布斯检验法、狄克逊检验法判断 62.20、71.38 是否离群？
5. 排列数据：将上述测量数据按从小到大的顺序排列，得到 4.7、5.4、6.0、6.5、

7.3、7.7、8.2、9.0、10.1、14.0。试用狄克逊检验法判别最大值是不是异常值。

6. 从两个不同流水线上中各以重复抽样的方式抽得样本如下。样本1产品含量：52、58、71、48、57、62、73、68、65、56。样本2产品含量：56、75、69、82、74、63、58、64、78、77、66、73。设产品含量服从正态分布，试以显著性水平 $\alpha=0.05$ 检验两个不同流水线对产品含量有无显著性影响。

7. 在产品中随机抽取10件，在月初和月末分别进行了两次抽检，产品含量平均值分别为79.5和72，标准差分别为9.124、9.940。问两次抽检是否有显著性差异？

8. 某试样总体测定值为65，A实验室19次测定值分别为：72、76、68、78、62、59、64、85、70、75、61、74、87、83、54、76、56、66、68。B实验室10次测定值分别为：92、94、96、66、84、71、45、98、94、67。求推测两实验室有无显著性差异。

任务四

1. 解释下列名词：不确定度、标准不确定度、扩展不确定度、合成标准不确定度。
2. 测量不确定度的来源主要有哪些？分类有哪些？
3. 测量误差与测量不确定度有何区别？
4. 不确定度的评定步骤是怎样的？
5. A类不确定度的评定方法具体是怎样的？
6. B类不确定度的信息来源有哪些？不确定度B类评定的步骤是怎样的？
7. 用减量法称取试样0.100g时，假设一次称量的标准差为0.1mg，试计算样品称量结果的标准差及由称量产生的不确定度。
8. 某实验室测定钢铁样品中锰的含量，6次测定的结果分别为：0.725%、0.772%、0.730%、0.755%、0.768%、0.809%，计算A类不确定度。
9. 采用可见分光光度法测定铁离子含量为 $25.00\mu g/mL$ 的铁标准溶液，6次平行测定的结果分别为 $25.02\mu g/mL$、$25.07\mu g/mL$、$24.98\mu g/mL$、$25.05\mu g/mL$、$24.95\mu g/mL$、$24.90\mu g/mL$。经估算B类不确定度为 $0.032/\mu g/mL$。试对该方法进行不确定度评定并给出测定结果。
10. $y=2x_1+3x_2$，且 x_1 与 x_2 不相关，$u(x_1)=2.73mm$，$u(x_2)=2.15mm$。求 $u_c(y)$。
11. $y=x_1^2 x_2^3$，x_1 和 x_2 不相关，$u_{rel}(x_1)=0.73$，$u_{rel}(x_2)=0.15$。求 $u_{c,rel}(y)$；当 $x_1=1$，$x_2=2$，求 $u_c(y)$。

任务五

1. 解释下列名词：空白检测、检出限、校准曲线、平行试验、回收率、对照试验、分析批、分析系统、质量控制图。
2. 质量控制的基本要素有哪些？
3. 阐述标准物质的分类特性和用途。
4. 质控样品的基本要求有哪些？对分析批的要求有哪些？
5. IQC的组成有哪些？
6. 检测过程质量控制要求有哪些？
7. 控制样品的类型有哪些？
8. 分析系统核查工具主要有哪些？
9. 外部质量控制活动一般有哪些？

任务六

1. 解释下列名词：质量控制图、上控制限（UCL）、下控制限（LCL）、警戒限。
2. 质量控制图的作用有哪些？

3. 化学分析实验室内部质量控制用到的最重要的控制图主要有哪些？

4. X 图与 $\overline{X}$ 图相比较有何优势？R 图与 s（或 σ）图相比较有何优势？

5. 根据下表观测数据，计算出样品的平均值、中位数与极差，列于下表后面三列。

子组	观测值/mm					平均值	中位数	极差
	1	2	3	4	5			
1	29.970	30.017	29.898	29.937	29.992			
2	29.947	30.013	29.993	29.997	30.079			
3	30.050	30.031	29.999	29.963	30.045			
4	30.064	30.061	30.016	30.041	30.006			
5	29.948	30.009	29.962	29.990	29.979			
6	30.016	29.989	29.939	29.981	30.017			
7	29.946	30.057	29.992	29.973	29.955			
8	29.981	30.023	29.992	29.992	29.941			
9	30.043	29.985	30.014	29.986	30.000			
10	30.013	30.046	30.096	29.975	30.019			

作出均值（$\overline{X}$）图、中位数图、极差图。

6. 某分析数据收集数据如下表所示，作出单值（X）图与移动极差（R）图。

组序	数据	组序	数据	组序	数据
1	1.09	6	1.43	11	0.98
2	1.13	7	1.27	12	1.37
3	1.29	8	1.63	13	1.18
4	1.13	9	1.34	14	1.58
5	1.23	10	1.1	15	1.28

任务七

1. 解释下列名词：样品的质量评价、单位产品、（检查）批、样品、不合格品、样品的质量。

2. 样品的质量评价方法有哪些？

项目二
计量基础知识与计量检定

 项目引导

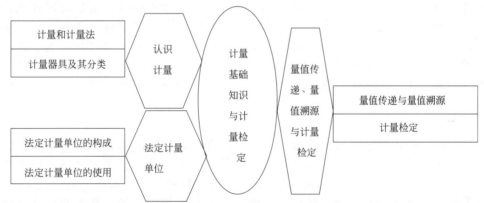

小王同学在某高职学院就读,大二下学期学校安排其在某化工企业实习。有一天,小王跟着企业指导老师李师傅一起做分光光度法测定工业盐酸中铁含量的测试。李师傅拿着几张对照图表进行数据处理。小王不解张师傅说这是计量检定证书,正好检定周期快到啦,准备安排今年的计量检定。

李师傅说:分析检验工作中测量得到的数据要进行处理得到符合要求的测试报告,分析设备要进行量值溯源、计量检定保证设备的可靠性,要使用法定计量单位保证符合国家相关的计量法规。总之,分析检验工作与计量有着密不可分的联系。

任务一 认识计量

任务要求

1. 掌握计量与测量测试的区别。
2. 了解计量器具及其分类。

一、计量和计量法

1. 测量、计量与测试

计量测试工作中往往涉及计量、测量与测试,这三者之间的关系是十分密切的,它们都与确定量值的大小有关。

M2-1 计量与测量、测试

(1) 测量 在 JJF 1001—2011《通用计量术语及定义》中，测量的定义是：通过实验获得并可合理赋予某量一个或多个量值的过程。它包括测量过程中的全部内容。测量意味着量的比较并包括实体的计数，测量的先决条件是对测量结果预期用途相适应的量的描述、测量程序以及根据规定测量程序（包括测量条件）进行操作的测量系统。

(2) 测试 测试是具有试验性质的测量，目的是通过多参量的试验来确定其物体的特性或条件的最佳状态，单位也是可以任意选定的。它往往是在拥有成熟的测量方法或测量条件的情况下，对被测量的测量。因此，它具有探索性、研究性和试验性的特点。它是测量和计量工作的前期工作，为测量和计量工作做准备。当测量方法、测量条件及测量设备都成熟时就可转化为测量或计量。

(3) 计量 根据 JJF 1001—2011《通用计量术语及定义》，计量的定义是：实现单位统一、量值准确可靠的活动。计量学是测量及其应用的科学。人类在生产、生活、贸易、科学研究中必须借助测量手段进行测量活动来认识事物。测量手段和测量方法的准确性、可靠性和测量结果的一致性是测量的基本条件。计量是基础科学，也是应用科学，最重要的是它还是一门先导科学。研究、建立、保存、维护计量基（标）准器具，实现单位统一、量值准确可靠的工作就是计量的基础性工作，我们建立的基（标）准装置，进行量值传递和溯源，直接应用到生产第一线，对生产用的标准器具进行检定、测试、校准，使生产等各领域的工作测计量器具统一规范。如市场用的量长度的米尺、称重量的秤等都应属于应用计量器具。

2. 计量的分类

国际上趋向把计量分为科学计量、工程（工业）计量和法制计量，它分别代表计量的基础、应用和政府起主导作用的三个方面。科学计量主要指的是基础性、探索性、先行性的计量科学研究。工程计量亦称工业计量，系指各种工程、工业企业中的实用计量。法制计量是为了保证公众安全、国民经济和社会发展，根据法制、技术和行政管理的需要，由政府或官方授权进行强制管理的计量，包括对计量单位、计量器具（特别是计量基准、标准）、计量方法和测量准确度（或不确定度）以及计量人员的专业技能等的明确规定和具体要求。

3. 计量的特点

计量不管处于哪一阶段，均与社会经济的各个部门、人民生活的各个方面有着密切的关系。随着社会的进步、经济的发展，加上计量的广泛性、社会性，必然对单位统一、量值准确可靠提出愈来愈高的要求。因此，计量必须具备以下4个特点。

(1) 准确性 准确性是计量的基本特点，它表征的是计量结果与检测量真值的接近程度。严格地说，只有量值，而无准确程度的结果，不是计量结果。也就是说，计量不仅应明确给出被测量的量值，而且还应给出该量值的不确定度（或误差范围），即准确性。更严格地说，还应注明计量结果的影响量的值或范围。

(2) 一致性 计量单位的统一是量值一致的重要前提。无论在任何时间、任何地点，采用任何方法、使用任何器具以及任何人进行计量，只要符合有关计量的要求，计量结果就应在给定的不确定度（或误差范围）内一致。计量的一致性，不仅限于国内，而且也适用于国际。

(3) 溯源性 在实际工作中，由于目的和条件的不同，对计量结果的要求亦各不相同。但是，为使计量结果准确一致，所有的同种量值都必须由同一个计量基准（或原始标准）传递而来。换句话说，任何一个计量结果，都能通过不间断的比较链溯源到计量基准，这就是溯源性。可以说，"溯源性"是"准确性"和"一致性"的技术归宗。

（4）法制性　计量本身的社会性就要求有一定的法制保障。也就是说，量值的准确一致，不仅要有一定的技术手段，而且还要有相应的法律、法规的法制保障，特别是那些对国计民生有明显影响的计量，诸如社会安全、医疗保健、环境保护以及贸易结算中的计量，更必须有法制保障。否则，量值的准确一致便不能实现，计量的作用也就无法发挥。

计量属于测量而严于一般的测量，在这个意义上可以狭义地认为计量是与测量结果置信概率有关的、与不确定度联系在一起的一种规范化的测量。

M2-2　计量在工业生产中的作用

4. 我国计量法规体系

我国计量法规体系的组成按照审批的权限、程序和法律效力的不同，可分为三个层次。

第一层次是法律，即《中华人民共和国计量法》，它由全国人大常委会批准。

第二层次是法规，包括国务院依据《中华人民共和国计量法》制定或批准的计量行政法规，如《计量法实施细则》《国防计量监督管理条例》《进口计量器具监督管理办法》等。其次还包括部分省、自治区、直辖市人大或常委会制定的地方性计量法规。

第三层次是规章和规范性文件。包括国家计量行政部门制定的有关计量的部门规章，国务院有关部门制定的计量管理办法，如《国家海洋局计量监督办法》等。此外，还有县级以上地方人民政府及计量行政部门制定的地方计量管理规范性文件。

以上三个层次的计量法律、法规、规章及规范性文件，构成了我国计量法规体系，这些法规体系中的法律、法规和规章及规范性文件具有不同的层级效力，其中《中华人民共和国计量法》是具有最高效力的。

二、计量器具及其分类

1. 计量器具相关定义

（1）量具　以固定形式复现量值的计量器具称为量具，一般没有指示器和在测量过程中没有可以运动的测量元件。在分析计量中属于量具的有标准电池、标准氢电极等。

（2）计量装置　计量器具及其为进行测量所需的辅助设备的总体，称为计量装置。

（3）计量器具　指单独或与一个或多个辅助设备组合用于进行测量的装置。这个定义可以看出计量器具具有的特征：①用于测量；②能确定被测对象的量值；③本身是一种计量技术装置。

（4）计量仪器　能把被测量值转换成为可直接观测的指示值或等效信息的计量器具称为计量仪器（仪表）。由于分析计量中主要使用的计量器具是计量仪器（仪表），因此习惯上常把计量器具称为测量仪表。

2. 计量器具分类

按结构特点分类，计量器具可以分为量具、计量仪器仪表、计量装置三类。

按用途分类，计量器具也可以分为以下三类：计量基准器具、计量标准器具、工作计量器具。

计量器具，按技术性能及用途计量器具可分为基准计量器具、计量标准器具和普通计量器具。

我们在企业或其他单位实验室主要用的是普通计量器具。普通计量器具是指一般日常工作中所用的计量器具,它可获得某个定量的计量结果。按等级分类,普通计量器具可以分为A、B、C 三类。

(1) A 类计量器具的范围
① 单位最高计量标准和计量标准器具。
② 用于贸易结算、安全防护、医疗卫生和环境监测方面,并列入强制检定工作计量器具范围的计量器具。
③ 生产工艺过程中和质量检测中测量关键参数用的计量器具。
④ 进出厂物料核算用计量器具。
⑤ 精密测试中准确度高或使用频繁而量值可靠性差的计量器具。

(2) B 类计量器具的范围
① 安全防护、医疗卫生和环境监测方面,但未列入强制检定工作计量器具范围的计量器具。
② 生产工艺过程中测量非关键参数用的计量器具。
③ 产品质量的一般参数检测用计量器具。
④ 二、三级能源计量用计量器具。
⑤ 企业内部物料管理用计量器具。
⑥ 化学监督用的重要器具。

(3) C 类计量器具的范围
① 低值易耗的、非强制检定的计量器具。
② 单位生活区内部能源分配用计量器具,辅助生产用计量器具。
③ 在使用过程中对计量数据无精确要求的计量器具。
④ 国家计量行政部门明令允许一次性检定的计量器具。

3. 计量器具特征

计量器具特性有静态特性和动态特性,这里我们只介绍静态特征。

当输入信号不变时,计量装置或者计量装量的元件输出信号的特性称为静态特性。它包括:范围、准确度、稳定度、分度值、分辨力、灵敏度、线性度和鉴别阈等。

M2-3 计量器具特征参数

(1) 范围　我们这里所说的范围包括:分度值、示值范围、标称范围、测量范围(或工作范围)、量程。

所谓示值是指由计量器具提供的被计量的量值,包括记录器的记录值、计量装置中的计量信号或响应、实物量具的示值。

分度值是指对应相邻标记的两个值之差,例如 50mL 滴定管的分度值为 0.1mL。

示值范围是指极限示值界限内的一组值。对模拟显示而言,它可以称为标尺范围。示值范围可以用标在显示器上的单位表示,而不论被测量的 50mL 滴定管单位如何,通常用其上下限说明。

标称范围是指计量仪器的操纵器件调到特定位置时可得到的示值范围。标称范围通常用它的上限和下限表明,例如 50~300V。若下限为零,标称范围一般只用其上限表明,例如 0~100V 的标称范围可表示为 100V。量程是指标称范围两极限之差。例如对滴定管具有 0~50mL 的标称范围,其量程为 50mL。

测量范围是指测量仪器的误差处在规定极限内的一组被测量的值。这里的"误差"是指按约定真值确定。

(2) 准确度　计量器具的准确度是指计量器具给出接近真值的响应能力。准确度等级是指符合一定的计量要求，使误差保持在规定极限以内的计量仪器的等别、级别。准确度等级通常按约定注以数字或符号，并称为等级指标。

计量器具的示值误差等于计量器具示值与对应输入量的真值之差。由于真值一般不能确定，实际用的是约定真值；就实物量具而言，示值就是赋予它的值。计量器具示值的系统误差称为计量器具的偏移，计量器具的偏移通常用适当次数重复测量的示值误差的平均值来估计。计量器具示值的随机误差用计量器具的重复性表示，重复性可用示值的分散性定量表示。

计量器具的引用误差是指计量器具的误差除以仪器的特定值。通常把此特定值叫做引用值，例如它可以是计量器具的量程或标称范围的上限。

对给定的计量器具，规范、规程等所允许的误差极限值称为计量器具的最大允许误差。有时也称为计量器具的允许误差限。

4. 计量器具使用管理要求

① 根据需要对计量器具进行调整　调整是指使计量器具的准确度和其他性能达到规定要求的作业。调整时应遵守计量器具操作规程，防止因调整不当而失准。

② 标示计量器具的校准状态　一般在计量器具上贴校准状态标签，让使用者了解计量器具的状态（合格、限制使用、停用等）和有效期限。

③ 防止调整时校准失效。

④ 加强搬运、维护、贮存的防护。

⑤ 做好计量器具失准时的处理。

应对检定或校准方法，校定、校准周期，计量人员工作责任性及操作熟练度，计量器具的适用性等进行评价，根据评价结果再适时采取相应措施。

思考与交流

1. 讨论计量、测量与测试的区别。
2. 讨论一种分析检验用的计量器具的特征参数。

任务二　法定计量单位

任务要求

1. 掌握法定计量单位的组成。
2. 掌握法定计量单位的使用。
3. 掌握分析及化学计量中常用的物理量和单位。

计量法规定："国家采用国际标准单位制。国际单位制计量单位和国家选定的其他计量单位，为国家法定计量单位"。

一、法定计量单位的构成

（一）国际单位制计量单位

1. 国际单位制的构成

国际单位制的单位（SI 单位）包括 SI 基本单位、SI 导出单位和 SI 单位的倍数单位。

（1）SI 基本单位　国际单位制的基本单位见表 2-1。

表 2-1　国际单位制的基本单位

量的名称	单位名称	单位符号	量的名称	单位名称	单位符号
长度	米	m	热力学温度	开[尔文]	K
质量	千克（公斤）	kg	物质的量	摩[尔]	mol
时间	秒	s	发光强度	坎[德拉]	cd
电流	安[培]	A			

注：1. 表中圆括号中的名称，是它前面的名称的另一种称谓。
2. 表中方括号中的字，在不致引起混淆、误解的情况下，可以省略。去掉方括号中的字即为其名称的简称。
3. 质量在社会生活及贸易中习惯称为重量。

(2) SI 导出单位　SI 导出单位是按一贯性原则，通过比例因数为 1 的量的定义方程式由 SI 基本单位导出。导出单位为包括辅助单位在内的具有专门名称的单位和组合形式的单位。

SI 单位弧度和球面度称为 SI 辅助单位，它们是具有专门名称和符号的量纲的导出单位。在许多实际情况中，用专门名称弧度（rad）和球面度（sr）分别代替数字 1 是方便的。例如角速度的 SI 单位可写成弧度每秒（rad/s）。SI 单位的辅助单位见表 2-2。

表 2-2　SI 单位的辅助单位

量的名称	单位名称	单位符号
平面角	弧度	rad
立体角	球面度	sr

用 SI 基本单位和具有专门名称的 SI 导出单位或（和）SI 辅助单位以代数形式表示的单位称为组合形式的 SI 导出单位。这种单位符号中的乘和除采用数学符号。例如速度的 SI 单位为米每秒（m/s）。

某些 SI 导出单位具有国际计量大会通过的专门名称和符号，部门具有专门名称的 SI 导出单位见表 2-3。使用这些专门名称并用它们表示其他导出单位，往往更为方便、准确。如热和能量的单位通常用焦耳（J）代替牛顿米（N·m），电阻率的单位通常用欧姆米（Ω·m）代替伏特米每安培（V·m/A）。

表 2-3　部分国际单位制中具有专门名称的 SI 导出单位

量的名称	单位名称	单位符号	其他表示实例
频率	赫兹	Hz	s^{-1}
力	牛顿	N	$kg·m/s^2$
压力;压强;应力	帕斯卡	Pa	N/m^2
能量;功;热量	焦耳	J	N·m
功率;辐射通量	瓦特	W	J/s
电荷量	库仑	C	A·s
电位;电压;电动势	伏特	V	W/A
电容	法拉	F	C/V
电阻	欧姆	Ω	V/A
电导	西门子	S	A/V
磁通量	韦伯	Wb	V·s
磁通量密度;磁感应强度	特斯拉	T	Wb/m^2

续表

量的名称	单位名称	单位符号	其他表示实例
电感	亨利	H	Wb/A
摄氏温度	摄氏度	℃	
光通量	流明	lm	cd·sr
光照度	勒克斯	lx	lm/m²
放射性活度	贝可勒尔	Bq	s^{-1}
吸收剂量	戈瑞	Gy	J/kg
剂量当量	希沃特	Sv	J/kg
催化活性	卡塔（未标准化）	kat	mol/s

（3）SI 单位的倍数单位 由 SI 单位与词头组合构成的单位是 SI 单位的倍数单位。用于构成十进制倍数和分数单位的词头见表 2-4。

表 2-4 用于构成十进制倍数和分数单位的词头

所表示的因数	词头中文名称	词头英文名称	词头符号
10^{24}	尧[它]	yotta	Y
10^{21}	泽[它]	zetta	Z
10^{18}	艾[可萨]	exa	E
10^{15}	拍[它]	peta	P
10^{12}	太[拉]	tera	T
10^{9}	吉[咖]	giga	G
10^{6}	兆	mega	M
10^{3}	千	kilo	k
10^{2}	百	hecto	h
10^{1}	十	deca	da
10^{-1}	分	deci	d
10^{-2}	厘	centi	c
10^{-3}	毫	milli	m
10^{-6}	微	micro	μ
10^{-9}	纳[诺]	nano	n
10^{-12}	皮[可]	pico	p
10^{-15}	飞[母托]	femto	f
10^{-18}	阿[托]	atto	a
10^{-21}	仄[普托]	xepto	x
10^{-24}	幺[科托]	yocto	y

SI 单位的倍数单位根据使用方便的原则选取。通过适当的选择，可使数值处于实用范围内。倍数单位的选取，一般应使量的数值处于 0.1～1000 之间。如 1.2×10^{4}N 可写成 12kN；0.00394m 可写成 3.94mm；1401Pa 可写成 1.401kPa；3.1×10^{-8}s 可写成 31ns。

在某些情况下，习惯使用的单位可以不受上述限制。如大部分机械制图使用的单位用毫米，导线截面积单位用平方毫米，领土面积用平方千米。

在同一量的数值表中，或叙述同一量的文章里，为对照方便，使用相同的单位时，数值范围不受限制。

2. 国际单位制的特点

国际单位制自1960年建立以来，由于它具有先进、实用、简单、科学等优越性，因而广泛适用于文化教育、科学和经济建设各个领域。SI具有以下特点。

(1) 具有很强的科学性　在SI中，选择彼此独立的几个量作为基本量，对其单位给予严格的理论定义，这就是基本单位。而其他的量则是通过与基本量相关联的方程式，由基本单位来导出其单位，也就是导出单位。因此，使整个量的单位系统中各单位之间具有了内在的物理联系。只要实际复现几个基本单位就可以方便地得到其他导出单位。这样，就可以由国际单位制的几个基本单位（有时还要利用两个辅助单位）构成某一学科范围的单位制。例如，由米、千克（公斤）、秒和开尔文定出了全部热力学单位等。

(2) 具有一贯性　所谓一贯性，就是指单位制中各导出单位的定义方程式中的比例系数一律都取为1。从而使各单位的尺度之间合理地相互联系起来。对于单位来说，一贯制的概念只适应于导出单位，例如"牛顿"是国际单位制中力的一贯导出单位。只有采用一贯单位制才能使表明物理规律的方程具有最简单的形式。

(3) 10进位关系　国际单位制中的倍数单位与分数单位，由10进位词头加在SI单位之前构成，它们的命名法也具有这种简明的系统性。

3. 使用国际单位制的优越性

① 便于统一世界计量制度。

② 可以消除多种单位制及单位的并用，避免了过去在单位使用上的许多不合理甚至矛盾的现象。

③ SI明确和澄清了很多量和单位的概念。它的单位是根据物理规律严格而明确定义的，并放弃了一些旧的不科学的习惯概念和用法。

④ SI取消了大量不必要的各种单位，简化了物理规律的表示形式和计算手续，省略了很多不同单位制之间的换算系数。

⑤ SI的全部基本单位和大多数导出单位的大小都很实用。

(二) 国家选定的其他法定计量单位

国际单位制不能完全满足日常生活中一些特殊领域的需要，为此我国选定一些非国际单位制单位与SI单位一起作为国家的法定计量单位，表2-5列出了国家选定的其他法定计量单位。

表 2-5　国家选定的其他法定计量单位

量的名称	单位名称	单位符号	换算关系和说明
时间	分	min	1min＝60s
	[小]时	h	1h＝60min＝3600s
	天(日)	d	1d＝24h＝86400s
平面角	[角]秒	(″)	$1″=(\pi/648000)$rad
	[角]分	(′)	（π为圆周率）
	度	(°)	$1′=60″=(\pi/10800)$rad
			$1°=60′=(\pi/180)$rad
旋转速度	转每分	r/min	1r/min＝(1/60)r/s
长度	海里	n mile	1n mile＝1852m(只用于航程)
速度	节	kn	1kn＝1n mile/h＝(1852/3600)m/s(只用于航程)
质量	吨	t	1t＝1000kg
	原子质量单位	u	$1u≈1.6605655\times10^{-27}$kg
体积	升	L(l)	$1L=1dm^3=10^{-3}m^3$

续表

量的名称	单位名称	单位符号	换算关系和说明
能	电子伏	eV	$1\text{eV} \approx 1.6021892 \times 10^{-19}\text{J}$
级差	分贝	dB	
线密度	特[克斯]	tex	$1\text{tex} = 1\text{g/km}$

注：1. [ ] 内的字是在不致混淆的情况下，可以省略的字。
2. ( ) 内的字为前者的同义语。
3. 角度单位度、分、秒的符号不处于数字后时，应加括号。
4. 升的小写字母"l"为备用符号。

二、法定计量单位的使用

1. 法定计量单位名称及其使用

计量单位的名称，一般是指它的中文名称，用于叙述性文字和口述中，不得用于公式、数据表、图、刻度盘等处。

组合单位的名称与其符号表示的顺序一致，符号中的乘号没有对应的名称，遇到除号时，读为"每"。书写时也应如此，不能加任何图形和符号，不要与单位的中文符号相混（见表2-5）。除号的对应名称为"每"字，无论分母中有几个单位，"每"字只出现一次。

M2-4 法定计量单位的使用

乘方形式的单位名称，其顺序应为指数名称在前，单位名称在后，指数名称由相应的数字加"次方"两字构成。

当长度的二次和三次幂分别表示面积和体积时，则相应的名称分别为"平方"和"立方"，其他情况均应分别为"二次方"和"三次方"。

书写组合单位的名称时，不加乘或（和）除的符号或（和）其他符号。

2. 法定计量单位符号及其使用

（1）单位符号和单位的中文符号的使用规则

① 单位和词头的符号用于公式、数据表、曲线图、刻度盘和产品铭牌等需要明了的地方，也用于叙述性文字中。

② 各表中所给出的单位名称的简称可用作该单位的中文符号（简称"中文符号"）。

③ 单位符号没有复数形式，符号上不得附加任何其他标记或符号。

④ 摄氏度的符号℃可以作为中文符号使用。

⑤ 不应在组合单位中同时使用单位符号和中文符号，例如，速度单位不得写作 km/小时。

（2）单位符号和中文符号的书写规则

① 单位符号一律用正体字母，除来源于人名的单位符号第一字母要大写外，其余均为小写字母（升的符号 L 例外）。

② 当组合单位是由两个或两个以上的单位相乘而构成时，其组合单位的写法可采用：N·m 或 Nm。第二种形式，也可以在单位符号之间不留空隙。但应注意，当单位符号同时又是词头符号时，应尽量将它置于右侧，以免引起混淆。表2-6为组合单位符号书写方式举例。

当用单位相除的方法构成组合单位时，其符号可采用 m/s 或 m·s^{-1} 或 $\dfrac{m}{s}$。除加括号避免混淆外，单位符号中的斜线（/）不得超过一条。在复杂的情况下，也可以使用负指数。

③ 由两个或两个以上单位相乘所构成的组合单位，其中文符号形式为两个单位符号之间加居中圆点，如牛·米。

表 2-6 组合单位符号书写方式举例

单位名称	正确书写形式		错误或不恰当的书写形式
牛顿米	N·M,Nm	牛·米	N-m,mN,牛-米
毫克每升	mg/L,mg·L^{-1}	毫克/升,毫克·升$^{-1}$	mg·L^{-1},升毫克升,毫克升$^{-1}$
每摩[尔]	mol^{-1}	摩[尔]$^{-1}$	1/mol

注：1. 分子为 1 的组合单位的符号，一般不用分数形式，而用负数幂的形式。

2. 单位符号中，用斜线表示相除时，分子、分母的符号与斜线处于同一行内。分母中包含两个以上单位符号时，整个分母应加圆括号，斜线不得多于 1 条。

3. 单位符号不得与中文符号混合使用。但非物理量单位（如台、人等），可用汉字与符号构成组合形式单位；摄氏度的符号℃可作为中文符号使用，如 "J/℃" 可写为 "焦/℃"。

单位相除构成的组合单位，其中文符号可采用米/秒或米·秒$^{-1}$ 或 $\dfrac{米}{秒}$。

④ 单位符号应写在全部数值之后，并与数值间留适当的空隙。

⑤ SI 词头符号一律用正体字母，SI 词头符号与单位符号之间不得留空隙。

⑥ 单位名称和单位符号都必须作为一个整体使用，不得拆开。

3. 法定计量单位词头及其使用

（1）词头的使用　词头用于构成倍数单位（十进倍数单位与分数单位），但不得单独使用。表 2-4 给出了 SI 词头英文名称、符号及词头中文名称。

词头符号与所紧接的单位符号应作为一个整体对待，它们共同组成一个新单位（十进倍数或分数单位），并具有相同的幂次，而且还可以和其他单位构成组合单位。

（2）词头使用注意事项

① 不得使用重叠词头，如用毫克（mg）而不得用微千克（μkg）。

② 词头 h（百）、da（十）、d（分）、c（厘）一般用于长度、面积和体积单位。

③ 组合单位的倍数单位一般只用一个词头，并尽量用于组合单位中的第一个单位。通过相乘构成的组合单位的词头通常加在第一个单位之前；通过相除构成的组合单位或通过乘和除构成的组合单位，其词头一般都应加在分子的第一个单位之前，分母中一般不用词头。

M2-5　分析及化学计量中常用的物理量和单位

④ 当组合单位分母是长度、面积和体积单位时，分母中可以选用某些词头构成倍数单位。

⑤ 在计算中，为了方便，建议所有量均用 SI 单位表示，将词头用 10 的幂次代替。

⑥ 有些国际单位制以外的单位，可以按习惯用 SI 词头构成倍数单位，如 MeV、mCi 等，但它们不属于国际单位制。

⑦ 温度单位摄氏度，角度单位度、分、秒与时间单位日、时、分等不得用 SI 词头。

4. 分析化学中常用的物理量和单位

分析化学中常用的量和法定计量单位见表 2-7。

表 2-7　分析化学中常用的量和法定计量单位

量的名称	量的符号	量的定义	中文单位	英文单位
相对原子质量	A_r	元素的平均原子质量与核素^{12}C 原子质量的 1/12 之比		
相对分子质量	M_r	物质的分子或特定单元的平均质量与核素^{12}C 原子质量的 1/12 之比		

续表

量的名称	量的符号	量的定义	中文单位	英文单位
物质的量	n	质量除以物质的摩尔质量	摩[尔]	mol
摩尔质量	M	$M=m/n$	千克每摩[尔]	kg/mol
密度	ρ	质量除以体积，$\rho=m/V$	千克每立方米	kg/m³
相对密度	d	$d=\rho_1/\rho_2$		
B的质量浓度	ρ_B	B的质量除以混合物体积，$\rho_B=m_B/V$	千克每升	kg/L
B的浓度、B的物质的量浓度	c_B	B的物质的量除以混合物体积，$\rho_B=n_B/V$	摩[尔]每立方米	mol/m³, mol/L
B的质量分数	ω_B	B的质量除以混合物质量，$\omega_B=m_B/m$		%, μg/g, ng/g
B的体积分数	φ_B	B的体积除以混合物体积，$\varphi_B=V_B/V$		%, μL/L

思考与交流

1. 讨论法定计量单位的组成与使用。
2. 我国法定计量单位由哪些单位组成？
3. 讨论分析化学计量中常用的物理量和单位哪些属于法定计量单位。

任务三　量值传递、量值溯源与计量检定

任务要求

1. 掌握量值传递、量值溯源的作用。
2. 了解计量检定的原理作用，掌握计量检定的方法。
3. 了解计量标准考核的方法作用。

一、量值传递与量值溯源

（一）量值传递

1. 量值传递的必要性

量值传递是通过对计量器具的检定或校准，将国家基准（标准器具）所复现的计量单位量值，通过标准逐级传递到工作用计量器具，以保证对被测对象测量所得量值准确和一致。量值传递是统一计量器具量值的重要手段，是保证计量结果准确可靠的基础。很显然，没有量值传递，量值也就无源可溯，更谈不上统一量值了。

2. 量值传递系统

对于一个国家来说，每一个量值传递系统只允许有一个国家基准，在我国，大部分国家计量基准保存在中国计量科学研究院。分布在各大区的国家计量测试中心是国家组织建立的承担跨地区计量检定、测试任务的国家法定计量检定机构。等级较高的计量标准，大多设置在省级计量技术机构和部门计量机构中。较低准确度等级的计量标准，大多设置在市（地）、县级计量技术机构及计量准确度要求较高的大、中型企业中。工作计量器具则广泛应用于工矿、企业、商店、医院、研究院、院校……甚至于家庭中。

M2-6　量值传递的必要性和量值传递系统

M2-7　量值传递的方式

国家计量基准复现的单位量值，通过各级计量标准、计量器具，形成量值传递系统。全国量值传递系统示意图见图2-1。

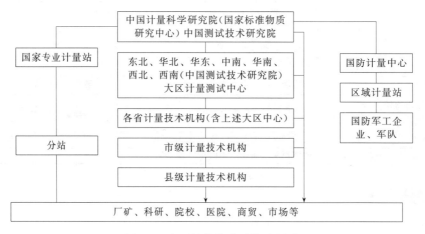

图2-1 全国量值传递系统示意图

3. 量值传递的方式

量值传递的方式一般采用实物标准逐级传递、发放标准物质、发布标准数据、发播标准信号和计量保证方案（MAP方式）等。目前我国最基本的、最主要的量值传递方式是用实物标准进行逐级传递，发放标准物质主要用于化学计量领域，发播标准信号主要用于时间频率、无线电计量领域，而计量保证方案采用不多，但采用计量保证方案是将来发展方向。

化学计量最常用的传递方式是发放标准物质，它有三种用途。

① 作为控制物质与待测物质同时进行分析。

② 作为校准物质用于仪器的校准。

③ 作为已知物质，用以发展新的测量技术和研制新的仪器。

使用标准物质进行量值传递的优点是：

① 传递环节少，一般只有一级和二级标准物质。除国家计量研究机构生产部分一级标准物质外，其他计量部门一般不必生产标准物质；

② 客户可以根据需要购买标准物质，自己校准物质，自己校准计量器具及评价计量方法，可免去送检仪器；

③ 可以快速评定并可在现场使用。

M2-8 CNAS-CL01-G002：2018《测量结果的溯源性要求》

M2-9 量值溯源

（二）量值溯源

1. 量值溯源概述

量值溯源是通过一条具有规定不确定度的不间断的比较链，使测量结果或测量标准的值能够与规定的参考标准（通常是国家计量基准或国际计量基准）联系起来。

量值溯源体系就是这条有规定不确定度的不间断比较链。

量值溯源等级图，也称为量值溯源体系表，它是表明测量仪器的计量特性与给定量的计量基准之间关系的一种代表等级顺序的框图。它对给定量及其测量仪器所用的比较链进行量化说明，以此作为量值溯源性的证据。实现量值溯源的最主要的技术手段是校准和检定。

量值溯源的主要形式为溯源等级图。对待有某一等级测量仪器的部门或企业，至少应按溯源等级提供其上一级测量标准特性的有关信息，以便实现其向国家基准的溯源。溯源等级图示例见图 2-2。有关溯源等级图请查阅相关标准。

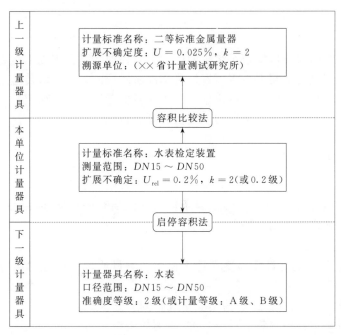

图 2-2　溯源等级图

2. 量值溯源途径

各检测机构可以通过多种途径直接或间接实现量值溯源。

① 依据计量法规建立的内部最高计量标准（即参考标准），通过使用法定计量检定机构或校准实验室所建立的适当等级的计量标准的定期检定或校准，溯源至国家计量标准；获认可机构内部使用最高计量标准，需要时按照国家量值传递的要求实施向下传递，直至工作计量器具。

② 将工作计量器具送至法定计量检定机构或被认可的校准实验室，通过使用相应等级的社会公用计量标准进行定期计量检定或校准实现量值溯源。

③ 将工作计量器具需要时按照国家量值溯源图的要求溯源至本部门本行业的最高计量标准，进而溯源至国家计量基准。

④ 必要时，工作计量器具的量值可直接溯源至工作基准、国家副计量基准或国家计量基准。

⑤ 当已认可机构使用标准物质进行测量时，只要可能，标准物质必须追溯至有证标准物质。

⑥ 当溯源至国家计量基标准不可能或不适用时，则应溯源至公认实物标准或通过比对试验、参加能力验证等途径提供证明。

M2-10 能力验证

M2-11 CNAS-GL 002：2018《能力验证结果的统计处理和能力评价指南》

可见，溯源等级图与计量检定系统表的区别在于，前者是自下而上地将量值溯源到国家计量基准；而后者则是自上而下地将国家计量基准所复现的量值逐级传递给各级计量标准直至普通计量器具。从技术上讲，可以说量值溯源和量值传递（计量检定）是互逆的过程。但从性质和管理上讲，两者是截然不同的。量值溯源是自觉自愿的，而计量检定则是依法强制管理的活动。

（三）能力验证

能力验证是利用实验室间比对来判定实验室和检查机构能力的活动，也是认可机构加入和维持国际相互承认协议（MRA）的必要条件之一。当有的量值溯源尚难实现或无法实现时，可利用能力验证来表明测量结果的可信性。

1. 能力验证的内容

① 能力验证计划：为保证实验室在特定检测、测量或校准领域的能力而设计和运作的实验室间比对。

② 经认可机构批准或由其运作的实验室间比对：按照预先规定的条件，由两个或多个实验室对相同的或类似的被测物品进行校准/检测的组织、实施和评价。

③ 测量审核：实验室对被测物品（材料或制品）来实际测量，将测量结果与参考值进行比较的活动。

2. 常见能力验证的类型

常见能力验证的类型有定性比对、分割样品检测比对、实验室间量值比对、实验室间检测比对、已知值比对、部分过程比对。

3. 能力验证的作用

① 直接展示实验室的技术能力。

② 有效地补充和支持评审员的评审工作。

③ 证实实验室对程序、方法和其他运作的有效控制。

④ 提高实验室可信度，获取商业利益。

⑤ 为实验室提供有效的外部质量控制。

⑥ 为量值传递提供相关性证明。

⑦ 改善实验室质量管理，提高实验室技术能力。

⑧ 完善认可机构评审技术。

二、计量检定

1. 计量检定概述

计量检定是指查明和确认计量器具是否符合法定要求的程序,它包括检查、加标记和出具检定证书。计量检定具有法制性,其对象是法制管理范围内的计量器具。计量检定的依据是按法定程序公布的计量检定规程执行检定。《中华人民共和国计量法》规定"计量检定必须按照计量检定系统表进行,计量检定必须执行计量检定规程"。计量检定是进行量值传递(或量值溯源)、保证量值统一和准确可靠的重要措施,是国家对计量器具进行依法管理的技术手段。计量检定在计量工作中具有十分重要的地位。

检定必须按照计量检定规程进行,检定规程规定了对计量器具检定的要求、检定项目、检定条件、检定方法、检定周期以及检定结果的处理等。

计量器具在检定时,应具备正常的工作条件。

2. 校准和检定

(1) 校准 在规定条件下,为确定测量仪器或测量系统所指示的量值,或实物量具或参考物质所代表的量值,与对应的由标准所复现的量值之间关系的一组操作,称为校准。

M2-12 校准和检定

校准的目的主要有以下 4 点:

① 确定示值误差;

② 得出标称值偏差的报告值,并调整测量仪器或对其示值加以修正;

③ 给标尺标记赋值或确定其他特性,或给参考物质的特性赋值;

④ 实现溯源性。

校准的依据是校准规范或校准方法,对其通常应做统一规定,特殊情况下也可自行制定。校准结果可记录在校准证书或校准报告中,也可用校准因数或校准曲线等形式表示。

(2) 校准与检定的区别 表 2-8 说明了校准与检定的区别。

表 2-8 校准与检定的区别

项目	校 准	检 定
目的	自行确定监视及测量装置量值是否准确。属自下而上的量值溯源,评定示值误差	对计量特性进行强制性的全面评定,检定是否符合规定要求。属自上而下的量值传递
对象	除强制检定之外的计量器具和测量装置	计量基准器具;计量标准器具;用于贸易结算、安全防护、医疗卫生、环境监测的工作计量器具七类共 59 种
依据	校准规范或校准方法,可采用国家统一规定,也可由组织自己制定	由国家授权的计量部门统一制定的检定规程
性质	不具有强制性,属组织自愿的溯源行为	具有强制性,属法制计量管理范畴的执法行为
周期	由组织根据使用需要,自行确定,可以定期、不定期或使用前进行	按我国法律规定的强制检定周期实施
方式	可以自校、外校或自校与外校结合	只能在规定的检定部门或经法定授权具备资格的组织进行
内容	评定示值误差	对计量特性进行全面评定,包括评定量值误差

续表

项目	校　准	检　定
结论	不判定是否合格，只评定示值误差。发出校准证书或校准报告	依据检定规程规定的量值误差范围，给出合格与不合格的判定。发给检定合格证书
法律效力	校准结论属没有法律效力的技术文件	检定结论属具有法律效力的文件，作为计量器具或测量装置检定的法律依据

3. 计量检定的分类与特点

（1）**计量检定的分类**　按检定的性质可分为首次检定和后续检定。

① 首次检定。首次检定是指对未曾检定过的新计量器具进行的检定。首次检定的目的是为了确定新生产计量器具的性能，是否符合型式批准时的规定要求。它是对先前未经检定的任何计量器具按计量检定规程要求进行的检查，符合要求的出具检定证书和（或）加标记，即赋予了该计量器具的法制特性。首次检定一般根据计量法制要求，由计量器具的制造者、进口者或使用者提出首次检定申请。首次检定的实施可在计量器具出厂前、销售前、安装使用前进行。对于一些生产量大、型式相对复杂的计量器具可通过必要的认可及授权由制造单位承担首次检定（如体温计的首次检定等），而计量行政部门以监督检查方式，实施计量控制。

② 后续检定。后续检定是指计量器具首次检定后的任何一种检定。它包括强制性周期检定、修理后的检定、周期检定、有效期内的检定。

后续检定的目的在于检查计量器具是否仍保持其法制特性，并为重新确认或撤销，或为其恢复法制性所需采取的改进措施提供相应依据。

周期检定：按规定时间间隔和规定程序，对计量器具定期进行的一种后续检定。

仲裁检定：以裁决为目的，解决因计量准确度而引起的纠纷，或由计量数据引起的争议等，用国家计量基准或社会公用计量标准所进行的检定。

（2）**计量检定的特点**

① 计量检定的对象是计量器具。

② 计量检定的目的是为了确保全国量值的统一和量值的溯源。

③ 计量检定的依据是计量检定规程。

④ 计量检定必须作出是否合格的结论，出具检定证书或检定结果通知书。

⑤ 计量检定属法制计量的范畴。

4. 计量检定的方法

计量检定的方法有整体检定法和单元检定法两种。

（1）**整体检定法**　整体检定法又称为综合检定法，它是主要的检定方法。这种方法是直接用计量基准、计量标准来检定计量器具的计量特性。

整体检定法的优点是简便、可靠，并能求得修正值。如果被检计量器具需要而且可以取修正值，则应增加计量次数（例如把一般情况下的三次增加到五至十次）以降低随机误差。

整体检定法的缺点是，当受检计量器具不合格时，难以确定这是由量器具的哪一部分或哪几部分所引起的。

（2）**单元检定法**　单元检定法又称为部件检定法或分项检定法。它分别计量影响受检计量器具准确度的各项因素所产生的误差，然后通过计算求出总误差（或总不确定度），以确定受检计量器具是否合格。应用这种方法必须事先知道或者可以准确地求出各单元（或各分项）的误差对总误差影响的规律。有时按单元检定法检定后，尚须用其他办法旁证其结果是否正确，以检验是否有遗漏了的系统误差。

单元检定法的优点是可以弥补整体检定法的不足，缺点是计量与计算均很繁琐，需花较长时间，有的还会因遗漏而不能保证受检计量器具的准确度，所以需要进行旁证试验。

5. 检定周期的确定和检定结果的处理

为了保证计量器具的量值准确可靠，必须按照国家计量检定系统表和计量检定规程，对计量器具进行周期检定。

国家计量检定系统表（简称检定系统）被定义为：国家对计量基准到各等级的计量标准直至工作计量器具的检定程序所作的技术规定。要求用以计量的计量器具必须经过具有适当准确度的计量标准的检定，而该计量标准又要受到上一等级计量标准的检定，逐级往上追溯，直至国家计量基准。详见 JJG 2024—89《容量计量器具检定系统》。

M2-14 检定周期的确定和检定结果的处理

在计量检定规程中，一般对需要进行周期检定的计量器具都规定了检定周期，该检定周期是法定最长周期。计量检定机构应结合实际情况合理地确定计量器具的检定周期。

使用单位或个人须按照规定周期送检或申请现场检定，不得拒绝检定，不得无故拖延。检定机构应按时实施检定。

对于不需要进行周期检定的计量器具，如玻璃量器等，可以在使用前进行首次检定后，不再进行后续检定。

M2-15 JJG 2024—89 容量计量器具检定系统

经检定合格的计量器具，由检定单位按照计量检定规程的规定，出具检定证书、检定合格证或在计量器具上加盖检定合格印，不合格的，由检定机构出具检定结果通知书，或在原检定合格印上加盖注销印。

未经检定或者经检定不合格的计量器具，任何单位或者个人不得使用。

6. 计量检定印、证的性质、作用和种类

计量器具经检定以后，检定机构要根据检定结果作出检定结论、出具检定印证，以证明其性能是否合格。这是整个检定过程的最后一个环节。

计量检定印、证在计量监督管理中具有重要作用。根据计量法律、法规的有关规定，在处理因计量器具准确度所引起的纠纷时，它又是调解、仲裁或判决案件的法律依据。由此可见，计量检定印、证是计量检定机构出具的证明计量器具合格与否的，具有法制性和权威性的一种标志。

根据原国家计量局制定的《计量检定印、证管理办法》，检定印、证的种类有：①检定证书；②检定合格证；③检定合格印，包括鎏印、喷印、钳印、漆封印；④检定结果通知书；⑤注销印。

7. 计量检定印、证的管理与使用

用好、管好计量检定印、证，总的指导思想是：要体现计量检定印、证的权威性和法制性，在印、证的制作、管理和使用上必须符合科学、严肃、公正、统一的原则，也就是说，计量检定印、证的种类设计要合理，内容要全面，使用要安全，要便于监督管理，达到有效管理的目的。只有做到上述要求，才能充分发挥它的作用，为计量法制管理提供保证。

计量检定印、证是证明计量器具的计量性能合格与否，并且具有法律效力的标志和凭证，要严格按规定使用，并且妥善管理。

M2-16 计量检定规程与计量器具检定规程

M2-17 JJF 1002—2010 国家计量检定规程编写规则

8. 计量检定规程

计量检定规程是指在计量检定时对计量器具的适用范围、计量特性、检定项目、检定条件、检定方法、检定周期以及检定数据处理等所作出的技术规定。计量检定规程是判定计量器具是否合格的法定技术文件，是计量监督人员对计量器具实施计量监督、计量检定人员执行检定任务的法定依据。其主要作用在于统一测量方法，确保计量器具给出量值的准确一致，使全国的量值能在一定的允许误差范围内溯源到计量基准。

我国的计量检定规程按其制定部门的不同，可以分为国家计量检定规程、地方计量检定规程和部门计量检定规程。国家计量检定规程由国务院计量行政部门制定，主要是满足跨地区、跨部门需要在全国范围内统一执行的计量检定规程。国家计量检定规程的代号为JJG ××××—××××，其中，JJG为计量检定规程的缩写；××××为颁布的序号；××××为规程颁布的年份。没有国家计量检定规程，但需要在某个部门或某个地区进行统一的检定项目，可由国务院有关主管部门或省、自治区、直辖市政府计量行政部门制定，分别在本部门或本行政区域内执行，并向国务院计量行政部门备案。截止到2015年12月31日，我国已颁布现行有效的国家计量检定规程共906个。

如果没有可用的计量检定规程，如何编制计量检定规程呢？

计量器具检定规程的制定依据JJF 1002—2010《国家计量检定规程编写规则》的规定进行编写。

9. 计量标准规程

计量校准是量值溯源的一种方式，它是在规定的条件下，为确定计量器具与对应的计量标准复现的量值之间关系的一组操作。一般来说，计量校准适用于非强制的计量器具。

计量校准机构应优先选择国家计量校准规范作为校准技术依据。如没有国家计量校准规范，可自行编制计量校准规范，作为计量校准的依据。

为了指导国家计量校准规范的编写，我国于2010年发布JJF 1071—2010《国家计量校准规范编写规则》，规定了国家计量校准规范编写的基本原则、要求和方法，它也适用于行业/地方/企业计量校准规范的编写，各类检测/校准实验室的校准规范编写也可参照执行。

思考与交流

1. 讨论量值传递、量值溯源的区别和联系。
2. 讨论分析检验所用的计量器具哪些必须要进行计量检定。

知识拓展

国家计量校准规范编写规则

本规则适用于编写国家计量校准规范。各类实验室标准规范可参照编写。

1. 规范编写的一般原则

国家计量校准规范是由国务院计量行政部门组织制定并批准颁布,在全国范围内施行,作为校准依据的技术文件。根据被校对象的特点、用途和校准的目的所制定的规范应做到:

① 符合国家有关法律、法规的规定;
② 适用范围应按校准实际需要规定,力求完整;
③ 充分考虑采用先进技术和为采用最新技术留有空间。

2. 编写计量校准规范的基本要求

编写计量校准规范应符合下列五项基本要求:

① 文字表述应做到结构严谨、层次分明、用词确切、叙述清楚,不致产生不同的理解;
② 术语、符号、代号统一,并始终表达同一含义;
③ 符合我国计量单位与符号、计量术语、技术制图等基础标准规定;
④ 规范中公式、图样、表格、数据准确无误;
⑤ 与相关规范的有关内容表述协调一致,不能矛盾。

3. 计量核准规范的结构

计量校准规范由以下部分构成:

<u>封面</u>;
<u>扉页</u>;
<u>目录</u>;
<u>引言</u>;
<u>引用文件</u>;
术语和计量单位;
<u>概述</u>;
<u>计量特性</u>;
附录。
注:凡有下划线的为必备章节。

项目小结

计量概述

计量与测量测试的区别、计量器具及其分类。

法定计量单位

法定计量单位的组成、法定计量单位的使用、分析及化学计量中常用的物理量和单位。

量值传递、量值溯源与计量检定

量值传递与量值溯源的作用和方式、计量检定的原理和方法。

练一练测一测

任务一

1. 解释下列名词：测量、计量、测试、科学计量、工业（工程）计量、法制计量、计量装置、计量器具、基准计量器具、计量标准器具、范围、线性度、灵敏度、稳定性。
2. 计量的特点是什么？
3. 计量的作用和意义有哪些？
4. 为什么计量检测是提高产品质量的重要手段？
5. 我国计量法规体系包括哪些？
6. 计量器具分为几类？
7. 按技术性能及用途，计量器具可分为几种？
8. 基准计量器具的主要特征是什么？
9. 计量器具特征有哪些？
10. 计量器具要求是什么？

任务二

1. 国际单位制的特点是什么？
2. 国际单位制的构成是怎样的？
3. 分析中常用的物理量和单位有哪些？

任务三

1. 解释下列名词：量值传递、量值溯源、量值传递系统、计量检定、整体检定法、单元检定法、首次检定、后续检定、周期检定、仲裁检定、计量检定系统、校准、检定、能力验证、实验室间比对。
2. 量值传递的方法有哪些？
3. 标准物质主要用于化学计量中，它有哪些用途？
4. 使用标准物质进行量值传递的优点是什么？
5. 计量检定的方法有哪些？
6. 计量检定的特点有哪些？
7. 计量检定的分类有哪些？
8. 确定检定周期主要依据有哪些？
9. 计量检定系统的主要内容有哪些？
10. 计量检定规程的作用有哪些？
11. 编写计量校准规范的基本要求有哪些？
12. 建立溯源等级图的目的有哪些？
13. 计量校准与计量检定的区别有哪些？
14. 量值溯源途径有哪些？
15. 能力验证的作用有哪些？
16. 实验室比对的目的是什么？
17. 能力验证的类型有哪些？

项目三
标准化工作与标准的编写

 项目引导

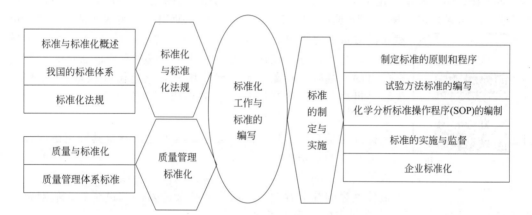

小王同学在某高职学院就读,今年大二来某化工企业实习。一天,小王同学跟着企业指导老师王师傅一起做近红外分光光度法测试农药中主成分含量的检测。由于这个检测没有国家标准,于是王师傅拿出了该企业的企业标准和分析检验操作规范 SOP,对照 SOP 进行操作。

王师傅说:分析检验工作者对生产的产品进行检验时,都必须依据标准化操作规程,这些规程大多数是国家标准或者专业标准,也就是标准是分析检验工作的根本。如果没有更高一级标准,企业就必须编制企业标准,所有的标准都要编制详尽的 SOP,指导分析检验。

任务一 标准化与标准化法规

任务要求

1. 了解标准与标准化的概念。
2. 了解标准的分类和标准体系。
3. 了解标准化法规体系。

一、标准与标准化概述

1. 标准的基本概念

同一种产品，生产的单位很多，产品的质量如何有一个衡量的尺度，这就是所谓的标准。标准是标准化活动的成果，也是标准化系统的最基本要素。

中华人民共和国国家标准 GB/T 20000.1—2014《标准化工作指南 第1部分：标准化和相关活动的通用术语》中把标准定义为：通过标准化活动，按照规定的程序经协商一致制定，为各种活动或其结果提供规则、指南或特性，供共同使用和重复使用的文件。标准宜以科学、技术和经验的综合成果为基础。

M3-1 标准的概念

该定义具体地说明下列四个方面含义。

① 制订标准的对象是重复性事物或概念。
② 标准产生的客观基础是"科学、技术和经验的综合成果"。
③ 标准在产生过程中要"经协商一致"。
④ 标准的本质特征是统一。

ISO/IEC 给"标准"定义如下：标准是由一个公认的机构制定和批准的文件，它对活动或活动的结果规定了规则、导则或特性值，供共同和反复使用，以实现在预定领域内最佳秩序的效益，并指出，标准应建立在科学技术和实践经验的综合成果基础上，并以促进最佳社会效益为目的。该定义明确告诉人们制定标准的目的、基础、对象、本质和作用。它具有国际权威性和科学性，无疑是世界各国，尤其是 ISO 和 IEC 成员应该遵循的。

2. 标准化的基本概念

标准化是一门学科，同时又是一项管理技术，其应用范围几乎覆盖人类活动的一切领域。标准化是人类实践活动的产物，同时又是规范人类实践活动的有效工具，它通过制定和实施标准达到统一，以获得最佳秩序的社会效益，从而推动社会的发展和进步。人们对标准化的认识可以首先从它的产生和发展的历程来了解。

M3-2 认识标准化

(1) 标准化的定义　中华人民共和国国家标准 GB/T 20000.1—2014《标准化工作指南 第1部分：标准化和相关活动的通用术语》中把标准化定义为：为了在既定范围内获得最佳秩序，促进共同效益，对现实问题或潜在问题确立共同使用和重复使用的条款以及编制、发布和应用文件的活动。其中，上述活动主要是包括编制、发布及实施标准的过程，标准化的主要效益在于为了产品、过程或服务的预期目的改进它们的适用性，防止贸易壁垒，并促进技术合作。

(2) 标准化的特点

① 标准化不是一件孤立的事物，而是一个活动过程，主要是制定标准、贯彻标准进而修订标准的过程。这个过程也不是一次就完结了，而是一个不断循环、螺旋式上升的运动过程。每完成一个循环，标准的水平就提高一步。

② 标准是标准化活动的核心。标准化的目的和作用都是要通过制定和贯彻具体的标准来体现的。所以，标准化活动不能脱离制定、修订和贯彻标准，这是标准化的基本任务。

③ 标准化的效果，只有当标准在社会实践中实施以后，才能表现出来。绝不是制定一个标准就可以了。标准本身再好，如果不运用于实践中，也是没有实际应用价值的。标准化的全部活动中，贯彻标准是个非常重要的环节。如果这个环节中断了，那就谈不上标准化了。

④ 标准化是一个相对的概念，其中包含有两层意思，一方面是深度上，对一件事物的

标准化，不能是绝对的，在深度上有程度的差别，标准在深度上是没有止境的；另一方面是广度上，标准化在广度上也是这样的，人们制定一种产品的完整标准，并不表示标准化的目的就达到了，标准化的程度就很高了。因为只有一项孤立的产品标准，标准化的目的是不容易实现的。有了产品标准后，还必须把与其相关的一系列标准都建立起来。每一项标准都不可能孤立存在，都要向深度和广度扩展。于是标准之间便形成了一个非常复杂的大型系统。

标准化概念的相对性，还包含标准与非标准的互相转化。实现了标准化的事物，经过一段时间会突破原先的规定，成了非标准的，于是又要再对它制定标准。

（3）标准化的对象　标准化的对象是指需要标准化的主题。由于标准化的主要作用在于为了其预期目的改进产品、过程或服务的适应性，其中的"产品、过程或服务"的表述，含有对标准化对象的广义理解，宜等同理解为包括如材料、元件、设备、系统、接口、协议、程序、功能、方法或活动，标准化可以限定在任何对象的特定方面。

3. 标准化作用

标准化由于涉及领域的广泛性、内容的科学性和制定程序的规范性使其在经济建设和社会发展中发挥了重要的作用。

① 标准化是生产社会化和管理现代化的重要技术基础。

② 标准化是提高产品质量、保护人体健康、保障人身财产安全、维护消费者合法权益的重要手段。

③ 标准化是发展市场经济，促进贸易交流的技术纽带。

④ 标准化是构架现代技术发展的平台和通道，也是现代技术竞争的关键。

⑤ 标准化是合理利用资源、节约能源的重要手段。

二、我国的标准体系

标准的分类与分级是科学管理和信息交流所要求的。因为标准的类别很多，分类繁杂，不能只用一种分类法对所有的标准进行分类。所以可以按照标准的目的和用途分类，也可以按层次和属性分类。

我国对实施应用的标准进行了分级，把标准分为国家标准、行业标准、地方标准和企业标准四级。

三、标准化法规

1. 标准化法

标准化法有狭义和广义之分。狭义的标准化法，仅指标准化法典；广义的标准化法，则是指调整在标准化过程中发生的社会关系的法律规范的总称，包括标准化方面的法律、法规、规章及有关法律、法规引用或规定的强制性标准等。

2. 标准化法的体系

（1）宪法　《中华人民共和国宪法》中关于科技的内容也适用于标准化工作，如第十四条规定："国家通过提高劳动者的积极性和技术水平，推广先进的科学技术……"。

M3-3　标准化法规

（2）标准化法典　我国现行标准化法典是《中华人民共和国标准化法》，由第七届全国人民代表大会常务委员会第五次会议于1988年12月29日通过，自1989年4月1日起施行。2017年11月4日第十二届全国人民代表大会常务委员会第三十次会议修订通过，自2018年1月1日起施行，它是我国标准化法律的主要渊源（以下简称《标准化法》）。

(3) 有关法律规定　有关法律规定指全国人大第七届常委会制定的其他法律中有关标准化的规定，如《中华人民共和国海洋环境保护法》《中华人民共和国大气污染防治法》《中华人民共和国水污染防治法》《中华人民共和国食品卫生法》《中华人民共和国药品管理法》等法律都有标准化工作的规定。

(4) 行政法规　指国务院颁布的有关标准化的规范性文件，如《中华人民共和国标准化法实施条例》。

(5) 地方性法规　指地方人民代表大会及其常务委员会颁布的有关标准化的规范性文件，如《安徽省实施〈中华人民共和国标准化法〉办法》《内蒙古自治区实施〈中华人民共和国标准化法〉办法》等。

(6) 部门规章和地方政府规章　国务院标准化主管部门、其他部门以及地方政府颁布的标准化方面的规范性文件，部门规章如《国家标准管理办法》《行业标准管理办法》等；地方政府规章如《广东省标准化监督管理办法》等。

中华人民共和国标准化法主要包括：
① 标准化法的目的、任务、范围、管理体制；
② 标准的制定的原则、体系、效力、主体；
③ 标准的实施的方式；
④ 产品质量认证制度；
⑤ 实施标准的监督；
⑥ 法律责任与法律救济。

思考与交流

1. 讨论标准与标准化的区别和联系。
2. 举例说明我国标准的分类和标准体系。
3. 讨论你所了解的我国标准化法规体系。

任务二　标准的制定与实施

任务要求

1. 了解制定标准的原则和程序。
2. 了解试验方法标准的编写的原则和编写方法。
3. 了解标准的实施与监督。
4. 了解企业标准化的作用和体系。

一、制定标准的原则和程序

(一) 制定与修订标准的一般原则

1. 标准制定一般要求

编制标准一般要从政策性、技术性、经济性、适用性、协调性和统一性等几个方面考虑。

(1) 政策性　标准要考虑、体现国家经济发展的方针和政策。要认真贯彻国家的法律法规，与法律法规相一致。

(2) 技术性　标准的技术内容应有利于促进技术进步和产品质量水平的提高，力求反映科学技术的先进成果和先进的生产经验。

（3）经济性　标准的经济性是衡量标准是否可行的重要指标。

（4）协调性　标准不是孤立存在的，为完成或达到某个目的而组合到一起的标准集合需要互相补充和制约。由于标准间存在着的联系，各级各类标准只有做到相互协调才能保证产品的设计、生产、流通和使用等各环节的步调一致。

（5）统一性　制定标准的目的就是统一要求。国家标准是在全国范围内对某些内容进行统一规范，行业标准是在全行业内进行统一要求。由于国家标准、行业标准范围比较广，所以通常规定的内容不宜太死、太细，仅规定基础性的和（或）通用性的内容，以保证所有标准在基本要求上达到统一。

（6）继承性　无论是制定还是修订标准时都应注意标准的继承性。在制定标准时要注意一项技术一旦形成某种要求，以后将很难改变，或要投入很大成本才能改变。

（7）简化　标准化一项主要工作就是研究、发掘寓于不同事物中的共性，控制那些不必要的差异，对繁杂多样事务进行科学合理的简化。

2. 标准制定的原则

GB/T 1.1—2020《标准化工作导则　第1部分：标准文件的结构和起草规划》标准的第4章规定了编写标准的原则，对这些原则的总体把握，能够更加深入地理解编写标准的具体规定，并能够将相应的规定更好地贯彻于标准编制的全过程。

（1）统一性　统一性是对标准编写及表达方式的最基本的要求。统一性强调的是标准内部的统一，包括：标准结构的统一，即标准的章、条、段、表、图和附录的排列顺序的一致；文体的统一，即类似的条款应由类似的措辞来表达，相同的条款应由相同的措辞来表达；术语的统一，即同一个概念应使用同一个术语；形式的统一，即标准的表述形式，诸如标准中条标题、图表标题的有无应是统一的。

（2）协调性　协调性是针对标准之间的，它的目的是"为了达到所有标准的整体协调"。为了达到标准系统整体协调的目的，在制定标准时应注意和已经发布的标准进行协调。遵守基础标准和采取引用的方法是保证标准协调的有效途径。遵守这些标准将能够有效地提高标准的协调性。

（3）适用性　适用性指所制定的标准便于使用的特性，主要针对以下两个方面的内容。第一，适于直接使用。第二，便于被其他文件引用，GB/T 1.1—2020对于层次设置、编号等的规定都是出于便于引用的考虑。

M3-4　制定标准的程序

（4）一致性　一致性指起草的标准应以对应的国际文件（如有）为基础并尽可能与国际文件保持一致。起草标准时如有对应的国际文件，首先应考虑以这些国际文件为基础制定标准，在此基础上还应尽可能保持与国际文件的一致性，按照GB/T 20000.2—2009确定一致性程度，即等同、修改或非等效。

（5）规范性　规范性指起草标准时要遵守与标准制定有关的基础标准以及相关法律法规。我国已经建立了支撑标准制修订工作的基础性系列国家标准，包括：GB/T 1.1—2020、GB/T 20000《标准化工作指南》、GB/T 20001《标准编写规则》、GB/T 20002《标准中特定内容的起草》。

（二）制定标准的程序

1. 制定标准的一般程序

中国国家标准制定程序划分为九个阶段：预阶段、立项阶段、起草阶段、征求意见阶段、审查阶段、批准阶段、出版阶段、复审阶段、废止阶段。详见 GB/T 16733—1997《国家标准制定程序的阶段划分及代码》。

2. 制定标准的快速程序

快速程序特别适用于变化快的技术领域。对下列情况，制定国家标准可以采用快速程序：

① 对等同采用、等效采用国际标准或国外先进标准的标准制定、修订项目，可直接由立项阶段进入征求意见阶段，省略起草阶段；

② 对现有国家标准的修订项目或中国其他各级标准的转化项目，可直接由立项阶段进入审查阶段，省略起草阶段和征求意见阶段。

申请列入快速程序的标准在预阶段（00 阶段）和立项阶段（10 阶段）应严格协调和审查。

3. 标准的结构

GB/T 1.1—2020《标准化工作导则 第 1 部分：标准化文件的结构和起草规划》从内容和层次两个方面对标准的结构进行了规定。搭建标准的结构是正式起草标准之前必不可少的工作。

（1）按照内容划分 对标准的内容进行划分可以得到不同的要素，依据要素的性质、位置、必备和可选的状态可将标准中的要素归为不同的类别。

① 按照要素的性质划分：

a. 规范性要素：声明符合标准而需要遵守条款的要素。

b. 资料性要素：标示标准、介绍标准、提供标准附加信息的要素。

② 按照要素的性质和在标准中的位置划分：

a. 资料性概述要素：标示标准、介绍内容、说明背景、制定情况以及该标准与其他标准或文件的关系的要素，即标准的"封面、目次、前言、引言"。

b. 资料性补充要素：提供附加内容，以帮助理解或使用标准的要素，即标准的"资料性附录、参考文献、索引"。

c. 规范性一般要素：给出标准的主题、界限和其他必不可少的文件清单等通常内容的要素，即标准的"名称、范围、规范性引用文件"。

d. 规范性技术要素：规定标准的技术内容的要素，通常标准中的"术语和定义、符号、代号和缩略语、要求、规范性附录"等为规范性技术要素。

③ 按照要素必备的和可选的状态划分：

a. 必备要素：在标准中不可缺少的要素，即标准中的"封面、前言、名称、范围"。

b. 可选要素：在标准中不一定存在的要素，其存在与否取决于特定标准的具体需求。标准中除了四个必备要素之外，其他要素都是可选要素。

（2）按照层次划分 标准的层次可划分为部分、章、条、段、列项和附录等形式。

① 部分。部分是一项标准被分别起草、批准发布的系列文件之一。部分是一项标准内部的一个"层次"。一项标准的不同部分具有同一个标准顺序号，它们共同构成了一项标准。部分应使用阿拉伯数字从 1 开始编号，编号应位于标准顺序号之后，与标准顺序号之间用下脚点相隔。例如××××.1、××××.2 等。

② 章。章是标准内容划分的基本单元，是标准或部分中划分出的第一层次。标准正文中的各章构成了标准的规范性要素。每一章都应使用阿拉伯数字从 1 开始编号。在每项标准或每个部分中，章的编号从"范围"开始一直连续到附录之前。每一章都应有章标题，并置于编号之后。

③ 条。条是对章的细分。凡是章以下有编号的层次均称为"条"。第一层次的条

可分为第二层次的条，第二层次的条还可分为第三层次的条，需要时，一直可分到第五层次。条的编号使用阿拉伯数字加下脚点的形式，编号在其所属的章内或上一层次的条内进行，例如第 6 章内的条的编号：第一层次的条编为 6.1、6.2…第二层次的条编为 6.1.1、6.1.2…一直可编到第五层次，即 6.1.1.1.1.1、6.1.1.1.1.2…条的标题是可以选择的，每个第一层次的条最好设置标题，如果设标题，则位于条的编号之后。

④ 段。段是对章或条的细分，没有编号。为了不在引用时产生混淆，应避免在章标题或条标题与下一层次条之间设段。

⑤ 列项。列项需要同时具备两个要素，即引语和被引出的并列各项。在列项的各项之前应使用列项符号（破折号"——"或圆点"·"），或在列项中的项需要识别时使用字母编号［后带半圆括号的小写英文字母，如 a）、b）、c）等］进行标示。在字母编号的列项中，如果需要对某一项进一步细分成需要识别的若干分项，则在各分项之前使用数字编号［后带半圆括号的阿拉伯数字，如 1）、2）、3）等］进行标示。

⑥ 附录。附录是标准层次的表现形式之一。附录按其性质分为规范性附录和资料性附录。每个附录均应在正文或前言的相关条文中明确提及。附录的顺序应按在条文中提及它的先后次序编排。

每个附录的前三行内容提供了识别附录的信息。第一行为附录的编号，例如"附录 A""附录 B""附录 C"等。第二行为附录的性质，即"（规范性附录）"或"（资料性附录）"。第三行为附录标题。

每个附录中章、图、表和数学公式的编号均应重新从 1 开始，编号前应加上附录编号中表明顺序的大写字母，字母后跟下脚点。例如附录 A 中的章用"A.1""A.2"等表示；图用"图 A.1""图 A.2"等表示。

M3-5 GB/T 20001.4—2015 标准编写规则 第 4 部分：试验方法标准

规范性附录的作用是给出标准正文的附加或补充条款。资料性附录的作用为给出有助于理解或使用标准的附加信息。

二、试验方法标准的编写

试验方法标准是给出测定材料、部件、成品等的特性值、性能指标或成分的步骤以及得出结论的方式的标准。试验方法标准化是将试验方法作为标准化对象，建立测定指定特性或指标的试验步骤和结果计算规则，以为试验活动和过程提供指导。试验方法标准的目的是促进相互理解。试验方法标准在文本形式上具有典型的结构、特定的要素构成以及相应的内容表述规则，其主要技术要素包括仪器设备、样品、试验步骤、试验数据处理和试验报告等。

试验方法是分析方法、测量方法等的统称。实践中，对材料、部件、成品等的指定特性或指标的测定可能涉及化学和光谱化学分析、机械和电工试验、风化试验、燃烧试验、辐射照射试验等多种不同类型的试验。GB/T 20001.4—2015 将试验方法标准作为独立的一类标准考虑，对其建立明晰的编写规则，以便普适性地指导各层次标准中试验方法标准的编写，从而保障标准要素的协调统一，提高标准的整体编写质量。

GB/T 20001.4—2015 规定了试验方法标准的结构以及原理、试验条件、试剂或材料、仪器设备、样品、试验步骤、试验数据处理、试验报告等内容的起草规则。

试验方法标准的必备要素包括：封面、前言、标准名称、范围、仪器设备、样品、试验步骤、试验数据处理。

试验方法标准对各要素的典型编排以及每个要素所允许的表述形式有相应的规定。编写标准时,可根据试验方法的特点选择有关要素。试验方法标准还可视情况包含其他规范性技术要素,例如,化学分析方法标准还可包含化学品命名、反应式等其他规范性技术要素。

1. 前言

前言使用时,应给出与前一版的主要差异,分部分的标准应给出各部分的名称。

2. 引言

引言是可以酌情取舍的要素。对于化学分析方法,引言主要用于给出两个方面的内容:一方面,表述附加信息,如说明标准的有关技术内容及制定原因;另一方面,如果需要方法的背景材料,宜在引言中给出。另外,引言不应该包括技术要求。

3. 标准名称

试验方法标准的名称通常由三种要素组成:试验方法适用的对象、所测的指定特性、试验方法的性质。

示例:"工业用轻烯烃 痕量氯的测定 威克鲍尔德燃烧法"。

若试验方法标准用于检测多种特性,则标准名称宜使用省略指定特性和试验方法性质的通用名称。

示例:"丁基橡胶药用瓶塞 通用试验方法"。

当针对同一特性,标准中包含多个独立试验方法时,标准名称中宜省略有关试验方法性质的表述。

示例:"硫化橡胶或热塑性橡胶 密度的测定"。

这些要素的排列顺序是从一般到具体。一般应采用"……的测定"的表述,而不采用"……的测试方法"或"……的测定方法"的表述。标准名称要力求准确、简单、明了。

引导要素是可以取舍的要素,当没有引导要素无法清楚、明显地表达标准化的主题时,则必须加引导要素。在化学分析方法标准中,引导要素一般是指该方法所适用的产品类型。例如,GB/T 649—1999《化学试剂 溴化钾》,其中"化学试剂"就是引导要素,表明该方法使用的范围。

主体要素表达了标准化的对象,在标准名称中必须包括主体要素。对化学分析方法标准,主体要素一般是指该方法所要分析的成分或特性,比如氯化物、碳酸钙等。

补充要素也是可以取舍的要素,当只凭主体要素(或只凭主体要素和引导要素)不能与其他标准区别时,应在主体要素后加上补充要素。对化学分析方法标准,补充要素一般是指标准化对象所使用的具体测定方法。例如,水分的分析和测定有重量法、卡尔·费休法等几种方法,为了区别,应该在水分含量测定的后面补充所用的方法。如 GB/T 2441.3—2010《尿素的测定方法 第3部分:水分 卡尔·费休法》。

试验方法名称的内容不应超出上述三个要素。

当一些产品需要测定的成分较多,与之配套的方法也较多时,是否需要在标准名称中加入补充要素,应视具体情况而定。对系列标准来说,一般是在总标准名称下再取独立部分的分标准名称。例如:

GB/T 2441.2—2010《尿素的测定方法 第2部分:缩二脲含量 分光光度法》;

GB/T 2441.4—2010《尿素的测定方法　第4部分：铁含量　邻菲啰啉分光光度法》；
GB/T 2441.5—2010《尿素的测定方法　第5部分：碱度　容量法》。

4. 警示

所测试的样品、试剂或试验步骤，如对健康或环境可能有危险或可能造成伤害，应指明所需的注意事项，以引起试验方法标准使用者的警惕。表达警示要素的文字应使用黑体字。

① 属于一般性的或来自于所测试的样品，则应在正文首页标准名称下给出；

② 来自于特定的试剂或材料，则应在"试剂或材料"标题下给出；

③ 属于试验步骤所固有的，则应在"试验步骤"的开始给出。

示例："**警示——使用本标准的人员应有正规实验室工作的实践经验。本标准并未指出所有可能的安全问题。使用者有责任采取适当的安全和健康措施，并保证符合国家有关法规规定的条件。**"

5. 范围

范围应简明地指明拟测定的特性，并特别说明所适用的对象。必要时，可指出标准不适用的界限或存在的各种限制。

针对同一对象的同一特性，且基于同一基本测试技术，有时需要在标准中包含不止一种试验方法。例如，待测成分在样品中的含量不同或对测定的准确度有不同的要求时，应在"范围"中清楚地指明所列方法各自不同的适用界限或适用的检验类型，并将每种方法安排在各自独立的章中。

6. 原理

必要时"原理"可用于指明试验方法的基本原理、方法性质和基本步骤。考虑到对文本理解和计算的需要，化学分析试验方法标准中"原理"还应给出主要反应式，如适宜，以离子反应式表示。给出这些反应式仅仅为了指导，并不试图解决任何有争议的问题。特别是在被测元素的氧化态相继发生若干变化时，这些反应式可以说明利用测试得到的数据进行的计算是正确的，也可以帮助更好地理解测试方法。

当涉及滴定分析时，反应式对于表示反应物之间的摩尔比是十分有用的。

7. 试验条件

如果试验方法受到试验对象本身之外的试验条件的影响，如温度、湿度、气压、风速、流体速度、电压和频率等，则应在"试验条件"中明确指明开展试验所需的条件要求。

示例："温度：23℃±2℃；相对湿度：25%～75%。"

"进行水上试验的水域，应满足下列要求：

——试验时风速不大于5m/s；

——试验水域水温不高于32℃。"

8. 试剂或材料

（1）通则

① 如适宜，"试剂或材料"应用下面一段引导语（或将下面的导语适当修改）作为开头。

"除非另有说明，在分析中仅使用确认为分析纯的试剂和蒸馏水或去离子水或相当纯度的水"。

例如，当需要使用按 GB/T 6682 所规定级别的水时，用以下表述："除非另有规定，仅使用分析纯试剂。5.1　水，GB/T 6682，X 级。"

M3-8　试验方法标准的编写三——试剂或材料

② 如果需要标准滴定溶液或其他标准溶液,其制备方法应在"试剂或材料"中说明,必要时还应说明其标定方法。

③ 如果所用试剂使用通用的制备和核验方法,已制定成标准,则应引用这些标准。

④ 如果要验证试剂中不含干扰成分,应给出为此所采用的试验细节。

⑤ 对于以市售形态使用的固体试剂或材料应写明结晶水。

（2）一般要求

① "试剂或材料"通常包括可选的引导语和详述试验中所使用的试剂和/或材料的清单。清单中的试剂和/或材料是在试验过程中使用的试剂和/或材料,其名称后同一行上紧跟着对该试剂和/或材料主要特性的描述（例如,浓度、密度等）。如果需要,应标示试剂纯度的级别。如果有,宜给出相应的化学文摘登记号。

② 应清楚地指出以市售形态使用的试剂和/或材料,并给出识别它们所需的详细说明（例如,化学名称、浓度、化学文摘登记号等）。

③ "试剂或材料"中所列的试剂和/或材料应顺序编号,以便于标识。编排的先后次序如下：

以市售形态使用的试剂或材料（不包括溶液）、溶液和悬浮液（不包括标准滴定溶液和标准溶液）；

标准滴定溶液和标准溶液；

指示剂,辅助材料（干燥剂等）。

④ 依照惯例,水溶液不应作为试剂和/或材料专门列出。

M3-9 试验方法标准的编写四——仪器与样品

⑤ 不应列出仅在制备某试剂和/或材料过程中所使用的试剂和/或材料。

⑥ 如果需要,应在单独的段中特别指明储存这些试剂和/或材料的注意事项和储存期。

9. 仪器设备

① "仪器设备"应列出在试验中所使用的仪器设备的名称及其主要特性。如果适宜,应提及有关实验室的玻璃器皿和仪器的国家标准和其他适用的标准。特殊情况下"仪器设备"还应提出仪器、仪表的计量检定、校准要求。

示例："4.1 单刻线移液管,容量 50mL,GB/T 12808 A 类。"

"试验所用的测量仪器、仪表经过计量检定机构的检定合格,并在有效期内。进入试验场后进行计量复查,复查合格后给出准用证。"

② 对于非市售的仪器设备,还应包括这类仪器设备的规格和要求,以便其他各方能进行对比试验。对于特殊类型的仪器设备及其安装方法,如果仪器设备制备要求的内容较多,则宜在附录中给出,正文中宜列出仪器设备的必要特性,并辅以简图或插图。所列的仪器设备的名称应顺序编号,以便标识。

10. 样品

① "样品"应给出制备样品的所有步骤（例如研磨、干燥等）,明确试验前样品应满足的条件,例如尺寸及数量、技术状态、特性（如粒度分布、质量或体积）、储存条件要求等,必要时,还应给出储存样品用的容器的特性（如材质、容量、气密性等）。当需要某特定形状的样品时,应注明包括公差在内的主要尺寸。"样品"也可辅以显示样品详细信息的示意图。

② 宜使用祈使句对人工采集样品给出必要指导。若试验结果是针对不同样品试验的组合,则需对如何采集样品进行特别描述。如果适用,采集样品的方法宜直接引用相关现行标

准。如果没有相关现行标准,"样品"可包括采集样品的方案和步骤。此外,采集样品还宜对短缺样品的保存及检测准备工作给予必要指导。

③ 如果适宜,还应陈述或用公式表示称量或量取样品的方法(例如使用移液管)和样品的质量或体积及所需的测量准确度。

示例:"称取 5g 样品,精确到 1mg";

"称取 1.9g～2.1g 样品,精确到 1mg";

"用移液管量取 10mL 样品溶液";

"量取 10mL±0.05mL 样品溶液";

"$m=5g±1mg$"。

④ 试验过程中,如有必要保留某一试验步骤得到的产物(例如滤液、沉淀或残余物),作为以后某试验步骤的"样品",则应予以明确说明,并用大写英文字母标识该"样品",当以后的试验过程中用到它时,便于识别。

示例:"保留滤液 C,用于钠含量的测定。"

如果样品是其他试验步骤的产物(例如滤液、沉淀、残余物),则应使用大写英文字母清楚地标识其来源。

示例:"溶液 A——由测定硫酸钙得到的滤液 C。"

⑤ "样品"也可以是整体产品、半成品或部件,如移动通信用手机、广播电视接收机、改装的半成品等。

11. 试验步骤

(1) 通则

① 试验步骤包括试验前的准备工作和试验中的实施步骤。要进行多少个操作或系列操作,"试验步骤"就可分为多少条。如果试验的步骤很多,可将条进一步细分,逐条给出规定的试验步骤,包括必不可少的预操作在内。

M3-10 试验方法标准的编写五——试验步骤

② 试验步骤中的操作或系列操作应按照逻辑次序分组。为了便于陈述、理解和应用试验步骤,每一步操作应使用祈使句准确地陈述,并在适当的条或段中以容易阅读的形式陈述有关的试验步骤。

③ 当给出备选步骤时,应阐明与主选步骤的相互关系,即哪个是优选步骤,哪个是仲裁步骤。

④ 如果在试验步骤中可能存在危险(例如爆炸、着火或中毒),且需要采取专门防护措施,则应在"试验步骤"的开头用黑体字标出警示的内容,并写明专门的防护措施。

⑤ 必要时,可在附录中给出有关安全措施和急救措施的细节。

⑥ 试验步骤中试剂或材料名称后的括号内可写上相应的编号,以避免重复这些试剂或材料的特性。如果不会引起混淆,则不必每次重复相应的编号。

⑦ 试验步骤中仪器设备名称后的括号内可写上相应的编号,以避免重复这些仪器设备的特性。如果不会引起混淆,则不必每次重复相应的编号。

(2) 校准仪器 如果需要使用校准过的仪器,则应在"试验步骤"中适当的位置单独设立一条,以祈使句给出校准的详细步骤,并编制校准曲线或表格以及使用说明。

如果需要,还应包括校准频率(例如批量测试时)。如果有关校准的详细步骤与试验步骤完全或部分相同时,那么校准的详细步骤应引用相应的试验步骤。

示例:"以下按 9.3.4～9.3.8 步骤进行。"

(3) 试验 试验包括预试验或验证试验、空白试验、比对试验、平行试验等。

12. 试验数据处理

M3-11 试验方法标准的编写六——试验数据处理等

① "试验数据处理"应列出试验所要录取的各项数据。

② "试验数据处理"应给出试验结果的表示方法或结果计算方法，应说明以下内容：表示结果所使用的单位；计算公式；公式中使用的物理量符号的含义；表示量的单位；计算结果表示到小数点后的位数或有效位数。

如果某种符号代表同一个量的不同含义时，应将阿拉伯数字下标 (0，1，2，…) 加到符号上（例如 m_0，m_1，m_2）。

13. 精密度和测量不确定度

（1）精密度　对于经过实验室间试验的方法，应指明其精密度数据（例如重复性和再现性）。精密度数据应按照 GB/T 6379 的有关部分或其他适用的标准计算。

应清楚地表明，精密度是用绝对项还是用相对项表示的。

（2）测量不确定度　测量不确定度是表征使用试验方法所得的单个试验结果或测量结果的分散性的参数。适宜时，可给出测量不确定度。若试验方法不适宜，也无义务提供确切值以供使用者估算不确定度。

测量不确定度应以使用试验方法所得的实验室报告结果中收集到的数据为基础估算，并可与试验结果或测量结果一起报告。

"测量不确定度"应包括用于估算试验结果或测量结果不确定度的指导内容。进行不确定度估算宜考虑不确定度的潜在影响因素、每一影响因素的变量如何计算以及如何对它们进行组合。如果仅作为参考，则有关测量不确定度的内容可在资料性附录中给出。

14. 附录

可在资料性附录中列出从实验室间试验结果得到的统计数据和其他数据，即以数据表的形式列出对方法的合作研究结果进行统计分析得到的数据。

在表格中可能不需要包括全部数据，但至少要包括以下资料：

① 试验结果可接受的实验室个数（即除了试验结果属界外值而被舍弃的实验室）；

② 在每个测试样品中被测定物的浓度的平均值；

③ 重复性和再现性二者的标准差；

④ 载有实验室间试验结果的引用文件。

测量方法的偏倚和确定其值时所用的参照值以及痕微量成分测定的回收率数据宜一并陈述。当偏倚随被测定物的浓度改变时，宜用表格形式给出平均值的数据、所确定的偏倚和测试中所用的参照值。

15. 质量保证和控制

"质量保证和控制"应说明质量保证和控制的程序。应给出有关控制样品、控制频率和控制准则等内容，以及当过程失控时，应采取的措施。使方法处于受控状态的最佳途径之一是使用控制图。

16. 试验报告

试验报告至少应给出以下几个方面的内容：试验对象、所使用的标准（包括发布或出版年号）、所使用的方法（如果标准中包括几个方法）、结果、观察到的异常现象、试验日期。

17. 特殊情况

"特殊情况"应包括测试的样品中是否因含有特殊成分而需对试验步骤作出的各种修改。

每种特殊情况应给出不同的小标题。

修改试验方法的内容应包括修改后试验方法的原理，如果需要对一般采集样品的方法进行修改，则应说明新的采集样品的方法、新试验步骤或修改的说明、适用于修改后的或附加的试验步骤的计算方法。

三、化学分析标准操作程序（SOP）的编制

GB/T 33464—2016《化学分析标准操作程序编写与使用指南》（下面简称"指南"）规定了分析标准操作程序的编写与使用。

1. SOP 一般要求

① SOP 编写工作应列入质量保证计划，授权有资格的人员按照标准规定的格式进行编写。SOP 的内容要求和格式要求见后面给出的参考。

② 用最佳检测程序，完成方法验证或确认，有充分的内部质量控制方案之后编制 SOP。

M 3-12 GB/T 33464—2016 化学分析标准操作程序编写与使用指南

③ 必要时，实验室应针对不同的方法，或相同方法的不同检测对象，分别建立相应的 SOP。

④ SOP 的核心内容应包含对检测中涉及的人员、仪器设备、试剂药品、环境条件、样品的保存与制备等要求；详细的检测过程操作要求，包含对依据的方法文本的补充、质量保证计划、内部质量控制措施、分析系统核查等。实验室应保证这些内容科学适用，具有可操作性。

⑤ 编制工作应包括 SOP 草案编制、征求意见、组织讨论、复审等阶段。

⑥ 本指南仅要求对 SOP 依据的方法文本涉及的特定安全要求，以及按照 SOP 操作时，可能存在的安全隐患做出规定。

⑦ 实验室从其承担的法律责任考虑，应有 SOP 版权所有的申明，确保授权使用中技术机密不会泄露。

⑧ 实验室最终发布的 SOP 正式版本，应附上发布日期、实施日期、修订号、页码及页码总数、编制、审核、批准的记录。

2. SOP 内容要求

（1）管理记录　SOP 应有文件编号、版本号、总页数及页码、编制、审核、批准、发布日期、实施日期等记录。

SOP 文件如有修订，应有修订记录。

（2）概要描述的内容

① SOP 编制的目的。

② 适用范围：SOP 适用的检测对象，法律法规的要求以及其他有关限制。

③ 术语和定义：应尽可能使用国际组织发布的标准和国家标准给出的术语和定义。若程序中纳入现有国际标准和国家标准中没有的术语及缩写词、缩略语，应进行定义。

④ 编制依据：包括标准、出版发行的文献，实验室方法验证、确认的总结文件，实验室其他有关管理文件。

⑤ 方法原理：如果依据文件中已明确方法原理，此内容可简化或省略。

⑥ 简略描述检测过程：适当时可用图形描述。

⑦ 详细说明对 SOP 所依据的方法的补充。

（3）检测程序要求

① 法律法规或实验室对人员资格/职责有特殊要求时，应在 SOP 中详细规定。
② 检测方法对环境条件的要求及满足要求的措施。
③ 需要时，检测对计算机硬件和软件的要求。
④ 详细的检测过程要求。包括检测前的准备要求，辅助工具、玻璃仪器、试剂及耗材等的要求。
⑤ 若方法对仪器设备量值溯源和核查有特殊要求，需加以描述。
⑥ 样品采集、处置和保存要求。
⑦ 样品制备（如提取、消化）。
⑧ 检测过程中仪器条件的设置及改变的说明。
⑨ 检测过程中可能发生的故障及排除方法。
⑩ 数据采集、计算转换、最终表达和报告要求。数据报告要求见标准。
⑪ 测量不确定度的评定过程和结果记录，检测中重新评定测量不确定度的要求。
⑫ 内部质量控制要求。
⑬ 注意事项，注明可能会导致设备损坏、样品分解及无效结果的活动，此内容属程序的关键项。
⑭ 详细说明检测中可能会导致人身伤害或危及生命的操作及其注意事项，并解释如果不执行或不正确遵守程序会出现的情况，此项内容属程序的关键项。
⑮ 其他必要的说明。

(4) 内部质量控制要求

① 详细描述通过验证或确认所获得的方法性能指标，这些指标满足准确度要求的说明，以及在检测过程中满足内部质量控制要求且适当的 IQC 程序。内部质量控制活动的目的是验证工作质量是否持续满足相关要求。IQC 活动包括三项重要的内容，一是详细说明检测过程质量控制和分析系统核查的工具及操作步骤，二是评价检测结果质量是否满足要求的准则，三是数据质量不满足评价准则的要求或在警戒区域内，此时需要采取的纠正措施或预防措施。

② 检测过程质量控制要求是在检测过程中附加的质量控制措施，包括以下内容：
a. 如果有，校准曲线质量评价要求、质量控制以及使用期限管理要求；
b. 适用时，批量分析的组批要求；
c. 使用标准物质进行回收率控制的要求；
d. 独立重复检测的要求；
e. 检测序列中插入空白样品和质控样品的要求；
f. 评价检测结果质量是否满足要求的准则；
g. 实施纠正和纠正措施的要求；
h. 定期总结、报告 IQC 数据和结果的方式。

③ 分析系统核查，包括以下内容：
a. 对质控样品的要求；
b. 建立控制图的种类和方法；
c. 使用控制图的要求和评价的方法；
d. 采取纠正和纠正措施的要求。

3. SOP 格式要求

SOP 的格式因 SOP 的类型和实验室不同而不同，内容的详细程度因 SOP 的使用频率和使用 SOP 人数及培训等情况不同而不同。一般情况下，化学分析实验室编写 SOP 应遵循的格式包括 7 个要素：标题、目录、文件编制、审批和修改记录、程序、记录、参考文献。

标题页中除了文件标题以外，还包含 SOP 管理记录内容。实验室可根据自身的实际情况对 SOP 的内容进行编目。目录至少应显示到二级标题，便于以后的修订和查阅。概述包含目的、适用范围、术语和定义、编制依据，可使用独立章条描述。程序包含方法原理、简略描述检测过程、详细说明对 SOP 所依据的方法和补充、检测程序要求。必要时，对检测过程、结果、质量保证、质量控制所用到的记录做出要求，尽可能设计样表。如果有，列出有用的参考文献，便于修订时参考。

4. SOP 的管理

SOP 的管理包括审核、批准和发布、使用中的管理、SOP 修订、评审和改进等。

5. SOP 使用

① SOP 的使用人员应妥善保管文件。按照实验室和 SOP 的相关要求严格保密。

② 实验室应确保检测人员方便获取 SOP，使用人员任何时候都应确保使用有效版本。

③ 如果 SOP 允许不同检测对象有不同的程序选项，使用时应注意选项与检测对象的一致性。若有经确认的修改和变动，应及时执行。

④ 使用人员在使用中，遇到在 SOP 中没有规定明确的情况时，或有不适用或需要改进的地方，应及时向实验室主管汇报。实验室主管负责及时组织相关技术人员进行讨论研究，做出决策。

⑤ 当实验室需要延伸使用方法时，应规定延伸使用的原则，并在完成必要的论证、验证或确认之后，重新编制或修订现有 SOP。

6. SOP 档案管理

① 实验室应建立档案。

② 实验室质量保证部门应保存 SOP 的有效版本。

③ 实验室可通过使用电子文档来管理 SOP。

④ 实验室应有专门的部门负责 SOP 档案保管。

⑤ 保存时间遵照实验室文件管理相关要求执行。

检测方法标准操作程序（SOP）格式见知识拓展。

四、标准的实施与监督

（一）标准的实施

标准的实施是一项有组织、有计划、有措施的贯彻执行标准的活动，是标准制定部门、使用部门将标准规定的内容贯彻到生产、流通、使用等领域中的过程。它是标准制定部门、使用部门共同的任务，是标准化的目的。组织实施各类标准，是把科学技术和实践经验的综合成果运用到生产中去，转化为直接的生产力的活动，这对提高企业的管理水平和技术水平、提高企业素质、发展国民经济均具有极为重要的意义。标准也只有在实践中实施之后，才能取得制定标准时的预期目的，最终实现标准的价值。

M3-13　检测方法标准操作程序（SOP）

1. 标准实施的意义

只有在实践中实施之后，标准的作用和效果才能产生和体现出来；只有经过实施，才能正确衡量、评价标准的质量和水平；只有通过实施，才能发现和积累标准中存在的问题，为修订标准提供线索和依据，使标准不断由低级向高级发展。

2. 实施标准的一般程序

实施标准是一项细致而又复杂的工作，涉及科研生产、经营、管理、使用等部门。在一个企业内部，牵涉到科研、设计、生产、检验、供应、销售、财务、劳资、计划等多个方面。里里外外，互相关联、互相影响、互相制约，所以实施标准必须有计划地做好安排，各方面协调行动，按照一定的程序进行，才能取得预期的结果。

标准实施工作，大体上可划分为计划、准备、施行、检查和总结五个步骤。

3. 标准实施的方法

（1）标准实施的一般形式

① 直接采用上级标准。直接采用上级标准，就是按照国家标准、行业标准的内容，在企业的设计文件和工艺文件中直接引用这些标准，或者直接按照这些标准组织生产、检验和交货。

② 压缩选用上级标准。国家标准所规定的内容是考虑全国各行业的共同要求而制定的，行业标准则是考虑本行业共同特点制定的。对于这些标准，企业可根据实际需要，在实施时，对其内容进行压缩选用。

对上级标准选用不应只根据企业眼前需要，还要顾及到企业发展趋向。经过缩编后的标准，不得任意改变原标准规定的技术内容。

③ 对上级标准内容做补充后实施。上级标准中的通用技术标准，如产品通用技术条件、通用零部件以及通用试验方法等，内容一般比较概括，技术要求、检测方法规定不具体，在实施时需要做出补充规定。还有一种情况是上级标准规定的产品参数指标偏低，企业可提出严于上级标准的补充规定。为了满足市场需要，在不违背上级标准强制性要求和不影响产品使用性能前提下，对上级标准中的规定要求也可做出必要调整。补充或调整后所制定的标准应按企业标准进行编号，在标准的"引言"或"引用规范性文件"章节中，说明引用上级标准的名称和标准编号，以便于管理。

④ 制定并实施配置标准。在某些标准实施时，要制定与这些标准配套的相应标准和使用方法等指导性技术文件，以便更全面有效地实施这些标准。

⑤ 制定并实施严于上级标准的企业标准。为提高产品质量，增加产品在市场上的竞争能力，企业在实施某项国家标准或行业标准时，可开展市场调研，了解消费者的需要，并根据企业自身的技术制造水平，制定出标准水平高于国家标准或行业标准的企业标准，并加以实施，为企业创造优质名牌产品打下扎实的技术基础。

（2）标准的实施方法　标准的类型不同，其内容和特点也不尽相同，在实施过程中也应采用不同的实施方法和步骤来达到预定的目标。现介绍产品标准的实施方法。

产品标准是企业组织生产的依据，也是供需双方进行产品交货验收的依据。实施产品标准是企业标准化工作的核心。产品标准实施除应满足标准实施的一般要求外，还要有正确的方法才能获得预期的效果。产品标准中，表征产品满足使用要求的各项特性指标是在规定条件下，通过试验验证得到的。在生产过程中，为判别产品是否符合要求，必须采用标准中规定的测试方法和检测手段，才能验证产品质量是否与标准一致。因此，实施产品标准必须完善检测手段，包括必要的测试设备、仪器和配套合格的检验人员等。

对于测试设备和仪器，一是要有，至少应具备产品出厂检验项目中所规定的测试条件，试验必需的检测设备和仪器则可通过协作方法组织或委托有关检测中心进行。二是要保持测试设备和仪器的正确性，通过建立周期检定制度等质量控制手段，保证设备和仪器在规定环境下所应有的特性和准确度等级。在此基础上，还应对检验人员必须具备的技能，包括统计技术和数据处理技术等进行培训。

另外，标准的实施还应追踪到产品销售之后，通过售后服务工作，及时掌握市场信息，适时采取对策，修订标准，使产品质量不断提高，以满足社会的需要。这样反复循环，每循环一次，标准就上升到一个新的水平。

（二）标准实施的监督

对标准实施情况进行监督，是保证标准贯彻执行的一项重要措施。标准实施的监督有企业自我监督、社会监督、行业监督和国家监督等多种形式。其中国家监督是标准实施的公开性监督，具有权威性、法制性；企业自我监督则是国家监督的基础。

M3-14　标准实施的监督

1. 企业自我监督

企业对标准实施的自我监督是企业对标准贯彻执行的内部监督与检查。这种监督检查必须从产品设计开始，贯穿于企业生产的全过程。设计阶段监督一般通过对产品图样和设计文件的标准化审查方式进行，而生产过程的监督是企业实施标准的综合性检查。

生产过程中标准实施的综合检查与企业质量管理活动有机结合起来，体现了标准化是质量管理的基础，对于监督企业全面实施各项标准，保证产品质量是十分有利的。

2. 社会监督

社会监督是社会组织、人民团体、产品经销者、消费者、用户乃至社会新闻媒体对标准实施情况进行的监督。这是一种社会性群众监督，是对于不符合标准的伪劣产品和直接影响人民生活及社会公共利益的各种活动所进行的监督。人民群众对各种违反标准的现象，可以通过投诉、举报，利用社会舆论和新闻报道等多种形式进行公开揭露和曝光。例如：由于产品设计时可靠性、安全性不符合标准，造成危及他人财产和人身安全；产品质量指标不符合，如对产品作不符合标准的说明，夸大产品功能；未提醒消费者药品副作用等，将构成质量侵权行为，消费者有权提出要求赔偿。

3. 行业监督

行业监督也称为行政主管部门监督。根据标准化法规定，各行业主管部门对本部门、本行业内标准实施情况有进行监督检查的责任。这种监督是行政管理必须的监督。行业监督的主要职责是在标准实施宏观控制方面，运用经济杠杆、法律手段和进行必要的行政干预，如对强制性标准下达指令，提出具体实施要求；建立和健全行业产品质量监督检验机构，对企业产品质量按标准进行监督检查等。监督检查发现问题时，作为行政主管部门还有责任帮助企业纠正。

4. 国家监督

标准实施的国家监督是由国家法定机构依据标准化法，对标准实施情况的监督、检查和处理，是国家为保证标准贯彻执行的一项重要措施。

国家对标准实施进行监督的依据是国家发布的强制性标准。监督的主要对象是企业。其目的是督促企业严格执行标准，及时发现并纠正企业违反标准化法的行为，以保护国家和人民的利益。

根据标准化法规定，标准实施的国家监督，由县级以上政府标准化行政主管部门负责。这些部门可以根据需要设置专门的检验机构或授权其他单位的检验机构，对产品质量是否符合标准进行监督检验。这类检验机构作出的检验结果，具有法律效力。

在标准实施过程中，企业必须在加强自我监督的同时，自觉接受社会监督、行业监督和国家监督。例如，企业主动把产品标准报当地政府标准化主管部门备案，是接受国家和行政监督的一种极好形式。当发现备案标准与国家、行业和地方发布的强制性标准有矛盾时，应立即停止实施，及时采取纠正措施。企业还应与产品质量监督检验机构建立密切的联系，对产品符合标准情况定期作出检查。在申请产品质量认证和发放许可证时，更应以产品符合标准为先决条件，从而保证标准在企业真正得到贯彻和实施。

五、企业标准化

(一) 企业标准化的地位和作用

企业标准化是标准化工作的基础，是联系企业内各部门的纽带，是全面质量管理的基础支撑，是提高企业管理水平的途径，是提高企业竞争能力的保证，是企业获得较好经济效益的重要条件，是不断提高技术水平的重要途径，是促进产品质量不断提高的重要保证。

(二) 企业标准化工作的基本任务

原国家技术监督局发布的《企业标准化管理办法》规定了企业标准化工作的基本任务：执行国家有关标准化的法律、法规，实施国家标准、行业标准和地方标准，制定和实施企业标准，并对标准的实施进行检查。

(三) 企业标准体系及其构成

企业标准体系，就是企业为了实现某种特定的目的，将一定范围内的标准，按着相互联系、相互制约的关系，组成的具有特定结构和特定功能的科学有机整体。

企业根据各自的实际情况，建立相应的以技术标准为主体，包括管理标准和工作标准在内的企业标准体系，对贯彻国家标准、行业标准、地方标准，提高企业管理水平起着重要的指导作用。

把企业内的标准，按其内在的相互关系绘制成的，能够反映标准体系特性的图表，称为企业标准体系表。

1. 标准体系表的层次结构

标准体系表的层次结构是其纵向结构与横向结构的统一体。纵向结构代表标准体系的层次，标准体系的层次结构表现为标准体系的分层（分级）及各层次（各级）之间的关系；横向结构代表标准体系的领域。

(1) 全国、行业标准体系的层次结构　全国、行业标准体系的层次结构如图 3-1 所示。

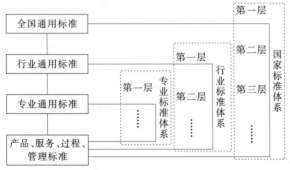

图 3-1　全国、行业标准体系的层次结构

(2) 企业标准体系表的层次结构　企业标准体系表的结构是标准系统的纵向层次与内在的横向联系相统一的整体形式。

企业标准体系表一般可分为三个纵向层次，基础标准（企业）、技术标准体系和管理标准体系、工作标准体系，其结构示意如图 3-2 所示。

体系表的横向联系，是指企业标准体系中各个技术标准和各个管理标准之间存在的内在联系，横向幅度的宽窄，即标准的多少，应视企业的具体情况而定。

2. 企业标准体系表的编制方法

（1）确定标准化的方针目标　在构建标准体系之前，应首先了解下列内容，以便于指导和统筹协调相关部门的标准体系构建工作：

① 了解标准化所支撑的业务战略；

② 明确标准体系建设的愿景、近期拟达到的目标；

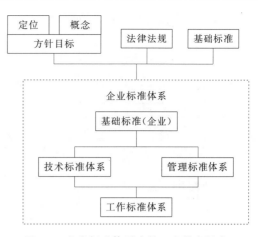

图 3-2　企业标准体系表的三个纵向层次

③ 确定实现标准化目标的标准化方针或策略（实施策略）、指导思想、基本原则；

④ 确定标准体系的范围和边界。

（2）调查研究　开展标准化体系的调查研究，通常包括：

① 标准体系建设的国内外情况；

② 现有的标准化基础，包括已制定的标准和已开展的相关标准化研究项目和工作项目；

③ 存在的标准化相关问题；

④ 对标准体系的建设需求。

（3）分析整理　根据标准体系建设的方针、目标以及具体的标准化需求，借鉴国内外现有的标准体系的结构框架，从标准的类型、专业领域、级别、功能、业务的生命周期等若干不同标准化对象的角度，对标准体系进行分析，从而确定标准体系的结构关系。

（4）编制标准体系表　编制标准体系表，通常包括以下内容。

① 确定标准体系结构图。根据不同维度的标准分析的结果，选择恰当的维度作为标准体系框架的主要维度，编制标准体系结构图。编写标准体系结构的各级子体系、标准体系模块的内容说明。

② 编制标准明细表。收集整理拟采用的国际标准、国家标准等外部标准和本领域已有的内部标准，提出近期和将来规划拟制定的标准列表，编制标准明细表。

③ 编写标准体系表编制说明。标准体系表编制说明的相关内容有：标准体系建设的背景，标准体系的建设目标，构建依据及实施原则，国内外相关标准化情况综述，各级子体系划分原则和依据，各级子体系的说明（包括主要内容、适用范围等），与其他体系交叉情况和处理意见，需要其他体系协调配套的意见，结合统计表分析现有标准与国际的差距和薄弱环节，明确今后的主攻方向，标准制修订规划建议等。

（5）编制程序

① 企业标准化主管部门或标准化委员会按总体目标，负责安排体系表编制的准备工作，并订出实施计划。

② 企业标准化管理部门按体系表编制计划，安排标准化人员绘制体系表草案。然后组织有关人员对体系表草案进行讨论、会审，协调有关事项，完善各种标准。

③ 修正草案，形成体系表报批稿，由企业标准化主管部门或标准化委员会审定，厂长批准后发布实施。

3. 企业标准体系表的构成及其格式

企业标准体系表由标准体系结构图、标准明细表、标准统计表三部分组成，这三部分可以同时绘在同一图表上，也可以分开绘制。

标准明细表和标准统计表的一般格式见表 3-1、表 3-2。

表 3-1 ××（层次或序列编号）标准明细表

序号	标准体系编号	子体系名称	标准名称	引用标准编号	归口部门	宜定级别	实施级别	实施日期	备注

表 3-2 标准统计表

统计项	应有数/个	现有数/个	现有数/应有数/%
标准级别			
国家标准			
行业标准			
团体标准			
地方标准			
企业标准			
共计			
基础标准			
方法标准			
产品、过程、服务标准			
零部件、元器件标准			
原材料标准			
安全、卫生、环保标准			
其他			
共计			

注：1. 明细表名称举例：技术标准的基础标准明细表的名称应写成基础标准。

2. 尚未搜集到或尚未制定的标准，应不填写标准代号编号及年号。

3. 正在制订的标准应填写标准代号及年号，编号空。

4. 在采用国际标准时，应准确标示国家标准与国际标准的一致性程度。一致性程度标识包括国际标准编号、逗号和一致性程度代号：等同—IDT、修改—MOD、非等效—NEQ。

4. 企业标准体系表的应用

编制好企业标准体系表后应注意下列几个方面的应用。第一，编制好企业标准体系表，基本上已经掌握了企业标准化工作的现状及发展方向，这时就应该考虑根据具体情况为企业制定一个标准化工作计划，决定近期、远期工作目标。第二，通过企业标准体系已明确企业各标准之间的联系，这样贯彻、制定、更新标准时就应考虑到标准之间的协调性、准确性。第三，建立好企业的标准体系后，应及时提供给主管部门及企业有关部门，使上级领导对该企业标准化工作有个全面的了解，以便今后更好地指导企业标准化工作。对于执行标准的有关部门，也应使他们了解在工作中应执行的标准，以便正常开展群众性标准化活动。第四，要在实际工作中检验企业标准体系表的编制成功与否，并要注意完善它。因为即使是所谓"理想的标准体系"也只是相对的，还需要不断充实新标准，废除不用的标准，这是一个长期的工作。

企业建立标准体系是开展正常标准化工作的基础，是把企业标准化工作引向深入的必要条件，是企业标准化中一项十分重要的工作，必须引起重视。

企业标准体系表的编制可根据企业标准体系表编制原则，但更重要的应根据各企业的实际情况进行。在编制上应体现范围明确、重点突出、关系清楚。

企业标准体系表编成后，应用来指导工作，而不能束之高阁。只有这样才能使它不断充实与更新，发挥其应有的作用。

企业标准可使用 TCS2010 软件进行编写。

思考与交流

1. 讨论制定标准所必须遵循的原则和程序。

2. 根据分析检验的标准编制分析检验操作规范。
3. 根据分析检验的标准编制标准的实施方案。

任务三　质量管理标准化

任务要求

1. 了解质量、质量特性、标准中的质量要求、质量管理、全面质量管理等概念。
2. 了解质量管理体系标准，了解 ISO 9001 和 ISO/IEC 17025 的主要内容。

一、质量与标准化

质量是企业的生命，没有质量，企业就不能生存和发展，这是严酷的事实。以质量求生存，以品种求发展，是现代企业经营管理的正确道路，这已被无数事实所证明。

M3-15　质量与标准中的质量

保证和提高质量是改善企业经营管理、降低成本和提高经济效益、增强企业竞争能力的重要途径，是企业参加国际商品市场交换和竞争，开辟世界市场，发展外向型经济和对外贸易，以及我国加入 WTO 后能立于不败之地的重要保证。总之，质量对于我国的社会主义现代化建设和改革开放都有着重大的意义。

1. 质量的定义

ISO 9000：2015 标准对质量的定义是："一组固有特性满足要求的程度"。

在理解质量的定义时，应注意以下几个要点。

（1）固有特性　特性是指可区分的特征，可以有各种类别的特性，如物质特征（机械、电气、化学、生物特性）、感官特性（嗅觉、触觉、味觉、视觉等受感觉控制的特性）、行为特性（礼貌、诚实、正直）、时间特性（准时性、可靠性、可用性）、人体工效特性（语言、生理、人身安全特性）、功能特性（飞机的航程、手表显示时间的准确性）等。

特性可以是"固有的"，也可以是"赋予的"。固有特征是通过产品、过程或体系设计和开发及其后的实现过程形成的属性，如长方体的长、宽、高，机器的生产率等。赋予特性不是某事物本来就有的，而是完成产品后因不同的要求而对产品增加的特性，如产品的价格等。

（2）要求　要求指明示的（如明确规定的）、通常隐含的（如组织的惯例、一般习惯）或必须履行的（如法律法规、行业规则）需要和期望。只有全面满足这些要求才能评定为好的质量。

2. 质量特性

ISO9000：2015 标准对质量特性的定义是："产品、过程或体系的固有特性"。

"固有的"是指本来就有的，尤其是那种永久的特性。赋予产品、过程或体系的特性（如产品价格、产品所有者），不是它们的质量特性。

质量概念的关键是"满足要求"，这些要求必须转化为有指标的特性，作为评价、检验和考核的依据。由于顾客的需求是多种多样的，所以反映产品质量的特性也是多种多样的。对硬件产品来说，它一般包括性能、可靠性、维修性、安全性、经济性以及时间性等。

3. 标准中的质量要求

作为生产、工作、服务等各项活动的准则和依据的标准，需要明确提出一些应该达到的，并能够运用一定方法进行检验的质量要求，这些质量要求构成了标准的核心。

（1）质量要求内容　不同类型的标准有着不同的质量要求内容，而其中每一个具体的标准的质量要求也是各异的。表 3-3 列举了产品标准中质量要求的示例。

表 3-3 产品标准中的质量要求

质量特性	要求	示例
性能	使用性能要求	功率、效率、速度、灵敏度、互换性
	外观和感官性能要求	颜色、手感、听觉、视觉
	理化性能要求	化学成分、强度、电容、电感
可信性	可靠性要求	平均寿命、可靠度、失效率
	维修性要求	维修度、平均维修间隔时间、平均保养时间
安全性	安全要求	防爆、防火、防辐射
	卫生要求	药品、食品有害成分限制
	环境保护要求	噪声等污染限制
适应性	环境条件要求	温度、湿度、气压、震动、辐射
	稳定性要求	抗震、抗老化、对气候等的反应
经济性	能耗要求	耗电耗油
时间性	时间要求	交货期、等待时间

(2) 制定质量要求的注意事项

① 标准中的质量要求应以系统最佳为目标。

② 标准中的质量要求应尽可能具体和量化。

③ 标准中的质量要求应能够测试和便于检验。

4. 质量管理与全面质量管理的概念

(1) 质量管理的概念 质量管理是指"在质量方面指挥和控制组织的协调的活动"。在质量方面的指挥和控制活动，通常包括制定质量方针和质量目标及质量策划、质量控制、质量保证和质量改进。

质量管理是通过建立质量方针和质量目标，并为实现规定的质量目标进行质量策划，实施质量控制和质量保证，开展质量改进等活动予以实现的。

组织在整个生产和经营过程中，需要对诸如质量、计划、劳动、人事、设备、财务和环境等各个方面进行有序的管理。由于组织的基本任务是向市场提供符合顾客和其他相关方要求的产品，因此，围绕着产品质量形成的全过程实施质量管理是组织各项管理的主线。

质量管理涉及组织的各个方面，是否有效地实施质量管理关系到组织的兴衰。组织的最高管理者应正式发布本组织的质量方针，在确立质量目标的基础上，按照质量管理的基本原则，运用管理的系统方法来建立质量管理体系，为实现质量方针和质量目标配备必要的人力和物质资源，开展各项相关的质量活动。这也是各级管理者的职责。所以，组织应采取激励措施激发全体员工积极参与，充分发挥才干和工作热情，造就人人争做贡献的工作环境，确保质量策划、质量控制、质量保证和质量改进活动顺利地进行。

(2) 全面质量管理的概念 质量管理并不等同于全面质量管理。全面质量管理（简称 TQM）的含义可以这样来表述：以质量为中心，以全员参与为基础，目的在于通过让顾客满意和本组织所有者、员工、供方、合作伙伴或社会等相关方受益而达到长期成功的一种管理途径。

全面质量管理的思想，是以全面质量为中心，全员参与为基础，通过对组织活动全过程的管理，追求组织的持久成功，即使顾客、本组织所有者、员工、供方、合作伙伴或社会等相关方持续满意和受益。

5. 标准化与质量管理

标准化与质量管理是人类活动的一种纪律约束，是人类社会发展、科技文明进步所不可背离的一项基本法则。它既是社会发展的产物，又是推动社会进一步发展的科学手段。组织现代化生产、进行科学技术研究、实行科学管理、提高人们生活质量、促进社会可持续发展，都离不开标准化与质量管理。在人类经济依次步入农业经济、工业经济、现代经济的蓬勃发展的过程中，标准化与质量管理为经济的快速发展并取得较高的效率，显示出卓著的功效。在今天，以知识为基本生产要素，以信息技术和信息产业为主导经济的知识经济运行过程中，标准化与质量管理仍然以其"获得最佳秩序和效益"为目的，成为促进知识经济健康、高效发展的科学手段。

（1）标准化是质量管理的依据和基础　标准是评价和衡量产品质量、工作质量的尺度，又是企业进行质量管理的依据，没有各类标准，就无从进行管理。因此，标准化是质量管理的基础。

（2）标准化与质量管理支撑着人们的生活　标准化决定着人们的生活质量，支撑着人们生活的一切。从生活中任何一幕，都不难看出有许许多多的标准支撑着人们日常生活的方方面面。在人们的心目中，标准是一种"基准"，它被选定作为物体或行动进行比较的样品、判别事物的准则、测量质量的依据。国际标准、国家标准确实给人们的日常生活提供了实实在在的支撑。它们通过对安全、人身健康和环境保护的贡献，促进人们生活质量的提高。

（3）标准化与质量管理是知识经济的主导经济——信息产业的基础要素　人类进入知识经济时代的步伐越来越快，知识经济是以信息革命为前提，以信息产业为主导的经济，是建立在知识和信息的生产、分配和使用基础上的经济。在知识经济的产生、发展及整个运行中，信息技术无所不在、广泛渗透在全球信息社会的各个领域，成为全球信息社会的基础设施。

（4）标准化与质量管理是丰富产品（服务）质量的保证　产品的质量标准就是对产品的质量作出具体的技术规定，也就是说，质量标准是产品质量必须达到的目标。离开了质量标准规定的目标进行生产，质量就无法保证。

在激烈竞争的市场环境中，仅仅以单个产品满足质量标准是远远不够的，需要更强有力的竞争武器。标准化不仅是保证和促进企业质量提高的重要技术基础工作，而且要贯穿于企业质量管理的全过程。ISO 9000 族国际标准，为企业和企业产品（服务）取得质量体系认证，进入国际市场，参与实力竞争铺平了道路。

讲质量，首先要讲标准，如果是按落后的标准组织生产，质量再好也是一个落后的产品。产品质量的竞争，实质上就是标准水平的竞争。因此，必须坚持"高标准，严要求"。

（5）质量管理的过程就是推行标准化的过程　我们知道，质量管理的全部活动都是按照 PDCA 循环运转的，而这个过程是始于标准、终于标准的过程，也是逐步推行标准和发展标准的过程。PDCA 循环如图 3-3 所示。

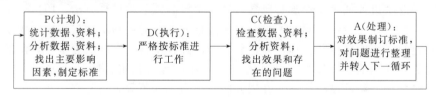

图 3-3　PDCA 循环

（6）标准化与质量管理是实现现代化管理的基础　现代化的科学技术和现代化的管理是企业前进的两个轮子，缺一不可。现代化的管理是科学的管理，是依据生产技术发展规律和客观经济规律进行的管理。它要求做到：管理机构的高效化，管理工作的计划化、程序化，管理技术和管理手段的现代化。要实现这样的目的，其主要的措施是制定和贯彻实施一系列的管理标准和工作标准，为各项管理工作提供目标和依据，从而使管理工作有序化和高效。

二、质量管理体系标准

质量管理体系（QMS）是指在质量方面指挥和控制组织的管理体系。质量管理体系是组织内部建立的、为实现质量目标所必需的、系统的质量管理模式，是组织的一项战略决策。

它将资源与过程结合，以过程管理方法进行系统管理，根据企业特点选用若干体系要素加以组合，一般包括与管理活动、资源提供、产品实现以及测量、分析与改进活动相关的过程，可以理解为涵盖了确定顾客需求、设计研制、生产、检验、销售、交付之前全过程的策划、实施、监控、纠正与改进活动的要求，一般以文件化的方式，成为组织内部质量管理工作的要求。

ISO 9001：2015、ISO/IEC 17025：2017 是目前质量管理体系标准最典型的标准。

ISO 是"国际标准化组织"的英语简称，ISO 是世界上最大的国际标准化组织。

ISO 为适应国际间贸易发展的需要，在总结各国质量保证制度经验的基础上，经过多年工作，于 1987 年 3 月发布了 ISO 9000 系列标准，即质量管理和质量保证系列国际标准。这套标准对规范质量管理活动，促进国际间的贸易发展起到积极的作用。

随着形势的发展，这套标准经过数年的贯彻实践以及 ISO 的规定（一般标准应在 5 年左右要进行一次修订，以适应形势发展的需要），于 1994 年进行了第一次修改，并形成了 1994 版 ISO 9000 族标准。随着 1994 版 ISO 9000 族标准在国际上广泛应用，也发现了一些不足。国际标准化组织在调查研究的基础上，对这套标准进行了第二次修订，并于 2000 年 12 月正式颁布了 2000 版 ISO 9000 族标准，现行标准为第三次修订 2015 版 ISO 9000 族标准，即 ISO 9001：2015。

M 3-16　GB/T 19001—2016 质量管理体系　要求

（一）ISO 9001：2015

1. ISO 9001：2015 介绍

ISO 认证的项目体系有 ISO 9001、ISO 14001、ISO 14000、ISO 13485、ISO 27000、ISO 14064、ISO 22000、ISO 20000、ISO/TS 16949 认证。

ISO 9001——世界范围内被最广泛采用的质量管理体系标准，已经让全球数百万的组织受益。加快增长、提升效率、增强客户满意度和保持度，这是企业体验到的 ISO 9001 所能带来的益处。

该标准已进行了自 2000 年以来的首次重大改版，融入了根据全球用户和专家反馈所进行的变更。同时，ISO 9000 中所定义的对于理解 ISO 9001 至关重要的术语也已被修订，且此标准于 2015 年 9 月 23 日与 ISO 9001 同时发布。

2. ISO 9001：2015 的主要变化

（1）在理念上更加强调 3 个核心概念　这 3 个核心概念为过程方法、PDCA 循环和基于风险的思维。标准在引言部分阐述了组织要用过程方法，对产品实现过程中已识别的过程及其相互作用进行系统的规定和管理，并在整个体系过程中自始至终贯穿基于风险的思维，构成整个质量管理体系的所有过程都可以采用 PDCA 循环。其主旨即是通过 3 个核心理念达到建立和管理协调一致的过程体系，并用预防、创新、变革等思维建立、实施管理体系，实现管理体系的预期目标和结果。

标准倡导在建立、实施质量管理体系以及提高其有效性时采用过程方法，通过满足顾客要求增强顾客满意度。过程方法：系统地识别和管理组织所应用的过程，特别是这些过程之间的相互作用，此方法结合了"策划-实施-检查-处置"（PDCA 循环）和基于风险的思维。

PDCA 循环使组织能够确保其过程得到充分的资源和管理，确定改进机会并采取行动。基于风险的思维使组织能够确定可能导致其过程和质量管理体系偏离策划结果的各种因素，采取预防控制，最大限度地降低不利影响，并最大限度地利用出现的机遇。在质量管理体系中应用过程方法能够：理解并持续满足要求；从增值的角度考虑过程；获得有效的过程绩效；在评价数据和信息的基础上改进过程。

（2）管理原则发生变化　新版标准的管理原则由老版的 8 项改成了 7 项。新版标准将老版标准中系统的管理方法归纳到了过程方法中；将老版的"互利的供方关系"改成了"关系管理"；扩大了关系管理的范围和对象，使得关系管理不仅仅只局限于对互利供方的关系，同时要对影响组织目标实现的其他相关方进行关系管理。

（3）新版标准的结构发生了变化　新版标准按照附件SL格式重新进行了编排。标准结构由之前的ISO 9001：2008的八个章节增加到了十个章节（详见表3-4）。ISO 9001：2015的结构见图3-4。新版标准同时对标准的部分条款的顺序进行了调整，对以前标准的部分条款内容进行了合并。标准结构的变化提高了与其他ISO管理体系标准的兼容性和统一性。

表3-4　标准结构变化

ISO 9001:2008	ISO 9001:2015
1 范围	1 范围
2 规范性引用文件	2 规范性引用文件
3 术语和定义	3 术语和定义
4 质量管理体系	4 组织环境
5 管理职责	5 领导作用
6 资源管理	6 策划
7 产品实现	7 支持
8 测量、分析和改进	8 运行
	9 绩效评价
	10 改进

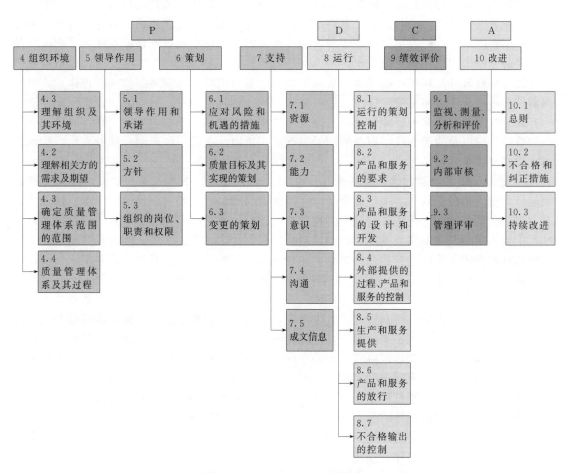

图3-4　ISO 9001：2015的结构

(4) 术语以及概念变化 新版标准采用所有管理体系标准的 21 个通用术语和定义。对 2008 版中的部分术语进行了替换,如新版标准用"产品和服务"代替了 2008 版的"产品";用"外部提供的产品和服务"替代 2008 版中的"采购产品",包括外包过程;用"成文信息"替代了"文件化的程序和记录"等(具体变化详见表 3-5)。这些术语的变化,让体系更加贴近于组织运行的实际特点。

表 3-5 术语及概念变化

ISO 9001:2008	ISO 9001:2015
产品	产品和服务
采购产品	外部提供的产品和服务
文件、质量手册、形成文件的程序、记录	成文信息
删减	未使用
管理者代表	未使用(分配类似的职责和权限,但不要求委任一名管理者代表)
工作环境	过程运行环境
监视和测量设备	监视和测量资源
供应商	外部供方

(5) 新版标准增加了新的条款要求

① 组织环境。新版标准第 4 章"组织环境"共有四个条款,其中"理解组织及其环境"(4.1)和"理解相关方的需求和期望"(4.2)两个条款较 2008 版而言属新增内容。新增内容要求组织要确定与其战略目标相关并影响其实现质量管理体系预期结果的各种内外部因素和与质量管理体系有关的相关方及其要求,并对与这些因素和要求相关的信息进行监视和评审。解读新版要求,可看出两个方面的内容:一方面是组织在质量管理体系策划之初便要基于风险的思维来识别、确定组织所处的内部环境和外部环境以及相关方的要求,分析组织自身的优劣势以及外部环境可能带来的机遇,以建立适合组织战略发展的质量管理体系,明晰质量管理体系范围、质量管理体系运行所需的过程及其相互作用;另一方面,组织要以动态的方式适时监视内外部的环境以及相关方(包括相关方的信息及要求)的变化,适时调整组织的战略方向以及为组织战略服务的质量管理体系,以快速适应组织内外部的变化,达到实现质量管理体系预期结果。

② 应对风险和机遇的措施。新版标准在第 6 章"策划"中将 6.1 条"应对风险和机遇的措施"作为单独条款列出来,表明新版标准强调的核心思想是基于风险的思维。该条款要求,组织在策划质量管理体系时首先要考虑组织的内外部环境和相关方要求,识别体系运行过程中为达到组织预期结果可能存在的风险和机遇,制定相应的措施,同时,策划时要考虑如何将这些措施融入到组织的业务过程中,确保质量管理体系运行时实施这些措施以实现质量管理体系预期结果。组织的风险与组织所处的背景是分不开的,不同的时代、不同的地域、不同的相关方,组织所处的经济环境、政治环境、法律环境、技术环境以及相关方的要求都不同。组织在识别风险和机遇时可以分层次进行:从组织层面可考虑组织所处的内外部的宏观环境可能会给组织带来的风险,并以此制定战略方向,寻求发展机遇;从具体操作层面,针对不同的产品,其实现过程、相关方的要求、外部环境等因素都不同,进而组织所面临的风险不同,因此在策划产品实现过程时要识别项目所面临的风险和机遇,制定相应的控制措施并落实到产品实现过程中,以规避、消除或转移风险等。比如目前我国正在实施走出去战略,很多组织都有涉外工程,其中有些工程就因对国际技术标准理解深度不够或对所在国的法律不熟悉,以及相关方的要求和管理习惯了解不全面等原因,造成产品不能及时验收通过或工程延期等,最终导致经济损失。

③ 组织的知识。知识作为一种资源出现在 ISO 9001 标准中,是本次标准换版的重要变

化之一，同时也是一个全新的要求。标准中 7.1.6 "组织的知识"要求组织确定、保持、共享为提供合格产品和服务的过程所需要的知识，为应对不断变化的需求和发展趋势，确定如何获取更多必要的知识和资源。

新版标准提出了"组织的知识"是顺应了时代的要求。当前组织所处的是知识经济时代，对于知识型组织而言，知识不仅仅是资源，更是竞争的工具，谁先拥有了丰富的知识便是拥有了取胜的先决条件。知识型组织对知识的管理不仅仅是满足标准的需要，也是组织自身生存、发展的必然。因此，组织必须要树立知识管理的理念，对知识的鉴别、知识的获取、知识的储存、知识的共享、知识的应用制定相应的管理制度，形成一个系统的管理，避免因员工更替、知识未能共享等因素造成组织知识的损失或流失；同时积极营造善于总结经验、交流研讨、培训学习的知识氛围，使得组织获取更多的知识。

④ 新版标准对最高管理者提出了更多的要求。更加强调了最高管理者的领导力和承诺，要求最高管理者要对管理体系的有效性承担责任，推动过程方法及基于风险的思想的应用；提出将管理体系要求融入组织的过程等。

（6）内部审核和管理评审　按策划的间隔实施内部审核（简称内审）。

内审的目的：符合性（过程是否被确定；过程程序是否被恰当地形成文件；是否建立了适用的文件化管理体系）、有效性（过程是否充分展开，贯彻实施；体系文件的规定是否得到有效贯彻实施；实际活动与文件要求的一致性）、适宜性（在提供预期的结果方面，过程是否有效，也就是评价活动是否适合于达到既定的目标）。

内审的时机和频次：常规审核按年度计划进行，一年至少一次，覆盖质量管理体系所有要素；外审前应安排一次；出现严重不符合、重大质量事故、客户重大投诉、机构重大变化时应追加审核。

内审依据：①质量方针、目标和管理体系文件；②客户的要求与合同条款；③国家或行业的有关法律、法规或标准；④有关评审准则。

内审职责：质量负责人策划并组织实施；内审组长负责制定审核计划；内审员具体执行审核计划。

内审的输出：发现不符合并出具不符合报告、形成审核报告、留下审核过程和情况记录、提出纠正措施并跟踪验证纠正措施实施情况。

内审的运行流程：审核准备、编制内审计划、成立内审组、指定内审组长、确定内审员、编制检查表、发放审核通知。

管理评审，一般每年进行一次。评审的三性为适宜性、充分性和有效性。适宜性指的是 QMS 是否与内外部环境相适宜；充分性是指 QMS 的规定能否充分满足体系和产品的要求；有效性是指 QMS 的规定是否在有效实施，有何改进要求。管理评审的目标与组织的战略方向一致。管理评审就像质量年会，是一次以会议为形式的大型管理活动，需要严格地、系统地组织。管理评审输入通常是书面的，主要是分析和评价结果、以往管评所采取措施的情况、内外部因素的变化、不合格及纠正措施、审核结果、资源的充分性等要求，责任部门及岗位需要准备的管理评审资料。管理评审的输出是管理评审的正式结果，体现组织的最高管理者对改进质量管理体系，确保质量方针和质量目标得以实现的重要决策。管理评审的输出应包括与以下方面有关的任何决定或措施：质量管理体系有效性及其过程有效性的改进、与顾客要求有关的产品的改进、资源需求（应考虑在人力资源、基础设施、设备、软件、信息系统、工作环境等方面满足当前和未来的需要）。

（二）ISO/IEC 17025：2017

1. 结构框架和公共要素的统一

按照 ISO/CASCO 的要求，新版 ISO/IEC 17025 的结构框架必须满足"CASCO 决议

12/2002"的规定,相关表述必须满足 CASCO 内部文件 QS-CAS-PROC/33《ISO/CASCO 标准中的公共要素》的要求。修订后的 ISO/IEC 17025 结构框架见表 3-6。

表 3-6 修订后的 ISO/IEC 17025 结构框架

1 范围	7 过程要求	8 管理要求
2 规范性引用文件	7.1 要求、标书和合同评审	8.1 方式
3 术语和定义	7.2 方法的选择、验证和确认	8.2 管理体系文件(方式 A)
4 通用要求	7.3 抽样	8.3 管理体系文件的控制(方式 A)
4.1 公正性	7.4 检测和校准物品的处置	8.4 记录控制(方式 A)
4.2 保密性	7.5 技术记录	8.5 风险和机会的管理措施
5 结构要求	7.6 测量不确定度的评定	8.6 改进(方式 A)
6 资源要求	7.7 结果有效性的保证	8.7 纠正措施(方式 A)
6.1 总则	7.8 结果的报告	8.8 内部审核(方式 A)
6.2 人员	7.9 投诉	8.9 管理评审(方式 A)
6.3 设施和环境条件	7.10 不符合工作	附录 A(资料性附录)计量溯源性
6.4 设备	7.11 数据控制和信息管理	附录 B(资料性附录)管理体系方式
6.5 计量溯源性		参考文献
6.6 外部提供的产品和服务		

2. 新增风险管理、判定规则、免责声明和 LIMS 等要求

本次修订考虑到近 10 年来的新变化和新问题,如实验室信息管理系统(LIMS)的广泛使用,更多地采纳电子数据和电子报告,以及检测实验室评定测量不确定度的日益成熟等。同时,增加了部分新要求,具体如下。

(1) 引入风险管理的要求 ISO/IEC 17025:2017 明确和引入了风险管理的要求。同时,在修订过程中,在设备校准、质量控制、人员培训和监督等方面引入了风险管理的概念,要求实验室在自身的业务范围、客户需求和测试技术的复杂性等风险分析的基础上,制定相应的程序。因此,实验室是否有必要单独建立风险管理体系,由实验室自己决定。

(2) 判定规则 ISO/IEC 17025:2017 增加了对"判定规则"的要求,也就是实验室在做与规范的符合性判断时,如何考虑测量不确定度,特别是当结果的区间跨越了规定的限值,实验室如何做出"合格"或"不合格"的判断。

在合同评审阶段,实验室应将使用的判定规则与客户沟通,并在合同中予以明确。在结果的报告中应指明所使用的判定规则,以便报告的任何使用方了解实验室做出符合性结论时是如何考虑测量不确定度的,使结果更加科学和透明。

此条款对于实验室做出符合性声明提出了更严格的要求,可以料想这也是实验室在实施新版标准时遇到的难题,需要更多的研究和准备。

(3) 免责声明 ISO/IEC 17025:2017 中明确要求,在以下情况实验室应做出免责声明。

① 样品处置:当客户已知检测或校准物品偏离了规定条件仍要求进行检测或校准时,实验室应在报告中做出免责声明,说明偏离可能影响结果。

② 报告结果:当报告中包含客户提供的数据时,应予明确标识。当客户提供的信息可能影响结果的有效性时,报告中应有免责声明。

(4) 对方法的偏离 方法偏离是处理不能满足相关要求的一种特殊情况,是不得已而为之的,是负面的,因此此时需要做技术判断,获得批准才可发生。方法改进是为使方法更有效而进行的一项积极的、正面的技术活动,为确保方法有效性必须事先做好方法确认,这不是一种意外的情况。

(5) 测量不确定度评定 ISO/IEC 17025:2017 对测量不确定度评定要求的变化主要是

以下方面。

① 首次提出在测量不确定度评定中应考虑"抽样"所引入的不确定度。

② 明确要求校准和检测实验室均应评定测量不确定度，但不再强调实验室应有测量不确定度评定的程序。

③ 以注的形式说明对于特定方法，如果已确定并验证了结果的测量不确定度，实验室只要证明已识别的关键影响因素受控，则不需要对每个结果评定测量不确定度。

（6）LIMS　对信息管理系统的要求主要来自 ISO/IEC 17025：2005，同时参考了 ISO 15189：2012，并强调实验室的信息管理系统应有功能记录系统故障以及应急纠正措施。

3. 其他重要变化

（1）与 ISO 9001 关系的声明　将 ISO/IEC 17025：2005 中 1.6 条款中有关 ISO 9001 的声明，放入引言和附录 B 中。在新版标准的引言中保留了"符合本文件的实验室通常也是按 ISO 9001 的原则运作"；在附录 A 中保留了"实验室在符合 ISO 9001 要求的管理体系下运作，并不代表实验室能够产生技术有效的数据和结果"。

（2）将"服务和供应品的采购"与"分包"合并　参考 ISO 9001：2015，将 ISO/IEC 17025：2005 中的 4.5"检测和校准的分包"与 4.6"服务和供应品的采购"合并成一个条款，即"外部提供的产品和服务"。新版标准中的"从外部获得的实验室活动"应理解为 ISO/IEC 17025：2005 中的分包。

（3）抽样活动　ISO/IEC 17025 里的抽样不仅仅是为检测或校准活动所进行的抽样，还包括为其他目的，如认证、检验或确认活动而进行的抽样。就 ISO/IEC 17025 本身来讲，其预定的标准适用范围是从事检测或校准活动的实验室，抽样往往是检测或校准过程的一部分。

如果抽样是为了进行后续的检测或校准，一个机构即使不进行后续的检测或校准活动，其适用性也没有争议。抽样限制为"与随后的检测或校准相关的抽样"。如果实验室仅进行抽样，而不从事后续的检测或校准活动，这时抽样只是一种服务。实验室如需从客户提供的样品中取出部分样品进行后续的检测或校准活动时，应有书面的取样程序或记录，并确保样品的均匀性和代表性。

将抽样时拥有抽样计划和程序改为抽样计划和方法；增加了抽样方法描述内容；提出了实验室应将抽样记录作为检测或校准工作的一部分保留记录，并增加了记录信息内容，包括日期和时间、识别和描述样品的数据（如编号、量、名称）、所用设备的识别、运输条件。

（4）实验室活动范围　ISO/IEC 17025：2017 明确要求实验室应以文件的形式明确界定其检测或校准的活动范围，范围中不应包括持续从外部机构获得的检测或校准项目。提出这个要求的最根本原因是，实验室所有管理活动均以其活动范围为基础，包括人员、设施和设备等，这是最基本的要求。

（5）人员要求　ISO/IEC 17025：2017 对人员要求如下。

① 明确每个岗位的能力要求和人员的通用要求，包含培训。

② 不再区别在培员工、长期雇佣人员或签约人员，全部纳入"人员"这一用词中。

③ 对特定领域人员资格以及"意见或解释"人员统一纳入"实验室应将每个影响实验室活动的岗位所需能力形成文件"，至于能力要求，实验室应根据人员所承担的工作来确定。如果相应的法律法规有特定要求，实验室应满足。但不需要在标准中为此做出说明。对做出"意见和解释"的人员要求，实验室应根据该活动所需要的经验、知识等做出相应规定。

④ 在表述方式上，对人员不再区分技术管理层和质量主管，只明确职能要求，至于这个岗位的名称，实验室可以自己确定，并以管理层取代"最高管理层"，因为对"最高管理层"在实施过程中理解是不一致的。

(6) 设备的校准　ISO/IEC 17025：2017 对于哪些设备需要校准，补充了以下情况。
① 设备的准确度和（或）测量不确定度影响结果的有效性。
② 为建立结果的计量溯源性而需要进行校准。

(7) 设备的期间核查　ISO/IEC 17025：2017 从结果有效性出发，提出对所有设备应进行期间核查，实验室不仅需要对经过校准的设备进行期间核查，对其他设备也需要根据其稳定性进行定期核查。

对于需要校准的设备，实验室应根据其稳定性和使用状况等因素来决定是否有必要进行期间核查。对于不需要校准的设备，ISO/IEC 17025：2017 要求在使用前验证其功能是否能够满足检测或校准方法的要求。

除投入使用前需要核查外，在后续的使用过程中，实验室也需要根据使用情况和其稳定性确定是否有必要进行核查。

实验室经过分析，确认需要进行期间核查的设备，应建立核查的方法并保留相关记录。

(8) 计量溯源性　ISO/IEC 17025：2017 用 VIM（国际通用计量学基础术语）第 3 版中的"计量溯源性"取代"测量溯源性"。

ISO/IEC 17025：2017 从结果的计量溯源性角度提出要求，并且不再区分检测和校准活动，描述方式更为科学和严谨。同时，增加了"附录 A 计量溯源性"，为实验室实现计量溯源性提供指南。

(9) 分包的法律责任　ISO/IEC 17025：2017 删除了"实验室应就分包方的工作对客户负责，有客户或法定管理机构指定的分包方除外。"这是由于让实验室承担非自身活动的法律责任与有些国家的法律冲突，而标准本身应不涉及法律法规的要求。

(10) 报告和证书　ISO/IEC 17025：2017 对于报告和证书的要求：
① 所有发出的报告或证书应作为技术记录保存；
② 报告中只需要客户的联络信息，不需要报告客户的地址；
③ 报告批准人只要可以识别即可，不再要求职务和签字等；
④ 报告中不仅要有检测或校准日期，还应有报告的签发日期；
⑤ 校准证书必须给出测量不确定度，不能仅给出与计量规范的符合性；
⑥ 对"意见和解释"明确要求应基于检测或校准结果；
⑦ 报告的修改必须标识修改了哪些内容；
⑧ 当做出符合性声明时，应明确适用于哪些结果；抽样信息还应包括"评定后续检测或校准测量不确定度的信息"。

(11) 内部审核　对内部审核的要求等同采用 ISO 9001：2015 的条款。

(12) 管理评审　对管理评审的要求等同采用 ISO 9001：2015 的条款，增加了管理评审输出应记录的内容。

(13) 其他变化　要求实验室管理层做出公正性的承诺；强调实验室对保密做出有法律效力的承诺；在合同评审的条款中，首次明确客户要求的偏离不应影响实验室的诚信或结果的有效性；仍然采用"文件"与"记录"这两个词，而不采用 ISO 9001：2015 中的"成文信息"；将质量控制划分为内部质量控制与外部质量控制，应分别策划并实施；考虑实验室大量采用电子记录，因此简化对更改记录的要求，明确只要确保"更改记录"的可追溯性；取消保留设备说明书的要求，因其作为外来文件应按"文件控制"要求进行管理。

中国合格评定国家认可委员会（CNAS）计划在 2020 年 11 月底前完成所有认可实验室的评审和认可证书的换发。为确保所有实验室的顺利过渡，CNAS 已于 2018 年 3 月 1 日完成所有相关文件的修订，给了实验室 6 个月的过渡期。从 2018 年 9 月 1 日起，所有的复评审（包含换证复评审）均按 ISO/IEC 17025：2017 实施。扩项评审和监督评审，实验室可选择是否按新版标准评审，同时所有新的认可申请应依据新版标准。

思考与交流

1. 讨论质量和质量特性、标准中的质量要求、质量管理、全面质量管理等几个概念的区别。
2. 讨论实验室质量管理体系标准 ISO/IEC 17025 的主要内容。

知识拓展

检测方法标准操作程序（SOP）格式

1. 封面

封面的内容包括：SOP 名称、文件编号（或按照实验室的要求设计编号位置）、版本号（或按照实验室的要求设计版本号位置）、编制部门、编制日期、审核日期、批准日期、发布日期、实施日期、实验室名称。

2. 目录

3. 修订记录

修订记录包括：文件名、文件编号、修订次数、修订页码范围、修订内容、修订人、审核批准人、实施时间、说明。

4. SOP 正文

（1）标题　涉及分析对象和分析方法。也可能是实验室检测方法代码。

（2）目的　包括规范检测过程、规定内部质量控制等目的。

（3）适用范围　检测方法适合的样品基质类型和分析目标组分范围，以及适合的内部质量控制说明。

（4）岗位要求和职责法律　法规有要求，或实验室有特殊要求时，提出完成该项工作所需人员专业要求和从业经历与经验；规定与检测和实施内部质量控制有关的所有部门及人员的职责。

（5）依据　文件已发布的标准或权威杂志出版的有关方法的参考书目、文献等。

（6）术语和定义　列出使用术语和定义的文件，以及补充的术语、定义、缩略语和符号。

（7）方法概述　包括方法来源、权威性等，实验室对方法的改变和补充。

（8）检测程序

① 方法原理

② 检测过程及对标准或采用的方法文本中检测程序的补充，包括下列内容。

a. 仪器。指定符合标准要求的仪器性能，以及设备的量值溯源、保管与维护、维修、检测前的准备，预计故障及排除的方法等。

b. 玻璃器皿及其他辅助设备。说明玻璃器皿及其他辅助设备类型、组装指南、图表等，在检测前的准备和调整，以及玻璃器皿清洗等。

c. 化学品和试剂。说明所需的化学品和试剂的纯度、品级、存储、处置、保质期要求等。

d. 检测环境条件要求及满足要求的相关规定。

e. 样品采集、处置、制备（如提取、消化）和保存。

f. 检测过程中仪器条件设置和使用仪器检测的程序要求和说明。

g. 批量分析的组批要求。

h. 对计算机硬件和软件的要求。

i. 数据采集、计算转换、最终表达和记录内容、检测过程中异常情况及其处置记录要求。

j. 报告数据的要求，包括实验室依据方法的检出限、报告最低检出结果的要求，如报告"未检出"附实验室的方法检出限的要求；报告定量检测结果附实验室定量限的要求；检测结果为在技术要求附近的临界值时，准确度判断和报告的要求等。

k. 注意事项，注明可能会导致设备损坏、样品分解及产生无效结果的活动。此内容属程序的关键项。

l. 其他必要的检测过程说明。

③ 健康安全操作要求说明。可能会导致个人人身伤害或危及生命的操作及其注意事项，并解释如果不执行或不正确遵守程序会出现的情况。此项内容属程序的关键项。

（9）内部质量控制要求

① 总则。详细描述通过验证或确认获得的该方法的性能指标，满足相关要求的说明，以及实验室满足内部质量控制要求且适当的 IQC 程序。

② 检测过程质量控制要求。在实施检测的过程中附加的质量控制措施。包括以下内容（实验室可作适当调整）：

a. 如果有，校准曲线质量评价要求、质量控制，以及使用期限管理要求；

b. 批量分析的组批要求；

c. 使用添加标准物质进行回收率控制的要求；

d. 独立重复检测的要求；

e. 检测序列中插入空白样品和质控样品的要求；

f. 评价检测结果质量是否满足要求的准则；

g. 实施纠正和纠正措施的要求；

h. 定期总结报告 IQC 数据和结果的方式。

③ 分析系统核查要求。在分析系统核查方面应有下列内容：

a. 对质控样品的要求；

b. 控制图的种类和建立方法；

c. 使用控制图的要求和评价的方法；

d. 采取纠正和纠正措施的要求。

（10）测量不确定度评价　测量不确定度的评定过程和结果记录。检测中重新评定测量不确定度的要求。

（11）检测原始记录内容要求　应给出检测原始记录中记录内容的详细要求。适当时，可在 SOP 中设计检测原始记录标准格式。

（12）快速程序指南　必要时，应有简要描述检测方法的快速指南。

项目小结

标准化与标准化法规

标准与标准化、标准的分类和标准体系、标准化法规体系。

标准的制定与实施

制定标准的原则和程序、试验方法标准的编写原则和编写方法、标准的实施与监督、企业标准化的作用和体系。

质量管理标准化

质量、质量特性、标准中的质量要求、质量管理、全面质量管理等概念，质量管理体系标准、ISO 9001、ISO/IEC 17025。

练一练测一测

任务一

1. 解释下列名词：标准化、标准、层级分类法、国际标准、区域标准、国家标准、行业标准、地方标准、企业标准、试验标准。
2. 标准化的特点有哪些？
3. 标准化的对象是什么？
4. 标准化作用有哪些？
5. 我国对实施应用的标准是如何分级的？

任务二

1. 解释下列名词：标准物质、有证标准物质、标准样品、企业标准体系。
2. 标准制定一般要求有哪些？
3. 标准制定的原则是什么？
4. 制定标准的一般程序是什么？
5. 编写标准的原则是什么？
6. 标准的结构有哪些？
7. 试验方法标准的必备要素有哪些？
8. 编制分析检验操作规范的目的是什么？
9. 编制化学检验操作规范的基本要求是什么？
10. 标准实施的意义有哪些？
11. 标准实施的一般程序是什么？
12. 标准实施的一般形式有哪些？
13. 标准实施的监督有哪几种形式？
14. 企业标准化的地位和作用是什么？
15. 企业标准化工作的基本任务是什么？
16. 标准体系的基本特点是什么？
17. 企业标准体系表的编制原则是什么？

任务三

1. 解释下列名词：质量、质量特性、质量管理、全面质量管理。
2. 质量要求内容有哪些？
3. 制定质量要求的注意事项有哪些？
4. ISO 9001：2015 的结构有哪些变化？
5. ISO/IEC 17025：2017 的结构分为几大类？

项目四
实验室认可及检测检验机构资质认定

项目引导

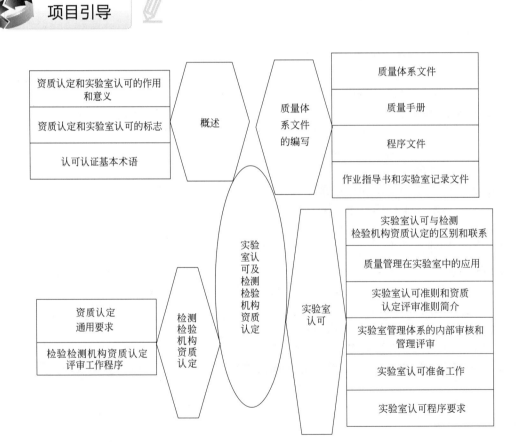

　　这一天小王同学在企业质检部门口看到上面有几块牌子：资质认定合格单位、检测检验机构资质认证单位、CNAS认可单位。此时正好遇到学校实习指导赵老师，赵老师指着这几块牌子说，没有这些牌子，许多检验就没法做。资质认定是所有的检测机构都必须合格的，检测检验机构资质认定是对外出具第三方数据时必须的，CNAS认可是产品出口时必须要有的。

任务一 概　　述

> **任务要求**
> 1. 了解资质认定和实验室认可的作用和意义。
> 2. 了解资质认定和实验室认可的标志。
> 3. 熟悉认可认证基本术语。

一、资质认定和实验室认可的作用和意义

省级以上政府计量行政部门可依据《中华人民共和国计量法》的规定对产品质量检验机构的计量检定、测试能力和可靠性、公正性进行考核，证明其是否具有为社会提供公正的数据的资格。认证的对象可分为计量检定机构、产品质量检验机构和计量器具生产企业三种。这之前称为计量认证。2019年3月28日中国国家认证认可监督管理委员会发布的2019年认证认可检验检测工作要点中明确说明取消产品质量检验机构授权（CAL），即取消了计量认证。

现在计量认证已包括在检验检测机构资质认定中。资质认定，是指省级以上质量技术监督部门依据有关法律法规和标准、技术规范的规定，对检验检测机构的基本条件和技术能力是否符合法定要求实施的评价许可。评审依据为《检验检测机构资质认定能力评价　检验检测机构通用要求》。资质认定能促进检验检测机构提供准确、可靠的检测数据，保证检测数据一致准确，保护国家、消费者和生产者的利益，同时也是为了帮助有关技术机构提高工作质量，树立起检测机构的信誉，为在国际上相互承认检测数据，促进商品出口创造条件。资质认定，分为省级和国家级的。国家级资质认定由中国国家认证认可监督管理委员会负责组织评审和发证，省级资质认定一般由检验检测机构所在地省级质量技术监督局负责组织评审和发证。

为了使检测质量得到社会认可，参与国内外竞争，实验室除了申请资质认定之外，还有必要申请实验室认可。实验室认可是指"权威机构对实验室有能力进行规定类型的检测和（或）校准所给予的正式承认"。这句话包含了三个含义：第一，认可的实施组织是权威机构；第二，具备法律地位或能够承担法律责任的实验室可根据需要自愿申请认可；第三，由有资质的评审员和专家进行评审。我国统一负责校准和检测实验室资格认可以及承担已获认可实验室日常监督的国家认可机构是中国合格评定国家认可委员会（CNAS）。

实验室认可的依据为CNAS-CL01：2018《检测和校准实验室能力认可准则》。这个准则等同采用国际标准ISO/IEC 17025《检测和校准实验室能力的通用要求》，与国际标准要求相同。通过实验室国家认可有如下几方面的益处：

① 表明认证机构符合认可准则要求，并具备按相应认证标准开展有关认证服务的能力；

② 增强认证机构的市场竞争能力，赢得政府部门、社会各界的信任；

③ 取得国际互认协议集团成员国家和地区认可机构对认证机构能力的信任；

④ 便于参与国际和区域间合格评定机构双边、多边合作交流；

⑤ 可在获认可业务范围内颁发带有CNAS国家认可标志和国际互认标志（仅限QMS、EMS、P、FSMS）的认证证书；

⑥ 列入获得CNAS认可的认证机构名录，提高认证机构知名度。

实验室认可是国际通行做法。在国际贸易中,"一次检测、全球互认"的设想很快就会实现。实验室认可在国内和国际上已被高度视为技术能力的可靠表征。在很多行业,检测任务交由通过认可的实验室来完成已成为目前的通常方式。

二、资质认定和实验室认可的标志

1. 检验检测机构资质认定符号

检验检测机构资质认定标志,由 China Inspection Body and Laboratory Mandatory Approval 的英文缩写 CMA 形成的图案和资质认定证书编号组成。式样见图 4-1。

2. 实验室认可标志

获准认可的实验室由中国合格评定国家认可委员会授予资格证书,并允许实验室在其出具的检验报告或校准证书上使用"中国合格评定国家认可委员会"。原中国实验室国家认可委员会 CNAL(现改名中国合格评定国家认可委员会 CNAS)于 2001 年 1 月 31 日与国际实验室认可合作组织(ILAC)签署了多边相互承认协议"ILAC-MRA"(ILAC Mutual Recognition Arrangement),并于 2005 年 1 月获得了 ILAC 批准使用 ILAC-MRA 国际互认标志的许可,这表明经过 CNAS 认可的检测实验室出具检测报告使用 CNAS 标志的同时也可使用 ILAC-MRA 标志。认可标志见图 4-2。

×××××××

图 4-1 检验检测机构资质认定标志

M4-1 CNAS-CL 01:2018《检测和标准实验室能力认可准则》

图 4-2 中国实验室国家认可标志(左图为 ILAC-MRA 国际互认标志,右图为实验室认可标志)

一般而言,只有获得国家实验室认可的检验机构,才可受托从事国家级强制抽检。总之,企业在选择检验机构时,可根据其出具的检测报告上所标示的标志和证书编号来判断其权威性。

三、认可认证基本术语

(一)与质量有关的名词术语

1. 产品

产品的定义为:过程的结果。这个定义对人们生活中"产品"的概念进行了很大程度的延伸和扩展。按此定义,"产品"不再限于有形的实物,而应包括无形的产物。对检测和校准实验室来说,其产品就是检测校准的数据和结论。

2. 过程

过程的定义为:一组将输入转化为输出的相互关联或相互作用的活动。过程是活动,而且是一系列相关的活动，孤立的或彼此不相关的活动不能称为过程。过程可以分为两类：自然过程和行为过程。自然过程没有行为主体，完全按自然规律进行，例如化学反应；行为过程的主体是人，要按预先设定的计划、步骤、方法、要求进行，例如岗位培训。过程有输入，例如，化学反应的各种初始物质、岗位培训的教材等；过程有输出，例如，化学反应的终了物质或现象、岗位培训合格与否的结论等。实验室的工作可以分解为很多过程，例如，人员培训过程、文件制定和控制过程、内部审核过程、量值溯源过程、抽样过程、样品制备过程、测量分析过程等。总之，实验室的运作是以过程为基础的。

3. 程序

程序的定义为：进行某项活动或过程所规定的途径。所谓途径就是预先设定的计划、步骤、方法、要求。程序可以口头规定甚至仅存于某人的思想中，更多的情况是采用文件的形式规定，即书面程序或形成文件的程序。含有程序的文件称为程序文件。

4. 偏离

偏离的定义为：与规定不一致。偏离是指偏离既定的政策和程序。偏离不一定不满足要求，因为满足要求可以有多种途径，而既定的政策和程序不一定是满足要求的唯一途径。

5. 要求

要求包括标准规范的要求和客户的要求，这两方面的要求都应该满足。不同的客户可能会有不同的甚至相反的要求，那就要用不同的产品满足不同客户的要求，产品的多样化是产品质量高的广义表现。

满足要求是有限度的，不合理的要求无法满足，不正当的要求不能满足，合理正当的要求应当满足。随着科学技术的进步，产品满足要求的程度应该是日趋增强的。

6. 不合格

不合格的定义为：未满足要求。不合格指的是产品未满足要求，即产品质量不合格。

7. 不符合工作

不符合工作的定义为：实验室或其员工的行为与规定不一致或行为的结果未能满足预定的要求。不符合工作是指实验室本身工作不符合情况，而不是所检测或校准对象不合格情况。

8. 体系

体系的定义为：相互关联或相互作用的一组要素。要素可以是人员、设备、环境等资源性的硬件，可以是工作过程，也可以是组织、职责、程序、方法等管理性的软件。孤立的要素不能构成体系，相互没有联系或作用的一批要素也不能构成体系。体系是为了实现某个目的而有机结合起来的一组要素。

9. 管理

管理的定义为：指挥和控制组织协调的活动。指挥即"令"，即各级管理者对被管理对象应履行职责和预期行为的要求；控制即"禁"，即对被管理对象的职责范围和行为准则的限制。在军事行动中严格强调"令行禁止"，是完全必要的。实验室虽然不可能也没必要实施军事化管理，但开展并实现协调一致的管理活动也是很重要的。

10. 管理体系

管理体系的定义为：建立方针和目标并实现这些目标的体系。任何管理体系都是为了实现某种目的而构建的。工厂的目的是生产合格产品，学校的目的是培养合格的学生，商店的目的是销售顾客喜欢的商品，实验室的目的是提供可靠的检测数据，这些组织都有与其利益相关的方针和目标，都需要为实现目标建立相应的管理体系。目标不同，管理体系也不相同。例如，甲乙两个同样类型的分析检测实验室，甲的目标是达到世界一流的检测水平，乙的目标仅是给本单位提供可靠的检测数据和客观公正的结论，那么这两个实验室的管理体系会有很大的差距。

11. 质量方针

质量方针的定义为：组织的最高管理者正式发布的该组织总的质量宗旨和方向。质量方针要由组织的最高管理者发布，这样强调是因为质量方针代表了最高管理者的经营理念。最高管理者首先自己要明确方针是什么，如果总的方针不明确，政策就会模糊，管理就会失去尺度。正式发布方针的目的是为了表明最高管理者坚定的信念，同时也要求全体员工理解并为之奋斗。宗旨和方向体现了质量方针的政策性和纲领性。需要指出的是，"质量第一"这个口号并不适合质量方针，因为"第一"意味着不惜一切代价，而质量要讲究成本，成本太高的质量方针再好也不足取。

12. 质量目标

质量目标的定义为：在质量方面所追求的目标。方针给目标提供了框架，目标是方针的具体体现。一个组织的总质量目标可以在各个相关职能层次上展开，必要时可以量化，但是，对于实验室来说这样做可能会有些困难。

13. 质量控制

质量控制的定义为：质量管理的一部分，致力于满足质量要求。质量控制与质量策划、质量保证、质量改进共称为质量管理的四大支柱，或四个主要的质量管理活动。质量控制定义比较抽象，不易理解。可以引用自然科学中的过程控制理论："致力于满足质量要求"。对实验室来说，是指将检测和校准看作一个过程加以控制。首先设定控制的对象以及允许变化的范围，例如测量参数及精密度、准确度等，然后选择控制方法并加以实施，例如监督、比对、验证等；最后对控制结果进行判断，超出预期值则为失控，在允许范围内则为受控。实验室要对失控原因进行分析，寻求改进。

14. 质量保证

质量保证的定义为：质量管理的一部分，致力于提供质量要求得到满足的证据。这个定义中的"保证"与日常生活中的"保证"含义有所不同。后者含有"采取措施以达到某种要求"的意思，而前者仅是提供"得到满足的证据"，有些类似于汉语的"担保"。所以质量保证与质量控制两个词常常容易混淆，应该引起注意。

15. 质量改进

质量改进的定义为：质量管理的一部分，致力于增强满足质量要求的能力。改进的重点在于提升能力。产品质量本身也是要改进的，但此定义更强调能力的提升。

16. 持续改进

持续改进的定义为：增强满足质量要求的能力的循环活动。持续改进就是不断地改进，改进是无止境的，持续改进是企业永恒的目标。

17. 纠正

纠正的定义为：消除已发现的不合格（或不符合）所采取的措施。纠正是对不合格（或不符合）现象的处置和补救，不涉及产生不合格（或不符合）的根本原因。例如，改正检测报告中的错误，使其能够得到批准发布的行为就属于纠正。仅仅靠纠正不能避免检测报告中出现严重的错误，也不能避免类似的不合格（不符合）继续发生。

18. 纠正措施

纠正措施的定义为：消除已发现的不合格（或不符合）或其他不期望情况的原因所采取的措施。采取纠正措施要从调查问题的根本原因开始，例如，上述"检测报告中出现严重错误"这样一个不符合工作，由调查分析可知其根本原因是检测人员没有认真校核数据，针对这个原因采取的措施是，制定校核程序，明确校核的步骤和要求，规定检测人员不得自己校核自己的数据等。这些措施就属于纠正措施。用中医的话来说，纠正是"治标"，纠正措施是"治本"。

19. 预防措施

预防措施的定义为：消除潜在不合格（或不符合）或其他不期望情况的原因所采取的措施。预防措施是不合格发生前采取的措施，是有预见的行为。用中国人的成语来说，纠正措施是"亡羊补牢"，而预防措施则是"未雨绸缪"。

（二）与认证认可有关的名词术语

1. 检验检测机构与实验室

检验检测机构是指依法成立，依据相关标准或者技术规范，利用仪器设备、环境设施等技术条件和专业技能，对产品或者法律法规规定的特定对象进行检验检测的专业技术组织。以前称为实验室。

CNAS是这样定义实验室的：从事下列一个或多个活动的机构，检测、校准、与后续检测或校准相关的抽样。按照承担任务的性质，实验室可分为检测实验室和校准实验室。

2. 检验

检验的定义为：通过观察和判断，必要时结合测量、试验或估计所进行的符合性评价。检验包括测量、比较、判定三个过程。

3. 试验（检测、测试）

试验（检测、测试）的定义为：按照程序确定合格评定对象的一个或多个特性的活动。试验不需要给出符合性评价，所以不给合格与否结论的报告应称为"试验报告（或检测报告）"，而给出合格与否结论的报告应称为"检验报告"。

4. 验证

验证的定义为：提供客观证据，证明给定项目满足规定要求。验证适用时，宜考虑测量不确定度。项目可以是，例如一个过程、测量程序、物质、化合物或测量系统满足规定要求，如制造商的规范。在国际法制计量术语（VIML）中定义的验证，以及通常在合格评定中的验证，是指对测量系统的检查并加标记和（或）出具验证证书。在我国的法制计量领域，"验证"也称为"检定"。验证不宜与校准混淆。不是每个验证都是确认。在化学中，验证实体身份或活性时，需要描述该实体或活性的结构特性。验证是一种合格评定活动，通常运用技术操作获得客观证据以证实某项事务满足要求。例如，变换方法进行验算，与已证实的方法比较、试验或演示，样品复测等，并将这些技术操作的结果与规定的要求进行比较，得出是否满足要求的结论。验证试验即实验室认可中的验证试验是通过实验室间的比对试验检查其试验能力的一种方法，它是初始实验室评审阶段不能获得的一种附加信息，同时也是对实验室能力继续进行监督的一种手段。

5. 确认

确认的定义为：对规定要求满足预期用途的验证。确认与验证含义很相近，确认从外文翻译成中文也时而译成验证，所以读者也不必仔细地去探究它们的区别。一般的理解是，验证主要是通过技术操作提供客观证据，验证的对象是局部的（某个具体过程的结果），验证的内容是阶段性要求；而确认可以采用评价、评审、试用或试运行等方式（当然也包括技术操作），确认的对象是最终的，确认的内容是预期的使用要求。

6. 审核

审核的定义为：为获得审核证据并对其进行客观的评价，以确定满足审核准则的程度所进行的系统的、独立的并形成文件的过程。

7. 评审

评审的定义为：为确定主题事项达到规定目标的适宜性、充分性、有效性所进行的活动。"主题事项"是指要评价的对象，可以是实物，例如样品、委托单、合同等；也可以是软件、过程或程序，例如计算机操作软件、检测程序、人员培训过程等；也可以是体系，例如质量体系、安全体系、环境体系等。评审的内容是适宜性、充分性、有效性。适宜性即是否适合当前时宜，充分性就是够不够，有效性即是否达到预期的效果。评审要紧扣这三个"性"来进行。实验室评审是为评价实验室是否符合实验室认可准则而进行的一种检查。

8. 认可权威机构

实验室认可是对校准/检测实验室是否有能力进行指定类型的校准/检测所作的一种正式承认。认可条件是申请方为获得认可资格必须满足的全部要求。申请方是正在寻求认可的机构。已认可机构即已获得认可资格的机构。

9. 检查

对产品设计、产品、服务、过程或工厂核查，并确定其相对于特定要求的符合性，或在专业判断达到基础上，确定相对于通用要求的符合性。检查机构即从事检查活动的机构。

10. 申请书

它是认可机构为了方便认可工作的管理专为申请认可的实验室制订的表格化文件，其中包括申请认可实验室要的认可准则、认可规则程序以及认可机构希望了解的有关信息资料。申请认可实验室就其实际情况逐项如实详细填写，最后由其法定代表人签发，作为向认可机构提出申请认可的正式步骤。

11. 认可准则

它是认可机构制定的，用于认可实验室组成的要求，各国要求不尽相同。根据我国实际情况，下面的要求基本覆盖所有要素的内容：

① ISO/IEC 17025《检测和校准实验室能力的通用要求》，实验室评审表，实验室评审细则等；

② 认可机构颁发的认可规章、条例的相应要求；

③ 实验室申请认可"标准"和"检定规程"中的相应条件等。

12. 现场评审

实验室的现场评审是认可机构所委派的专家评审组按认可准则对实验室的能力和实际动作进行现场检查、评价，并提出相应评审报告的过程。

13. 现场评审报告

它是评审组对应评实验室的现场检查评审实际情况向认可机构提供的书面报告，它包括结论及其缺陷的细节。

思考与练习

1. 讨论资质认定和实验室认可的作用和意义。
2. 比较检验检测机构资质认定和实验室认可的标志。

任务二 质量体系文件的编写

任务要求

1. 了解质量体系文件的构成和作用。

2. 了解质量手册、程序性文件、规范、作业的指导书、质量记录、表格和报告的组成与编写。

实验室需要建立文件化的质量体系,而不只是编制质量体系的文件。质量体系文件化的作用是便于沟通意图、统一行动,有利于质量体系的实施、保持和改进。所以,编制质量体系文件不是目的,而是手段,是质量体系的一种资源。因此,实验室质量体系文件的方式和程度必须结合实验室的规模、检测/校准的难易程度和员工的素质等方面综合考虑,不能找个模式照抄硬搬,也不必抄标准的条款。

M4-2　质量体系文件

一、质量体系文件

质量体系(QS)是为实施质量管理所需的组织结构、程序、过程和资源(ISO 8402)。而在新的标准中,用质量管理体系来代替质量体系。新定义从"体系"的角度加以规定,说明质量管理体系是建立质量方针和质量目标,并实现这些目标的一组相互关联或相互作用的要素的集合。新定义更加强调质量管理体系的各项活动是为了实现质量方针和质量目标,以及各要素之间的相互联系,使该术语更简明、科学,操作性也更强。

质量管理体系把影响报告/证书质量的各种技术、管理、资源等因素都综合在一起,使之为了一个共同的目的——在质量方针的指导下,达到质量目标而相互配合、努力工作。质量管理体系包括硬件和软件两大部分(在 ISO/IEC 17025 标准中给出的是管理和技术要求两个部分)。实验室在进行质量管理时,首先要根据质量目标的需要,准备必要的条件(人员、设备、设施、仪器、环境等资源),然后通过设置组织机构、分析确定开展检测/校准所需的各项质量活动(过程),分配、协调各项活动的职责和接口,通过程序的编制给出从事各项质量活动的工作流程和方法,使各项质量活动(过程)能经济、有效、协调地进行,这样组成的有机整体就是实验室的质量管理体系。显然,质量管理体系含有质量体系的内容,但由于 ISO/IEC 17025 标准仍采用质量体系的称呼,因此在本书中也以质量体系给出,但内容上已包含了质量管理体系的概念。

1. 质量体系文件的定义

质量体系文件是描述质量体系的一套文件。质量体系文件是实验室工作的依据,是实验室内部的法规性文件。

质量体系文件是对体系的描述,必须与体系的需要一致。在策划质量体系时,应按标准的要求结合实验室的实际需要,策划质量体系文件的结构(层次和数量)、形式(媒体)、表达方式(文字和图表)与详略程度。如一个较小的实验室,过程也比较简单,就可以仅在手册中对过程或要素做出描述,并不一定再需要其他文件指导操作;而一个大型实验室,检测/校准类型复杂、领域宽、管理层次多,则体系文件必须层次分明,还需要增加一些指导操作的文件。实验室不论是初次建立质量体系文件,还是因标准更新对体系文件进行修订,都应以原有的各类文件为基础,以实施质量体系和符合认可准则要求为依据进行调整、补充和删减,纳入质量体系的受控范围,按标准要求进行控制。

质量体系文件的特点是具有法规性、唯一性和适用性。

2. 质量体系文件的层次和编写原则

(1) 质量体系文件的层次　一般实验室应首先给出质量体系中所用文件的架构,也就是质量体系文件的层次。质量体系的文件一般包括:质量手册、程序性文件、规范、作业的指导书、质量记录、表格和报告等。ISO/IEC 17025:2017 已取消了对质量手册和程序性文件的硬性要求。考虑到现在大多数实验室还是按原来的规定使用质量手册和程序文件,这里还介绍质量手册。

如图 4-3 所示，质量手册是层次 A 的文件，是一个将认可准则转化为本实验室具体要求的纲领性文件。因为认可准则是通用要求，要照顾到各行各业的需要，而各实验室有自己的业务领域、自身的特点，所以必须进行转换。手册的精髓就在于有自身的特色，它是供实验室管理层指挥和控制实验室使用的（质量手册的具体内容将在后面做进一步的讲解）。层次 B 为程序文件，是为实施质量管理的文件，主要供职能部门使用。层次 C 是作业指导书，它是指导开展检测/校准的更详细的文件，是供第一线业务人员使用的。而各类质量记录等则是质量体系有效运行的证实性文件，为层次 D。显然，不同层次文件的作用是各不相同的。要求上下层次间相互衔接，不能有矛盾；下层应比上层更具体、更可操作，要求上层次文件应附有下层支持文件的目录。

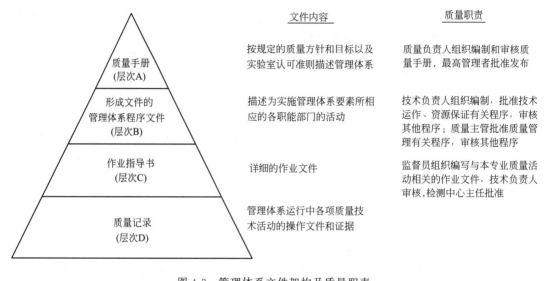

图 4-3　管理体系文件架构及质量职责

（2）质量体系文件的编写原则　编写质量体系文件要按照质量体系文件的编写实施计划的内容要求进行。尽管这个计划可能在实施过程中要进行必要的调整和修订。

质量体系文件应从检验机构的整体出发进行设计、编制。对影响检测质量的全部因素进行有效的控制，接口要严密，相互协调，构成一个有机整体。

质量体系文件不是对质量体系的简单描述，而是对照《评审准则》，结合检验工作的特点和管理的现状编写，应做到科学合理，这样才能有效地指导检验工作。

编写质量体系文件的目的在于贯彻实施，指导实验室的检验工作，所以编写质量体系文件时始终要考虑到可操作性，便于实施、检查、记录、追溯。下面介绍质量体系四个层次文件的完善和制订。

二、质量手册

M4-3　质量手册

1. 质量手册的作用

按照 ISO 9001：2015 中的定义，质量手册是"规定组织质量管理体系的文件"。定义还有一个注解："为适应组织的规模和复杂程度，质量手册在其详略程度和编排格式方面可以不同"。可以看出，质量手册是说明质量检验机构或检测实验室的测试能力、工作范围和检验公正性的文件，它如实地反映了该机构或该实验室的测试水平和管理水平。质量检验机构或检测实验室通过质量手册阐明它所从事的检验项目、应用的产品标准或卫生标准、标准方法、拥有的检测仪器和设备的功能、测量范围、测量不确定度及保持其准确度的措施、检测人员的技术水平和工作能力、检测环境与所从事检验工作要求的符合程度、所采用的保证检验工作质量的措施。除此以外，还应公开声明对所有客户提供相同质量的服务，保证公正地从事检验工作。

质量手册为全体工作人员提供了一套完整的工作规范和工作制度，使他们有章可循。因此，它是一个指导检测工作的文件，是控制检测工作质量，最大限度地发挥检测能力的有力工具。

由于质量手册全面地、系统地反映了机构的检验测试能力和管理水平，因而也反映了它的工作质量。因此，它是资质认定评审中判断质检机构或检测实验室能否完成其所申请的检验项目，能否通过资质认定的重要依据之一。

当质量手册用于管理的目的时，可称为质量管理手册，质量管理手册仅为内部使用；当质量手册用于质量保证的目的时，可称为质量保证手册，质量保证手册可用于外部目的；同一体系的质量管理手册和质量保证手册在内容上没有矛盾。

2. 质量手册编写原则

产品质量检验机构或检测实验室的工作质量优劣的最终体现是检测报告的质量。因此，编写质量手册时应把整个检验过程看作一个系统工程，对影响检测质量的全部因素进行有效的控制。

质量手册应能充分体现产品质量检验机构或检测实验室检测工作的公正性、科学性和先进性。

现在的产品质量检验机构或检测实验室的质量手册已跟实验室认可一致，下面就以实验室认可的质量手册为例进行介绍。

3. 质量手册的结构和编码

（1）质量手册的常见结构　质量手册一般由以下几部分组成：封面、目录、法人代表的公正声明、检测中心最高管理者公正性声明、委托代理授权书、质量手册发布令、检测中心的行为准则和规范、检测中心员工行为准则、检测中心概况、质量方针、目标和承诺、质量手册管理、范围、引用标准、术语和定义、管理要求、技术要求、附录、文件变更记录。

（2）质量手册的编码　质量手册应按章、节、条款编写，编码亦以章、节、条款、页来编码。为了方便今后的修改，不能采用连续页数的总页数来编码，装订时还应装成活页。

（3）质量手册的编写内容　质量手册应按照质量手册目录编写。

第0章主要内容为法人代表的公正声明、检测中心最高管理者公正性声明、委托代理授权书、质量手册发布令、检测中心的行为准则和规范、检测中心员工行为准则、检测中心概况、质量方针、目标和承诺、质量手册管理。在公正性声明中体现出对所有客户能保证同样的检测服务水平；检测人员不得从事与检测业务有关的开发工作，不得将客户提供的技术资料、技术成果用于开发；对客户要求保密的技术资料和数据要能做到保密；检测工作不受各级领导机构的干扰等内容。

第1章"范围"中，简要介绍实验室检测的通用要求，检测包括应用标准方法、非标准方法和实验室制定的方法进行的检测和校准，主要从事的工作，手册适用范围。

第2章"引用标准"，陈述本质量手册对于相关文件的应用不可缺少，当相关文件更新时，应引用相关文件的最新版本（包括任何的修订），并列出相关的标准。实验室出具的检测数据应均能溯源到中国国家计量基准。

第 3 章 "术语和定义"。往往使用 ISO/IEC 17000 和 VIM 中给出的相关术语和定义。

第 4 章 "通用要求"中对实验室公正性与保密性提出了详尽的要求：实验室应公平开展实验室活动，不断识别影响公正性的风险，并消除或最大程度减小风险；实验室应出具具有法律效力的保密性承诺，为信息提供方保密，实验室人员、外部机构人员（如维修员、评审员）代表企业的个人（如律师、财务）都需要对在实验室所获得信息保密，但当法律规定时不保密。

第 5 章 "结构要求"中包括实验室应确定管理层，包括最高管理者、质量主管、技术负责人；新增可在客户的设施中实施的实验室活动；新增了实验室应将程序形成文件的程度，以确保实验室活动实施的一致性和结果有效性，其中一致性和有效性就是结果的复现性与准确性。

第 6 章 "资源要求"中包括实验室的资源，就是开展活动所需检测人员、设施和环境条件、设备（机）、计量溯源性、外部提供的产品和服务等支持性服务。

第 7 章 "过程要求"是实验室开展实验从起始的合同到最终结果报告及后续反馈的要求，即与实验及结果有关的所有过程，过程要求的标书和合同评审、方法的选择验证和确认、抽样、检测或校准物品的处置、技术记录、测量不确定度评定、确保结果有效性、报告结果、投诉、不符合工作、数据控制和信息管理 11 条要求的顺序即是开展实验过程的顺序。

第 8 章 "管理要求"提出实验室应按方式 A 或方式 B 实施管理体系，并对其进行内容要求描述；包括管理体系文件、管理体系文件的控制、记录控制、应对风险和机遇的措施、改进、纠正措施、内部审核、管理评审。

附录部分有公司组织机构图、公司实验室组织机构图，质量职责分配一览表，授权签字人及签字识别，关键岗位人员任命书，程序文件目录，质量管理体系保证图，检测工作流程图，实验室人员一览表，检测中心平面图，职责和权限。应画出能表示实验室内外部关系和内部组织关系的组织机构框图；当实验室不是独立的法人实体时，要清楚地表示实验室与母体法人单位及其平行机构之间的关系。

发布和实施质量手册的通知应由该质量检验机构的最高领导如站长或主任等签署发布，与国际接轨最好是签字而不是打印，同时要有日期。其内容主要是阐明该机构所承担的检测工作的重要性，责任重大，为加强并完善该机构的质量管理体系，保证检测工作的公正性、科学性、权威性，根据国际有关的法律和法规，编制质量手册，质量手册是开展工作的指导性文件，自发布之日起全体人员必须遵循执行。在执行过程中发现手册的内容需要修改或补充时，应按规定程序进行修订或换版。

三、程序文件

M4-4　程序文件

1. 程序文件的作用

程序的定义是："为进行某项活动或过程所规定的途径"。程序这个概念的应用很广，因为从活动（或过程）的内涵来看，大至检测/校准的全过程，小至一个具体的作业都可称为一项活动，而活动所规定的方法都可称为"程序"。对质量体系的程序来说，都要形成文件。CNAS—CL 01：2018 的 5.5 规定"实验室应将程序形成文件的程度，以确保实验室活动实施的一致性和结果有效性为原则"。形成文件的目的是便于对质量体系要素所涉及的关键活动进行连续而适当的控制。程序不仅仅是实施一项活动的步骤和顺序，还包括对活动产生影响的各种因素。内容有活动（或过程）的目的、范围以及由谁做，在什么时间、什么地点做，怎么样做以及其他相关的物质保障条件等。一个程序文件对以上诸因素做出明确规定，也就是规定了活动（或过程）的方法。因此，在质量体系的建立和运行过程中，要通过程序文件的制定和实施，对质量体系的直接和间接质量活动进行连续适当的控制，以此手段保证质量体系能持续有效地运行，最终达到实现实验室的质量方针和质量目标的目的。

程序文件是质量手册的基础，是质量手册的支持性文件，是手册中原则性要求的展开与落实。因此，编写程序文件时，必须以手册为依据，要符合手册的规定与要求。程序文件应具有承上启下的功能，上承质量手册，下接作业文件，应能控制作业文件并把手册纲领性的规定具体落实到作业文件中去，从而为实现对报告/证书质量的有效控制创造条件。

质量体系涉及的要素都应形成书面程序。在编制程序文件时要注意内容与质量手册的规定相统一。强调程序文件的协调性、可行性和可检查性。程序文件对质量体系所涉及的各个部门的职能活动应做出具体的规定。

2. 程序文件的格式

程序文件的格式通常包括：封面、刊头、正文、刊尾等。

（1）封面　程序文件的封面包括实验室的名称和标志、文件名称、文件编号、拟制人、批准人及日期、颁布日期、生效日期、修改状态/版号、修改记录（可设修改页）、受控状态/保密等级及登记号。

（2）刊头　在每页的上部加刊头，便于文件控制和管理。

（3）正文　正文描述开展质量活动的目的、适用范围、职责、工作程序、相关文件。

① 目的和适用范围。简要说明开展此项活动的作用和重要性以及涉及的范围。

② 职责。明确实施此项工作的有关部门的职责和关系。

③ 工作程序。列出活动（或过程）顺序和细节，明确各环节的"输入-转换-输出"。即应明确活动（或过程）中资源、人员、信息和环节等方面应具备的条件，与其他活动（或过程）接口处的协调和措施；明确每个环节的转换过程中各项因素由谁干、什么时间干、什么场合干、干什么、干到什么程度、怎么干、如何控制以及所要达到的要求，所需形成的记录、报告和相应签发手续。注明需要注意的任何例外或特殊情况，必要时辅以流程图。

④ 相关文件。开展此项活动（或过程）涉及的文件，引用标准/规程以及使用的表格等。

示例：

① 目的。在不影响检验结果的公正性及准确性的情况下，为满足客户或其他单位要求而采取偏离方针、程序或标准的措施。

② 适用范围。适用于在例外情况下偏离方针、程序或标准。主要包括：检验工作所依据的检验标准规定不详细或有印刷错误或有效版本由于出版、印刷、发行的延误致使标准实施日期已过仍未得到时；由于检验工作的急迫或无法中断，仪器检定无法按计划安排，设备超过检定周期；抽样或外部现场试验工作人员的例外情况下与执行程序规定的不相符等。

③ 职责。主要包括三方面：质量负责人为此项工作负责；技术负责人对技术问题负有审批把关责任；发生例外情况部门的相关人员负责提出并采取措施。

④ 工作程序。程序包括以下几点：当检验不能按正规条件进行，而且中心还需为客

户或其他单位提供服务时，中心有关人员应以书面形式说明偏离原因，填写例外情况审批表。出现例外情况的相关人员应填写："原检验应……，现检验……"，交质量负责人审核。

由质量负责人组织中心质量保证小组讨论研究并确定处置方案和工作细则，并由质量负责人报技术负责人审核、批准。

由发生例外情况部门负责按处置方案或工作细则和检验程序执行。

批准后的处置方案和工作细则由综合管理室归档，保存期为三年。

⑤ 相关文件。引用文件检验程序；相关表格；例外情况审批表。

（4）刊尾　在必要时说明有关情况（如文件编制或修订的说明）。

3. 程序文件的内容

在质量体系文件中，程序文件是最重要的组成部分，它是全体员工的行为规范和工作准则。根据 ISO/IEC 17025 标准的要求，基本包括 30 个程序。此外，有些要素虽未提出程序要求，但都有控制要求，可能需要结合实验室特点编制相应程序文件，如分包控制程序、报告/证书质量控制管理程序等。也可根据实际情况加以删减；也可将几个程序合并，只要覆盖了标准的要求，都是可以接受的。

四、作业指导书和实验室记录文件

（一）作业指导书

1. 作业指导书的结构、格式和内容

作业指导书可以是标准、规范、指南，也可以是图表、图片、模型、录像等；结构上可采用标准格式，也可采用非标准格式。实验室最常用和使用最多的作业指导书，是详细的书面描述文件，如市场抽查检验细则、统检细则、抽样细则、样品制备（准备）指令、仪器设备操作规程等。

作业指导书的结构和格式一般不宜统一为一种结构和格式，但为避免混乱和不确定性，在一个组织内，可以对各类作业指导书规定各自的结构和格式，以保持作业指导书的格式或结构的一致性。无论采用何种格式或组合，作业指导书内容的表述顺序应当与作业活动的顺序相一致，准确地反映要求及相关活动。作业指导书的结构、格式以及详细程度应当适合于组织中人员使用的需要，并取决于其描述活动过程的复杂程度、使用的方法、实施前的培训时间与深度，以及具体操作执行人员的技术水平、技能和资格等。

作业指导书应包含以下几方面的内容。

（1）标题和封面　作业指导书应该有明确的标题，即明确写明其描述活动过程的名称，一般可采用"作业活动名称＋作业指导书"或"作业活动名称＋作业规程/规范"的结构。如设置封面，则应在封面上写明编号、起草人、审核人、批准人、批准日期及修订状态；若无封面，则这些内容应写在标题下方。

（2）目的和范围　作业指导书首先应写明其适用的作业范围及不适用的作业范围；其次应简洁地说明编制目的或其实施目标，即为什么要编制该作业指导书，通过编制作业指导书要达到什么样的目标。

（3）作业内容与要求　作业内容与要求是作业指导书的主体，应当具体、准确地反映作业内容与要求及相关活动。同时，作业指导书内容的表述顺序应与作业活动的顺序相一致。必要时，可用图或表，以便于理解。作业指导书的文字应通俗易懂，尽可能量化，用数据说话，以便作业人员有唯一正确的理解，实施后确保过程质量的控制。

2. 编写作业指导书的注意事项

① 作业指导书设计和编写应符合单位的质量手册的规定，作业指导书所规定的程序应符合单位的实际，包括环境、检验仪器设备、检验范围的要求。

② 一项活动只能规定唯一的程序，只能有唯一的理解，因此一项作业只能规定一个作业指导书，并且不能使用作业指导书的无效版本。

③ 作业指导书一旦批准实施，就必须认真执行；如需修改，须按质量手册的规定程序进行。

针对每一项试验的仪器操作方法应该在作业指导书中得以体现，需要在作业指导书中针对单位的具体情况，选用符合标准要求的仪器设备。在产品标准或检测方法标准中经常会遇到这种情况，对同一检测项目，规定了不止一种检测方法。在作业指导书中就应根据单位具体情况规定使用哪一种方法。按照资质认定通用要求的规定，作业指导书应具有法规性、唯一性、适用性的特点。仪器设备更换，标准规范修订改版都可能导致相应的作业指导书不适用，需对作业指导书作出修订，保证其适用性。

总之，编写作业指导书的目的就是使每个检测人员进行同一项试验时，采用同样的方法、同样的仪器设备，最终得出同样的检测结果。

3. 作业指导书的完善

所谓作业指导书是用以指导某个具体过程、事物所形成的技术性细节描述的可操作性文件。作业指导书要求制定得合理、详细、明了、可操作。实验室至少应具有以下四个方面的作业指导书。

（1）方法类 用以指导检测/校准的过程（如标准/规程、检测细则、检测大纲等）。

（2）设备类 设备的使用、操作规范（如设备制造商提供的技术说明书的细化以及自校、在线仪表的特殊使用方法等）。

（3）样品类 包括样品的准备、处置和制备规则。

（4）数据类 包括数据的有效位数、修约、异常数值的删除以及结果测量不确定度的评定表征等。

作业指导书是技术性的程序，是实验室日常工作所使用的文件。因此，只要经过整理、完善和汇编即可，不需要大量的重新编撰。在标准中明确指出："如果国际的、区域的或国家的标准，或其他公认的规范已包含了如何进行检测/校准的管理和足够信息，并且这些标准是以可被实验室操作人员作为公开文件使用的方式书写时，则不需要再进行补充或改写为内部程序。对方法中的可选择步骤，可能有必要制定附加细则或补充文件"。

如前所述，编制文件不是目的，但通过文件可使质量体系的过程增值。可以把文件看作是过程运行所需的一种资源，它是确保过程有效策划、运作和控制所需要的。一般来说，文件是策划的结果，又是运作、控制的具体要求和说明。如质量手册体现了质量体系策划的结果，内部审核程序能够指导内部审核的实施，方法确认程序可以保证所用新方法的正确可靠，各种作业指导书更是保证不同操作人员都能在不确定度范围内得到相同的检测/校准结果。

M4-5 实验室
记录文件

（二）记录

记录是文件的一种，它更多用于提供检测/校准是否符合要求和体系是否有效运行的证据。

记录可归纳以下几类。

（1）质量记录 如人员教育培训记录，分包方的质量记录，服务与供应品的采购记录，纠正和预防设施记录，内部审核与管理评审记录等。

（2）技术记录　如环境控制记录，合同或协议，使用参考标准的控制记录，设备使用管理记录，样品的制取、接收、制备、传递、留样记录，原始观测记录，检测报告/校准证书副本，结果验证活动记录，客户反馈意见等。

（3）各种证书　如设备及计量器具的校准/检定合格证书，标准物质的合格证书，人员技能资格证明等。

（4）各种标识　如设备的唯一性标识，样品的唯一性标识，检测状态标识，标准物质（溶液、试剂、药品等）标签，设备校准状态标识，试验区标识等。

记录既是检测/校准符合要求和体系有效运行的证据，也是实验室改进工作量、追踪活动的依据。

思考与交流

1. 分析检验质量保证的含义是什么？
2. 分析检验质量保证的内容包含哪些？

任务三　检测检验机构资质认定

任务要求

1. 了解检测检验机构资质认定能力评价要求。
2. 了解检验检测机构资质认定评审工作程序。

检验检测机构资质认定能力评价是根据《中华人民共和国计量法》及其实施细则、《中华人民共和国认证认可条例》《检验检测机构资质认定管理办法》等法律、行政法规的规定，对检验检测机构即依法成立，依据相关标准或者技术规范，利用仪器设备、环境设施等技术条件和专业技能，对产品或者法律法规规定的特定对象进行检验检测的专业技术组织，由省级以上质量技术监督部门依据有关法律法规和标准、技术规范的规定，对检验检测机构的基本条件和技术能力是否符合法定要求实施的评价许可。

一、资质认定通用要求

（一）《检验检测机构资质认定能力评价 检验检测机构通用要求》简介

《检验检测机构资质认定能力评价 检验检测机构通用要求》（下面简称《资质认定通用要求》）规定了对检验检测机构进行资质认定能力评价时，在机构、人员、场所环境、设备设施、管理体系方面的通用要求，它不仅引用了 ISO/IEC 17025：2017 的内容，同时满足了我国相关法律对检验检测机构的要求。

《资质认定通用要求》的使用范围：在中华人民共和国境内向社会出具有证明作用数据、结果的检验检测活动应取得资质认定。检验检测机构资质认定是一项确保检验检测数据、结果真实、客观、准确的行政许可制度。《资质认定通用要求》是检验检测机构资质认定对检验检测机构能力评价的通用要求，针对各个不同领域的检验检测机构，应参考依据该标准发布的相应领域的补充要求。

《资质认定通用要求》主要内容：对检验检测机构的法律地位和法律责任的要求，应有明确的组织结构及管理技术和支持服务之间的关系，遵守相关法律，保持公正性、保密性。检验检测机构应制定人员管理程序，确保人员的能力保持，管理层负责管理体系的建立和有效运行，确保管理体系所需的资源，技术负责人全面负责技术动作，质量负责人确保管理体系得到实施和保持，授权签字人应该具有相应的能力，对所有相关人员进行能力确认，建立和保持人员培训程序，保留人员培训档案。检验检测机构应具有满足检验检测所需要的工作场所，并依据标准、技术规范和程序，识别检验检测所需要的环境条件，并对环境条件进行控制。检验检测机构应依据检验检测标准或者技术规范配备满足要求的设备和设施，并进行维护、控制、故障处理、标准物质管理。检验检测机构的管理和技术动作应通过建立健全、持续改进、有效行动的管理体系来实现。检验检测机构应建立并有效实施实现质量方针、目标和履行承诺，保证其检验检测活动独立、公正、科学、诚信的管理体系，包括方针目标、文件控制、合同评审、分包、采购、服务客户、投诉、不符合工作控制、纠正措施、应对风险和机遇的措施和改进、记录控制、内部审核、管理评审、方法的选择、验证和确认、测量不确定度、数据信息管理、抽样、样品处置、结果有效性、结果报告、记录和保存。

（二）检验检测机构资质认定的申请

申请检测检验机构资质认定的单位必须提供以下文件：检验检测机构资质认定申请书；典型检验检测报告或证书（每个类别1份）；法人地位证明文件（适用于首次、复查）；申请人质量手册（仅提交电子版）；申请人程序文件；固定场所产权/使用权证明文件；管理体系内审、管理评审记录；从事特殊领域（例如从事机动车安全技术检验、动物试验、食品检验、司法鉴定等特殊领域）检验检测人员资质证明（适用时）。

申请书除申请单位名称、主管部门、地址、电话、人员情况、技术领导人情况、机构检验任务、设备固定资产等简单栏目外，最重要的栏目为申请认证项目。申请认证项目一定要与质量手册中检测能力表一致，不要相互矛盾，编排的方式也要一致，否则在正式评审时会给评审员造成认定认证项目的困难。

仪器设备一览表也一定要与质量手册中仪器设备一览表相一致。

二、检验检测机构资质认定评审工作程序

（一）评审类型及时限

检验检测机构资质认定评审工作分为：现场评审和书面审查。

1. 现场评审

现场评审的类型，包括首次评审、变更评审、复查评审和其他评审。

首次评审：对未获得资质认定的检验检测机构，在其建立和运行管理体系后提出申请，资质认定部门对其是否满足资质认定条件进行现场确认的评审。

变更评审：对已获得资质认定的检验检测机构，其组织机构、工作场所、关键人员、技术能力、管理体系等发生变化，资质认定部门对其是否满足资质认定条件进行现场确认的评审。

复查评审：对已获得资质认定的检验检测机构，在资质认定证书有效期届满前三个月申请办理证书延续，资质认定部门对其资质是否持续满足资质认定条件进行现场确认的评审。

其他评审：对已获得资质认定的检验检测机构，因资质认定部门监管、处理申诉投诉等需要，对检验检测机构是否满足资质认定条件进行现场确认的评审。

M4-6 RB/T 214—2017 检验检测机构资质认定能力评价 检验检测机构通用要求

2. 书面审查

书面审查包括变更审查和自我声明审查。

变更审查：对已获得资质认定的检验检测机构，其机构名称、法人性质、地址、法定代

表人、最高管理者、技术负责人、授权签字人、检验检测标准等发生变更，或自愿取消资质认定项目，资质认定部门对其变更情况是否满足资质认定条件进行的书面审核。

自我声明审查：对已获得资质认定的检验检测机构，资质认定部门对其的自我声明的书面审核。对于作出自我声明的机构，资质认定部门将在后续监督管理中对其声明内容是否属实进行检查，若发现承诺内容不实，资质认定部门将撤销审批决定，并将相关情况记入诚信档案。

3. 技术评审时限

资质认定部门受理申请后，应当及时组织专家进行评审，技术评审应当在资质认定部门受理申请后45个工作日内完成（含提交评审结论），由于申请人自身原因导致无法在规定时限内完成的情况除外。

（二）现场评审准备

1. 确定实施部门

资质认定部门受理检验检测机构的资质认定申请后，可自行组织实施评审，如需委托专业技术评价组织实施评审，应将如下资料转交专业技术评价组织：检验检测机构提交的《申请书》、检验检测机构的《质量手册》《程序文件》（适用时）、检验检测机构的相关说明、资质认定评审工作用表。

2. 组建评审组

（1）评审组组成　资质认定部门或其委托的专业技术评价组织，应根据被评审检验检测机构申请资质认定的检验检测项目和专业类别，按照专业覆盖、就近就便的原则组建评审组。评审组由1名组长、1名以上评审员或技术专家组成。评审组成员应在组长的领导下，按照资质认定部门或其委托的专业技术评价组织下达的评审任务，独立开展资质认定评审活动，并对评审结论负责。

（2）评审组长职责

① 需考虑的基本原则：严肃、严谨、公正、合规、效率、效果。

② 需满足的基本要求：评审能力、专业知识、沟通能力、判断能力、职业道德、敏感性。

③ 需做好的主要工作：认真履行评审组长职责；了解评价制度、规则及评审用文件，深刻理解和掌握评审用标准和判定规则；评审档案材料顺利通过审议和审定；评审过程和结果得到受评审方的认可；与评审组成员及相关人员关系和谐；善于总结、学习并持续改进。

（3）评审员职责　遵守评审组计划日程安排和评审组任务分工，完成相关内容的评审工作，服从评审组组长的安排和调度，遵守评审纪律和行为准则，对其评审内容结论的准确性、真实性、完整性负直接责任；按照评审组的分工，做好评审前的信息收集，负责管理要素的评审员应协助评审组组长做好前期文件审查工作，负责技术要素的评审员应协助评审组组长确定现场试验考核项目，负责评审报告中相关记录的填写。

（4）技术专家职责　遵守评审组计划日程的安排，遵守评审纪律和行为准则，服从评审组组长的安排和调度，对其评审内容结论的准确性、真实性、完整性负责；按照评审组的分工，协助评审组组长或评审员确定现场试验考核项目，协助评审员开展检验检测能力确认工作。

3. 材料审查

评审组长应在评审员或者技术专家的配合下对检验检测机构提交的申请材料进行审查。通过审查提交的《检验检测机构资质认定申请书》，对检验检测机构的工作类型、能力范围、检验检测资源配置以及管理体系运作所覆盖的范围进行了解，并依据《资质认定通用要求》

及相应的技术标准,对申请人的《质量手册》《程序文件》等进行文件符合性审查,对管理体系的运行予以初步评价。评审组长应当在收到申请材料10个工作日内完成材料审查,并将审查意见反馈资质认定部门或其委托的专业技术评价组织,当材料不符合要求时,由资质认定部门或其委托的专业技术评价组织通知申请机构更改。

4. 下发评审通知

材料审查合格后,资质认定部门或其委托的专业技术评价组织向被评审的检验检测机构下发《检验检测资质认定现场评审通知书》,同时告知评审组按计划实施评审。

5. 编制评审计划

评审组接到现场评审任务后,编写《检验检测机构现场评审日程计划表》。对评审的日期、时间、工作内容、评审组分工等进行策划安排,并就以下问题与被评审的检验检测机构进行沟通:确定评审的日程;确定现场试验项目;商定交通、住宿等安排。

(三) 实施技术评审

1. 召开预备会议

评审组长在现场评审前应召开全体评审组成员参加的预备会,会议内容包括:评审组长声明评审工作的公正、客观、保密;说明本次评审的目的、范围和依据;介绍检验检测机构文件审查情况;明确现场评审要求,统一有关判定原则;听取评审组成员有关工作建议,解答评审组成员提出的疑问;确定评审组成员分工,明确评审组成员职责,并向评审组成员提供相应评审文件及现场评审表格;确定现场评审日程表;需要时,要求检验检测机构提供与评审相关的补充材料;需要时,组长对新获证评审员和技术专家进行必要的培训及评审经验交流。

2. 首次会议

首次会议由评审组长主持召开,评审组全体成员,检验检测机构最高管理者、技术负责人、质量主管和检验检测业务部门负责人应参加首次会议。会议内容如下:组长宣布开会,介绍评审组成员;检验检测机构介绍与会人员;评审组长宣读资质认定部门的评审通知,说明评审的目的、依据、范围、原则,明确评审将涉及的部门、人员,确认评审日程表;宣布评审组成员分工;向检验检测机构做出保密的承诺;澄清有关问题,明确限制条件(如洁净区、危险区、限制交谈人员等);检验检测机构为评审组配备陪同人员,确定评审组的工作场所及评审工作所需资源。

3. 考察检验检测机构场所

首次会议结束,由陪同人员引领评审组进行现场考察,考察检验检测机构相关的办公及检验检测场所。现场参观的过程是观察、考核的过程。有的场所通过一次性参观之后可能不再重复检查,要利用有限的时间收集最大量的信息。在现场参观的同时要及时进行有关的提问,有目的的观察环境条件、仪器设备、检验检测设施是否符合检验检测的要求,并做好记录。现场参观应在评审日程表规定的时间内完成,防止由于检验检测机构陪同人员过细的介绍,而影响后面的评审工作进程。也不要因个别评审员对某个问题的深入核查而耽误了其他评审员的时间。

4. 现场试验

检验检测机构是否使用合适的方法和程序来进行检验检测应通过现场试验予以考核。通过现场试验,考核检验人员的操作能力以及环境、设备等保证能力。

(1) 考核项目的选择　首次评审现场试验项目需覆盖申请范围内所有大类,复查评审时可根据具体情况酌情减少。

(2) 现场试验考核的方式　对检验检测机构的现场试验考核,可采取盲样试验、人员比对、仪器比对、见证实验和报告验证的方式进行。

（3）现场试验结果的应用　盲样试验、人员比对、仪器比对、过程考核应出具检验检测报告或证书；报告或证书验证应出具检验原始记录或检验检测报告或证书。在现场操作考核中，如果盲样试验、人员比对、仪器比对的结果数据不合格，或与已知数据明显偏离，应要求检验检测机构分析原因；如属偶然原因，可安排检验检测机构重新试验；如属于系统偏差，则应认为该检验检测机构不具备该项检验检测能力。

（4）现场试验的评价　现场试验结束后，评审员应对试验的结果进行评价。评价内容如下：采用的检验检测标准是否正确；检验检测结果的表述是否准确、清晰、明了；检验检测人员是否有相应的检验检测经验；检验检测操作的熟练程度如何；环境设施和适宜程度；样品的接收、登记、描述、放置、样品制备及处置是否规范；检验检测设备、测试系统的调试、使用是否正确；检验检测记录是否规范。

（5）现场提问　现场提问是现场评审的一部分，是评价检验检测机构工作人员是否经过相应的教育、培训，是否具有相应的经验和技能而进行资格确认的一种形式。检验检测机构最高管理者、技术负责人、质量主管、授权签字人、各管理岗位人员以及所有从事检验检测活动的人员均应接受现场提问。现场提问可与现场参观、操作考核、查阅记录等活动结合进行，也可以在座谈等场合进行。现场提问的内容中可以是基础性的问题，如就法律法规、评审准则、体系文件、检验检测标准、检验检测技术等方面的提问；也可就评审中发现的问题，尚不清楚的问题作跟踪性或澄清性提问；对所有的提问应有相应的记录，以便作出合理的评审结论。

（6）查阅质量记录　管理体系过程中产生的记录以及检验检测过程中产生的记录是复现管理过程和检验检测过程的有力证据。评审组应通过对质量记录的查证，评价管理体系运行的有效性以及技术操作的正确性。对质量记录的查阅应注重以下问题：文件资料的控制以及档案管理是否适用、有效、符合受控的要求，并有相应的资源保证；检验检测机构管理体系运行记录是否齐全、科学，能否有效反映管理体系运行状况；原始记录、报告或证书格式内容应合理，并包含足够的信息；记录做到清晰、准确，应包括影响检验结果的全部信息，如图表、全过程等；记录的形成、修改、保管符合体系文件的有关规定。

（7）填写现场评审记录　对检验检测机构现场评审的过程要记录在《检验检测机构资质认定评审报告》的评审表中。评审员在依据《资质认定通用要求》和评审补充要求对检验检测机构进行评审的同时，应详细记录基本符合和不符合条款及事实。评审结论分为"符合""基本符合""基本符合（需现场复核）""不符合"。

（8）现场座谈　通过现场座谈考核检验检测机构技术人员和管理人员基础知识、了解检验检测机构人员对体系文件的理解、澄清现场观察中的一些问题、交流思想、统一认识。座谈一般由以下人员参加：各级管理干部和管理岗位人员、内审员、监督人员、主要抽样、检验检测人员、新增员工。座谈中应该针对以下问题进行提问和讨论：对《资质认定通用要求》的理解；对检验检测机构体系文件的理解；《资质认定通用要求》和体系文件在实际工作中的应用情况；各岗位人员对其职责的理解；各类人员应具备的专业知识；评审过程中发现的一些问题以及需要与被评审方澄清的问题。

（9）授权签字人考核　授权签字人是指由检验检测机构提名，经过资质认定部门考核合格，签发检验检测报告和证书的人员。授权签字人应当满足如下条件：具备中级以上（含中级）职称或资质认定通用要求规定的同等能力；具备相应的工作经历；熟悉或掌握有关仪器设备的检定/校准状态；熟悉或掌握所承担签字领域的相应技术标准方法；熟悉检验检测机构管理和检验检测报告或证书审核签发程序；具备对检验检测结果做出相应评价的判断能力；熟悉《资质认定通用要求》以及相关的法律法规、技术文件的要求。考核由评审组长主持，评审组成员参与，对每个授权签字人填写一张《检验检测机构现场考核授权签字人评价记录表》，记录的内容包括：考核中提出的主要问题以及被考核人的回答情况，主考人的评价意见。

(10) 检验检测能力的确定　确认检验检测机构的检验检测能力是评审组进行现场评审的核心环节，每一名评审员都应该严肃认真的核准检验检测机构的能力，为资质认定的行政许可提供真实可靠的评审结论。核准的检验检测能力必须满足立项所依据的标准。立项所依据的检验检测标准必须现行有效；在无国家标准、行业标准、地方标准、团体标准、国际标准的前提下，检验检测机构可自行制定非标方法，其制定、验证、确认等过程的证明文件应能证明该非标方法的科学、准确、可靠；设施和环境须满足检验检测要求；检验检测全过程所需要的全部设备的量程、准确度必须满足预期使用要求；所有的检验检测数据均应溯源到国家计量基准；所有的检验检测人员均能正确完成检验检测工作；能够通过现场试验、盲样测试等证明相应的检验检测能力。

确定检验检测能力时应注意如下问题：检验检测能力是以现有的条件为依据，不能以许诺、推测作为依据；临时借用设备的项目不能作为检验检测能力；检验检测项目按申请的范围进行确认，评审员不得擅自增加项目；被评审方不能提供检验检测标准、检验检测人员不具备相应的技能、无检验检测设备或检验检测设备配置不正确、环境条件不满足检验检测要求的，均按不具备检验检测能力处理；同一检验检测项目中只有部分满足标准要求的，应在"限制范围或说明"栏内予以注明；检验检测机构自行制定的非标方法，应在"限制范围或说明"栏内予以注明"仅限特定合同约定的委托检验检测"。

(11)《评审组确认的检验检测能力》的填写　评审报告中的检验检测机构能力表，应按检验检测机构能力分类规范填写。

(12) 评审组内部会　在现场评审期间，每天应安排时间召开评审组内部会。主要内容有：交流当天评审情况，讨论评审发现的情况，确定是否构成不符合项；评审组长了解评审工作进度，及时调整评审员的工作任务，组织、调控评审过程，并对评审员的一些疑难问题提出处理意见。最后一次评审组内部会，由评审组长主持对评审情况进行汇总，确定评审通过的检验检测能力，提出不符合项和整改要求，形成评审结论并做好评审记录。会议结束后，应向被评审方代表通报评审结论，并请对方对这些结果发表意见，需要时解答被评审方代表关心的问题或消除双方观点的差异。

(13) 与检验检测机构沟通　形成评审组意见后，评审组长应与被评审检验检测机构最高管理者进行沟通，通报评审中发现的不符合情况和评审结论意见，听取被评审检验检测机构的意见。

(14) 评审结论　评审结论分为"符合""基本符合""基本符合需现场复核""不符合"四种。

(15) 评审报告　评审组长负责撰写评审组意见。意见主要内容包括：现场评审的依据；评审组人数；现场评审时间；评审范围；评审的基本过程；对机构体系运行有效性和承担第三方公正检验的评价；对人员素质、仪器设备、环境条件和检验报告的评价；对现场试验操作考核的评价；建议批准通过资质认定的项目数量及需要说明的其他问题；不符合项及需要整改的问题。《评审报告》应使用国家认证认可监督管理委员会统一印制下发的文本，有关人员应在相应的栏目内签字。

(16) 末次会议　末次会议由评审组长主持召开，评审组成员全部参加，被评审单位的主要负责人必须参加。末次会议内容如下：评审情况和评审中发现的问题；宣读评审意见和评审结论；对"不符合项""基本符合项"提出整改要求；被评审检验检测机构对评审结论发表意见；宣布现场评审工作结束。

(四) 整改的跟踪验证

现场评审结束后,检验检测机构在商定的时间内对评审组提出的不符合内容进行整改,整改时间不超过 30 天。整改完成后形成书面材料报评审组长确认,评审组长在收到检验检测机构的整改材料后,应在 5 个工作日完成跟踪验证,向资质认定部门或其委托的专业技术评价组织上报评审相关材料。

① 对评审结论为"基本符合"的检验检测机构,应采取文件评审的方式进行跟踪验证:检验检测机构提交整改报告和相应见证材料;评审组长根据见证材料确认整改是否有效,符合要求;整改符合要求的,由评审组长填写《评审报告》中的《整改完成记录》,上报审批。

② 对评审结论为"基本符合需现场复核"的检验检测机构,应采取现场检查的方式进行跟踪验证:检验检测机构提交整改报告和相关见证材料;评审组长组织相关评审人员,对需整改的不符合内容进行现场检查,确认整改是否有效;整改有效、符合要求的,由评审组长填写《评审报告》中的《整改完成记录》,上报审批。

(五) 评审材料汇总上报

评审组应向资质认定部门或者其委托的专业技术评价组织上报下列材料:申请书;评审报告;合格证书附表;整改报告;评审中发生的所有记录;光盘(内容包括申请书、评审报告、证书附表、整改报告正文、评审中发生的所有记录)。

(六) 终止评审

如遇到检验检测机构无合法的法律地位,检验检测机构人员严重不足,检验检测机构场所与检验检测要求严重不满足,检验检测机构缺乏必备的仪器、设备、标准物质,检验检测机构管理体系严重失控,检验检测机构存在严重违法违规问题等这些情况,评审组应请示下达评审任务的资质认定部门或其委托的专业技术评价组织,经同意后可终止评审。

思考与交流

1. 讨论检验检测机构资质认定评审的工作程序有哪些?
2. 模拟检验检测机构资质认定现场评审。

任务四 实验室认可

任务要求

1. 了解实验室认可和资质认定的联系与区别。
2. 了解质量管理七项基本原则和管理体系的 PDCA 循环。
3. 了解实验室认可准则和资质认定评审准则。
4. 了解实验室管理体系的内部审核和管理评审。
5. 了解实验室认可和资质认定准备工作。
6. 了解实验室认可程序要求。

一、实验室认可与检测检验机构资质认定的区别和联系

由于历史的原因,在我国实验室认可有三种类型:实验室认可、计量认证、审查认可,后两者现在统称为资质认定,在本任务中,我们保留计量认证这一说法。我们先比较实验室认可与资质认定之间的联系与区别,然后再解释计量认证与审查认可的区别。

1. 实验室认可

实验室认可是由权威机构对检测/校准实验室及其人员有能力进行特定类型的检测/校准做出正式承认的程序。在我国"权威机构"就是中国合格评定国家认可委员会（CNAS）。能力考核和评价是依据国际标准 ISO/IEC 17025 进行的，其组织和运作也是依据相应的国际标准实施的。CNAS 代表我国参加了国际实验室认可合作组织 ILAC 以及亚太实验室认可合作组织 APLAC，并与 APLAC 成员签订了检测结果互认协议。因此，实验室认可是一项国际化的活动。

2. 资质认定

在由原国家质监总局发布的《实验室和检查机构资质认定管理办法》中分别对"实验室资质"和"认定"两个词做了解释。从这些解释来看，所谓资质认定其实就是实验室认可，只不过是有中国特色的实验室认可，或者说是中国版的实验室认可。其能力考核和评价依据的标准是《资质认定通用要求》。该准则是在国际标准 ISO/IEC 17025《检测和校准实验室能力的通用要求》的基础上，经过简化又根据中国国情强化了某些要素而产生的。资质认定的运作和组织方式类似于实验室认可，但只针对国内实验室，检测报告只在国内有效。因此，资质认定是一项非国际化的活动。

3. 实验室认可和资质认定的区别

（1）性质不同　实验室认可是自愿性的，实验室可以申请也可以不申请认可，完全根据自身的意愿和需要；资质认定则是强制性的，凡是对社会出具公证数据的实验室都必须申请并通过资质认定。从政府管理的角度看，实验室认可是市场行为，属于社会公信范畴；资质认定是政府行为，属于行政审批的范畴。

（2）实施主体不同　实验室认可由 CNAS 组织和运作，而且全国只有 CNAS 一个机构可以实施实验室认可，其他任何地方或单位都不能实施实验室认可。资质认定分两级实施：国家级资质认定由国家市场监督总局实施，地方级由省（包括直辖市、自治区）质量监督部门实施。

（3）依据标准不同　实验室认可依据的标准是 GB/T 27025（参照 ISO/IEC 17025)《检测和校准实验室能力的通用要求》，CNAS 将其等同采用为 CNAS-CL 01：2018《检测和校准实验室能力认可准则》，其内容的主体部分共两大部分（管理要求和技术要求）共 5 个要求 25 个要素；资质认定依据的标准是《资质认定通用要求》，是简化了的 ISO/IEC 17025 标准，其内容的主体部分为评审要求，共 5 个要素（分别是机构、人员、场所环境、设备设施、管理体系），这些条款中有一部分是针对中国国情制定的。

（4）结果和作用不同　通过实验室认可后，实验室可以在其检测报告上加盖 CNAS 标志，表明其检测数据和结果是可信的，实验室之间应该互认。如果再与 CNAS 签订了国际互认协议，还可以加盖 MRA 标志，则国际实验室间也应该互认。通过资质认定以后，实验室可以在其检测报告上加盖 CMA 或 CAL 标志，同样表明其检测数据和结果是可信的，政府或授权机构可以引用这些数据和结果，对产品或工程质量进行监督、评价、发放许可证等，然而只在中华人民共和国境内有效，不具有国际互认的效力。

实验室认可与资质认定的上述区别是历史原因造成的，随着我国政府体制改革的不断深化和发展，实验室认可与资质认定最终将会合并。现在两者的质量手册等可以通用。

4. 计量认证和审查认可的区别

计量认证与审查认可并没有本质的区别，仅仅是管理部门不同而产生的重复审查的结果。计量认证是依据计量法第二十二条的规定"为社会提供公证数据的产品质量检验机构，必须经省级以上人民政府计量行政部门对其计量检定、测试的能力和可靠性考核合格"，关键是由政府计量行政管理部门实施考核；审查认可是依据标准化法第十九条的规定"县级以上政府标准化管理部门,可以根据需要设置检验机构,或者授权其他单位的检验机构,对产品是否符合标准进行检验",关键是由政府标准化行政管理部门进行"规划、审查";而在产品质量法第十九条中则规定"产品质量检验机必须具备相应的条件和能力,经省级以上人民政府产品质量监督部门或者其授权的部门考核合格后,方可承担产品质量检验工作",关键是由政府产品质量监督部门实施考核。一件事三个部门管,其目的都是考核评价产品质量检验机构的能力,其内容也大同小异。因此,后来现场评审工作就合二为一了,然而证书还是由两个部门分别发,标志也不同。

5. 实验室认可和资质认定的作用和意义

那么,从目前的情况看,究竟应该申请实验室认可还是资质认定呢?还是两者都要申请或者两者都不申请呢?

(1) 什么情况下应该申请实验室认可

① 承担进出口商品检验、进出境人员检疫、进出境动植物检疫任务的实验室。

② 有国际合作事务的实验室。

③ 在国外承揽工程建设项目的公司的实验室。

④ 国家、行业或部门权威实验室。

以上这些实验室均应申请实验室认可,以达到与国际接轨的目的。

(2) 什么情况下应该申请资质认定

① 产品或工程质量检验机构。

② 为社会提供公证数据的独立实验室。

③ 承担第三方检测任务的企事业单位的实验室。

以上这些实验室必须申请并通过资质认定,取得合法检测实验室的地位。

(3) 什么情况下两者都需要申请

以上两种情况同时存在时,既要申请资质认定也应申请实验室认可。

(4) 什么情况下两者都不需要申请

① 只为本单位服务,不对外提供数据和结果的企事业单位内部的实验室。

② 单纯科研或教学性质的实验室。

申请实验室认可或资质认定的作用有以下几个方面。

取得检测或校准市场准入资格,向社会证明实验室的检测或校准能力和质量,提高管理水平,确保检测或校准质量,确保服务质量,增强客户满意度,改善实验室环境条件,减少工作失误,降低风险,建立和实现质量方针和目标,增加员工凝聚力。

二、质量管理在实验室中的应用

实验室认可与资质认定涉及了许多质量管理方面的知识,实验室认可准则与资质认定准则的基本原理就是质量管理的基本原则。对于实验室的工作者来说,掌握质量管理方面的知识,是保证实验室在市场经济条件下立于不败之地的生存之道。

(一) 质量管理七项基本原则

ISO 9001 2015 版与 2008 版对比,发生了较大的变化,其中八项质量管理原则减为七项。现将 2015 版 ISO 9001 七项质量管理原则解读如下。

1. 以顾客为关注焦点

质量管理的主要关注点是满足顾客要求并且努力超越顾客的期望。组织只有赢得顾客和其他相关方的信任才能获得持续成功。与顾客相互作用的每个方面,都提供了为顾客创造更多价值的机会。理解顾客和其他相关方当前和未来的需求,有助于组织的持续成功。

以顾客为关注焦点能增加顾客价值；提高顾客满意度；增进顾客忠诚度；增加重复性业务；提高组织的声誉；扩展顾客群；增加收入和市场份额。

可开展的活动有了解从组织获得价值的直接和间接顾客；了解顾客当前和未来的需求和期望；将组织的目标与顾客的需求和期望联系起来；将顾客的需求和期望，在整个组织内予以沟通；为满足顾客的需求和期望，对产品和服务进行策划、设计、开发、生产、支付和支持；测评顾客满意度，并采取适当措施；确定有可能影响到顾客满意度的相关方的需求和期望，并采取措施；积极管理与顾客的关系，以实现持续成功。

2. 领导作用

各层领导建立统一的宗旨及方向，他们应当创造并保持使员工能够充分实现目标的内部环境。统一的宗旨和方向以及全员参与，能够使组织将战略、方针、过程和资源保持一致。

领导作用能提高实现组织质量目标的有效性和效率；使过程更加协调；改善组织各层次、各职能间的沟通；开发和提高组织及其人员的能力，以获得期望的结果。

可开展的活动有在整个组织内，就其使命、愿景、战略、方针和过程进行沟通；在组织的所有层次创建并保持共同的价值观和公平道德的行为模式，培育诚信和正直的文化；鼓励在整个组织范围内履行对质量的承诺；确保各级领导者成为组织人员中的实际楷模；为组织人员提供履行职责所需的资源、培训和权限；激发、鼓励和表彰员工的贡献。

3. 全员参与

整个组织内各级人员的胜任、授权和参与，是提高组织创造价值和提供价值能力的必要条件。为了有效和高效的管理组织，使各级人员得到尊重并参与其中是极其重要的。通过表彰、授权和提高能力，促进在实现组织的质量目标过程中的全员参与。

全员参与能通过组织内人员对质量目标的深入理解和内在动力的激发以实现其目标；在改进活动中，提高人员的参与程度；促进个人发展、主动性和创造力；提高员工的满意度；增强整个组织的信任和协作；促进整个组织对共同价值观和文化的关注。

可开展的活动有与员工沟通，以增进他们对个人贡献重要性的认识；促进整个组织的协作；提倡公开讨论，分享知识和经验；让员工确定工作中的制约因素；赞赏和表彰员工的贡献、钻研精神和进步；针对个人目标进行绩效的自我评价；为评估员工的满意度和沟通结果进行调查，并采取适当的措施。

4. 过程方法

当活动被作为相互关联的功能过程进行系统管理时，可更加有效地得到预期的结果。质量管理体系由相互关联的过程所组成。理解体系是如何产生结果的，能够使组织尽可能地完善体系和绩效。

过程方法可高度关注关键过程和改进机会的能力；通过协调一致的过程体系，始终得到预期的结果；通过过程的有效管理、资源的高效利用及职能交叉障碍的减少，尽可能提高绩效；使组织能够向相关方提供关于其一致性、有效性和效率方面的信任。

可开展的活动有体系和过程需要达到的目标；为管理过程确定职责、权限和义务；了解组织的能力，事先确定资源约束条件；确定过程相互依赖的关系，分析个别过程的变更对整个体系的影响；对体系的过程及其相互关系继续管理，有效和高效地实现组织的质量目标；确保获得过程运行和改进的必要信息，并监视、分析和评价整个体系的绩效；对能影响过程输出和质量管理体系整个结果的风险进行管理。

5. 改进

成功的组织总是致力于持续改进。改进对于组织保持当前的业绩水平，对其内外部条件的变化做出反应并创造新的机会都是非常必要的。

持续改进能改进过程绩效、组织能力和顾客满意度；增强对调查和确定基本原因以及后续的预防和纠正措施的关注；提高对内外部的风险和机会的预测和反应能力；增加对增长性和突破性改进的考虑；通过加强学习实现改进、增加改革的动力。

可开展的活动有促进在组织的所有层次建立改进目标；对各层次员工进行培训，使其懂得如何应用基本工具和方法实现改进目标；确保员工有能力成功地制定和完成改进项目；开发和部署整个组织实施的改进项目；跟踪、评审和审核改进项目的计划、实施、完成和结果；将新产品开发或产品、服务和过程的更改都纳入到改进中予以考虑；赞赏和表彰改进。

6. 循证决策

基于数据和信息的分析和评价的决策更有可能产生期望的结果。决策是一个复杂的过程，并且总是包含一些不确定因素。它经常涉及多种类型和来源的输入及其解释，而这些解释可能是主观的。重要的是，理解因果关系和潜在的非预期后果。对事实、证据和数据的分析可导致决策更加客观。

循证决策能改进决策过程；改进对实现目标的过程绩效和能力的评估；改进运行的有效性和效率；增加评审、挑战和改变意见和决策的能力；增加证实以往决策有效性的能力。

可开展的活动有确定、测量和监视证实组织绩效的关键指标；使相关人员能够获得所需的全部数据；确保数据和信息足够准确、可靠和安全；使用适宜的方法对数据和信息进行分析和评价；确保人员对分析和评价所需的数据是胜任的；依据证据，权衡经验和直觉进行决策并采取措施。

7. 关系管理

为了持续成功，组织需要管理与供方等相关方的关系。相关方影响组织的绩效，因此应管理与所有相关方的关系，以最大限度地发挥其在组织绩效方面的作用。对供方及合作伙伴的关系网的管理是非常重要的。

关系管理可通过对每一个与相关方有关的机会和限制的响应，提高组织及其相关方的绩效；对目标和价值观，与相关方有共同的理解；通过共享资源和能力，以及管理与质量有关的风险，增加为相关方创造价值的能力；使产品和服务形成稳定流动的、管理良好的供应链。

可开展的活动有确定组织和相关方（例如供方、合作伙伴、顾客、投资者、雇员或整个社会）的关系；确定需要优先管理的相关方的关系；建立权衡短期收益与长期考虑的关系；收集并与相关方共享信息、专业知识和资源；适当时，测量绩效并向相关方报告，以增加改进的主动性；与供方、合作伙伴及其他相关方共同开展开发和改进活动；鼓励和表彰供方与合作伙伴的改进和成绩。

M4-7 质量管理在实验室中的应用——PDCA 循环

（二）管理体系的 PDCA 循环

建立一个适合于实验室实际情况的管理体系，本身也是一个过程而且是一个比较复杂的过程。过程的定义前面已经给出。实际上一项工作就是一个过程，过程方法就是要将每一项工作都作为过程来进行管理。那么"将工作作为过程进行管理"和人们日常习惯的工作方式有什么不一样呢？这就是要有意识地实施 PDCA 循环。

任何一项工作都可以分解为四个步骤——策划、实施、检查、处置，即 PDCA 循环。

1. 管理体系的策划（P）

管理体系的策划包括确定质量方针和质量目标，明确控制范围、检测/校准项目参数，识别要素、过程，确定机构、岗位、职责以及人选。

2. 管理体系的实施（D）

管理体系要按照策划的要求去实施——建立和运行，包括管理体系文件化，全员宣贯和上岗前培训文件，按预定的计划配置资源，试运行。

体系文件批准发布后最好进行一段时间的试运行（例如三个月），试运行的目的是让全体员工熟悉新建或新修改的管理体系，发现体系存在的问题，初步考核员工的能力及对岗位的适应性，了解组织内部相关部门或人员的反映。试运行结束时要进行一次全面的内审和管理评审，然后对体系文件进行修订，重新发布后正式实施。

3. 管理体系的持续改进［PDCA 循环第三步和第四步：检查（C）和处置（A）］

对实施的情况和效果要检查，不检查、不督促等于放任自流。人只有到了一定的境界才会自觉，而这种境界需要长时间的培养和严格要求才能达到。实验室在质量体系建立的初期尤其要进行检查，要设立监督员、内审员、安全员等监督检查岗位，规定检查的方式、时机、内容、要求等，检查的目的是为了获取质量体系建立和运行的信息。

管理体系运行时要对其进行监督检查，体系本身就具有这种功能。实验室通过监督、审核、评审、客户意见调查、处理投诉、质量方针目标实施情况考核、质量控制、比对试验、能力验证、期间核查等活动可发现偏离和不符合工作，随后采取纠正措施或预防措施，以实现持续改进。对总结检查的结果进行处置，成功的经验加以肯定并适当推广、标准化；失败的教训加以总结，未解决的问题放到下一个 PDCA 循环里。

以上四个步骤不是运行一次就结束，而是周而复始的进行，一个循环完了，解决一些问题，未解决的问题进入下一个循环，这样阶梯式上升。PDCA 循环实际上是有效进行任何一项工作的合乎逻辑的工作程序。因此在质量管理中，有人称其为质量管理的基本方法。

三、实验室认可准则和资质认定评审准则简介

（一）认可准则的基本内容

实验室认可准则的前三章为非认可条文，包括第 1 章范围、第 2 章规范性引用文件、第 3 章术语和定义。第 4 章通用要求、第 5 章过程要求、第 6 章资源要求、第 7 章过程要求、第 8 章管理体系要求，是认可条文，是标准的主体部分，共有 25 个要素、108 条、将近 300 款内容。这些条文可以归纳为四个方面的内容。

1. 保证公正性

实验室应公正地实施实验室活动，并从组织结构和管理上保证公正性。实验室管理层应作出公正性承诺。实验室应对实验室活动的公正性负责，不允许商业、财务或其他方面的压力损害公正性。实验室应持续识别影响公正性的风险。如果识别出公正性风险，实验室应能够证明如何消除或最大程度降低这种风险。

2. 资源要求

资源要求体现在人员、设施和环境条件、设备、计量溯源性、外部提供的产品和服务六个方面。其中人是最重要的因素，而对信息资源的拥有和利用程度也日显重要。

3. 过程要求

过程要求包括要求、标书和合同评审；方法的选择、验证和确认；抽样；检测或校准物品的处置；技术记录；测量不确定度的评定；确保结果有效性；报告结果；投诉；不符合工作；数据控制和信息管理。

4. 管理体系要求

实验室应建立、编制、实施和保持管理体系，该管理体系能够支持和证明实验室持续满

足准则要求，并且保证实验室结果的质量。除满足通用要求、过程要求、资源要求的要求，实验室应按方式 A 或方式 B 实施管理体系。简单一句话概括：要想满足 ISO/IEC 17025 的要求，获得认可，可以通过两种方式。

方式 A：实验室全部按照 ISO/IEC 17025 的要求建立管理体系，符合通用要求、结构要求、资源要求、过程要求、管理体系要求的要求。

方式 B：ISO/IEC 17025 的第 8 条款管理体系要求实验室按照 ISO 9001 建立，然后实验室按照 ISO/IEC 17025 的要求，建立符合通用要求、结构要求、资源要求、过程要求的要求的管理体系。

（二）认可准则的要素

下面逐一给予解释。

1. 结构要求

① 实验室应为法律实体，或法律实体中被明确界定的一部分并对实验室活动承担法律责任。

② 实验室应以满足认可准则、实验室客户、法定管理机构和提供承认的组织要求的方式开展实验室活动，这包括实验室在固定设施、固定设施以外的地点、临时或移动设施、客户的设施中实施实验室活动。

③ 实验室应规定符合认可准则的实验室活动范围，并制定成文件。实验室应仅声明符合认可准则的实验室活动范围，不应包括持续从外部获得的实验室活动。

④ 将程序形成文件，确保实验室活动以实施的一致性和结果有效性为原则。

⑤ 实验室应确定对全权负责的管理层。这里说的管理层是指从事具体管理工作的所有人员，如文件资料管理员、仪器设备管理员、样品管理员等。对管理人员和技术人员应赋予所需的权利和资源，以便履行职责和识别偏离。偏离的定义为：与规定不一致，偏离既定的政策和程序。实验室绝对不发生偏离是不可能的，关键在于及时发现偏离，及时采取措施预防或减少偏离，不要让偏离继续发展下去成为不符合。

⑥ 实验室应确定实验室的组织和管理结构，其在母体组织中的位置，以及管理、技术运作和支持服务间的关系。一般可以用框图的形式表明其组织机构。

⑦ 实验室规定对实验室活动结果有影响的所有管理、操作或验证人员的职责、权力和相互关系。

管理人员包括实验室领导、技术管理者、质量主管、各部门负责人、文件资料管理员、计算机信息管理员、仪器设备管理员、样品管理员、物资管理员等；操作人员包括检测人员、校准人员、样品采集/制备/包装/运输人员、仪器设备安装/调试/维护人员等；核查人员包括报告的校核、审核、批准人员及内审员、监督员、安全员等。

⑧ 实验室应保证人员（不论其他职责）具有履行职责所需的权力和资源。这些职责包括：实施、保持和改进管理体系；识别与管理体系或实验室活动程序的偏离；采取措施以预防或最大程度减少这类偏离；向实验室管理层报告管理体系运行状况和改进需求；确保实验室活动的有效性。

⑨ 实验室管理层应确保：针对管理体系有效性、满足客户和其他要求的重要性进行沟通；当策划和实施管理体系变更时，保持管理体系的完整性。

2. 资源要求

资源要求体现在人员、设施和环境条件、设备、计量溯源性、外部提供的产品和服务几个方面。

（1）人员　所有可能影响实验室活动的人员，无论是内部人员还是外部人员，应行为公正、有能力，按照实验室管理体系要求工作。应对各类人员按要求进行教育培训，确保具备其负责的实验室活动能力，并有相应的监控记录。实验室应授权有关人员从事特定的实验室活动。

(2) 设施和环境条件　实验室活动必需的设施和环境条件技术应制定成文件，该文件应包含影响实验结果的实验室固定设施外的环境条件；监控并定期评审控制设施和环境条件的措施，可制定成相应文件，永久控制之外的地点和设备可为客户现场和租借的设施。

(3) 设备　实验室应获得正确开展实验室活动所需的并影响结果的设备，获得说明设备可为借用、租用、客户所有和实验室所有，但其适用性和校准状态的责任都应由检测机构独立承担。设备包括测量仪器、软件、测量标准、标准物质、参考数据、试剂、消耗品或辅助装置。实验室应制定校准方案，并应进行复核和必要的调整，以保持对校准状态的可信度，该方案为年度校准方案。该方案需要复查和必要的调整，规定具有有效期的设备需识别有效期；当设备投入使用或重新投入使用前，实验室应验证其符合规定要求，验证方法包括校准/检定、检查、检测、对比等，可通过文件进行规定；当需要利用期间核查以保持对设备性能的信心时，应按程序进行核查。实验室设备记录包括设备的识别、软件和固件版本；制造商名称、型号、序列号或其他唯一性标识；设备符合规定要求的验证证据；当前的位置；校准日期、校准结果、设备调整、验收准则、下次校准的预定日期或校准周期；标准物质的文件、结果、验收准则、相关日期和有效期；与设备性能相关的维护计划和已进行的维护；设备的损坏、故障、改装或维修的详细信息。

(4) 计量溯源性　明确可直接或间接与国际标准比对溯源到 SI 单位；将大量解释性内容放入附录 A；参考标准与参考物质内容放置设备要求。

(5) 外部提供的产品和服务　产品和服务扩大范围，包括用于实验室自身的活动，即用于实验室活动的采购；部分或全部直接提供给客户，即检测能力的分包；用于支持实验室的运作，可包括校准服务、设备设施的维护服务。所有的活动均应有活动的程序和记录。

3. 过程要求

(1) 要求、标书和合同评审　实验室应有要求、标书和合同评审程序。需对检测报告作出解释；对客户要求、标书和合同进行评审的政策和程序也包括外部供应商的要求；合同修改时与所有受影响的人员沟通修改。对报告作出的符合性声明可以根据 CNAS-GL 015：2018 进行。

(2) 方法的选择、验证和确认　标准方法验证应保存验证记录；在方法开发的过程中，应进行定期评审；若标准进行修订，在所需程度上重新进行验证；非标方法应通过改变控制检验方法的稳健度方法；实验室应保存以下方法确认记录：使用的确认程序；规定的要求；确定的方法性能特性；获得的结果；方法有效性声明，并详述与预期用途的适宜性。

(3) 抽样　抽样时应有抽样计划和方法。抽样方法应描述内容：样品或地点的选择；抽样计划；从物质、材料或产品中取得样品的制备和处理，以作为后续检测或校准的物品。实验室应将抽样记录作为检测或校准工作的一部分保留记录。

(4) 检测或校准物品的处置　检测或校准物品返还程序，对物品偏离了规定条件，客户仍要求进行检测或校准时，实验室应在报告中作出免责声明，并指出偏离可能影响的结果；应有清晰标识检测或校准物品的系统。实验室负责的期间内应保留标识。

(5) 技术记录　实验室应确保每一项实验室活动的技术记录包含结果、报告和足够的信息，以便在可能时识别影响测量结果及其测量不确定度的因素，并确保能在尽可能接近原条件的情况下重复该实验室活动。实验室应确保技术记录的修改可以追溯到前一个版本或原始观察结果。

（6）测量不确定度的评定　实验室应识别测量不确定度的贡献。评定测量不确定度时，应采用适当的分析方法考虑所有显著贡献，包括来自抽样的贡献。更多信息参见 ISO/IEC 指南 98-3、ISO 21748 和 ISO 5725 系列标准。

（7）确保结果有效性　实验室应有监控结果有效性的程序。记录结果数据的方式应便于发现其发展趋势，如可行，应采用统计技术审查结果。实验室应对监控进行策划和审查，适当时，监控应包括但不限于以下方式：使用标准物质或质量控制物质；使用其他已校准能够提供可溯源结果的仪器；测量和检测设备的功能核查；适用时，使用核查或工作标准，并制作控制图；测量设备的期间核查；使用相同或不同方法重复检测或校准评定；留存样品的重复检测或重复校准；评定物品不同特性结果之间的相关性；审查报告的结果；实验室内比对；盲样测试。

（8）报告结果　结果在发出前应经过审查和批准。

（检测、校准或抽样）报告的通用要求应包括：标题；实验室的名称和地址；实施实验室活动的地点；将报告中所有部分标记为完整报告一部分的唯一性标识，以及表明报告结束的清晰标识；客户的名称和联络信息；所用方法的识别；物品的描述、明确的标识以及必要时物品的状态；检测或校准物品的接收日期以及对结果的有效性和应用至关重要的抽样日期、实施实验室活动的日期；报告的发布日期；如与结果的有效性或应用相关时，实验室或其他机构所用的抽样计划和抽样方法；结果仅与被检测被校准或被抽样物品有关的声明；结果，适当时，带有测量单位；对方法的补充、偏离或删减；报告批准人的识别；当结果来自于外部提供者时清晰标识。另外还有检测报告的特定要求。对于检测报告、校准证书也有特定的要求，在此不再讲述。

（9）投诉　实验室应有形成文件的过程来接收和评价投诉，并对投诉作出决定。实验室应对投诉处理过程中的所有决定负责。

投诉处理过程应至少包括以下要素和方法：对投诉的接收、确认、调查以及决定采取处理措施过程的说明；跟踪并记录投诉，包括为解决投诉所采取的措施；确保采取适当的措施。

接到投诉的实验室应负责收集并验证所有必要的信息，以便确认投诉是否有效。

（10）不符合工作　当实验室活动或结果不符合自身的程序或与客户协商一致的要求时（例如，设备或环境条件超出规定限值，监控结果不能满足规定的准则），实验室应有程序予以实施。该程序应确保：确定不符合工作管理的职责和权力；基于实验室建立的风险水平采取措施（包括必要时暂停或重复工作以及扣发报告）；评价不符合工作的严重性，包括分析对先前结果的影响；对不符合工作的可接受性作出决定；必要时，通知客户并召回；规定批准恢复工作的职责。

实验室应保存不符合工作和有关规定措施的记录。

当评价表明不符合工作可能再次发生时，或对实验室的运行与其管理体系的符合性产生怀疑时，实验室应采取纠正措施。

（11）数据控制和信息管理　实验室应获得开展实验室活动所需的数据和信息。

用于收集、处理、记录、报告、存储或检索数据的实验室信息管理系统，在投入使用前应进行功能确认，包括实验室信息管理系统中界面的适当运行。当对管理系统做任何变更，包括修改实验室软件配置或现成的商业化软件时，在实施前应被批准、形成文件并确认。

4. 报告符合性声明

当作出与规范或标准符合性声明时，实验室应考虑与所用判定规则相关的风险水平（如错误接受、错误拒绝以及统计假设），将所使用的判定规则制定成文件，并应用判定规则。

如果客户、法规或规范性文件规定了判定规则,无需进一步考虑风险水平。

实验室在报告符合性声明时应清晰标识:符合性声明适用的结果;满足或不满足的规范、标准或其中的部分;应用的判定规则(除非规范或标准中已包含)。详细信息见 ISO/IEC 指南 98-4。

5. 报告意见和解释

当表述意见和解释时,实验室应确保只有授权人员才能发布相关意见和解释。实验室应将意见和解释的依据制定成文件。报告中的意见和解释应基于被检测或校准物品的结果,并清晰地予以标注。当以对话方式直接与客户沟通意见和解释时,应保存对话记录。

6. 修改报告

当更改、修订或重新发布已发出的报告时,应在报告中清晰标识修改的信息,适当时标注修改的原因。修改已发出的报告时,应仅以追加文件或数据传送的形式,并包含以下声明:"对序列号为……(或其他标识)报告的修改",或其他等效文字。这类修改应满足认可准则的所有要求。当有必要发布全新的报告时,应予以唯一性标识,并注明所替代的原报告。

四、实验室管理体系的内部审核和管理评审

实验室管理体系的内部审核和管理评审是实验室重要的质量活动,应定期开展,以满足管理体系的要求。可参照 CNAS-GL 12《实验室和检查机构内部审核指南》和 CNAS-GL13《实验室和检查机构管理评审指南》进行,实验室也可根据这两个文件制定内部审核程序和管理评审程序。

(一) 内部审核

内部审核是实验室的重要质量活动,是实现持续改进的关键措施。实验室必须给以充分重视。内部审核(以下简称内审)的目的是:一是对管理体系进行符合性检查,所谓符合性是指管理体系文件与认可准则或评审准则之间的符合性以及实验室行为与其文件规定之间的符合性,故简称"文-文符合性"和"文-行符合性";二是为改进管理体系创造机会,管理体系初建时也许很完善,但随着时间的推移、形势的发展、社会的进步可能会逐渐产生不适应的情况,实验室需要及时发现这些不适应之处,为改进管理体系创造机会;三是在外审时,有助于减少不符合项,便于通过审核。

实验室或检验机构宜对其活动进行内部审核,以验证其运行持续符合管理体系的要求。

审核宜检查管理体系是否满足 ISO/IEC 17025 或其他相关准则文件的要求,即符合性检查。审核也宜检查组织的质量手册及相关文件中各项要求是否在工作得到全面的贯彻。内部审核中发现的不符合项可以为组织管理体系的改进提供有价值信息,因此宜将这些不符合项作为管理评审的输入。

内审是一种周期性的活动,一般应该一年两次,至少每年一次。外审前应安排一次全面内审,这对顺利通过外审大有裨益。而当出现严重不符合、重大质量事故、客户重大投诉时还应追加审核。内审是有计划的活动,实验室应制定内审的年度计划和具体的审核日程表,质量负责人应按领导层的决策,策划和组织实施内审。内审应是系统的、全面的,每一个部门、每一个区域、每一个要素、每一个项目都应加以审核,不应留有"死角"。不过在具体实施时可以分区域、分部门、分专业进行,这称为"滚动式"审核。反之,则称为"集中式"审核。

内审与监督不同,具体的不同点见表 4-1。

表 4-1　内审与监督的不同点

不同点	内审	监督
目的	内审从改善内部管理出发,通过对发现的问题采取相应纠正措施、预防措施,推动质量改进	监督是通过对人员的监督来确保检验检测结果与评价的正确性
执行者	内审由经过专门培训,具备资格(一般认为是培训合格后获证并经过实验室授权)的内审员执行。内审只要资源允许,审核人员应独立于被审核的活动	监督则一般由本部门的人员执行,实行内部监督。监督由监督员(有资格)执行,监督员不一定要经过专门的培训
程序	内审作为一项体系审核工作,已有相应国际标准,形成了一套规范的做法	监督工作大多是每个检验检测机构自行作出规定
对象	内审的对象是覆盖管理体系相关的各个部门或各要素(过程)、活动、场所的运行情况	监督的对象则是检验检测人员执行的检验检测工作的全过程的能力
时机	内审是按计划进行、不连续的	监督则是连续进行的

　　内审通常可以分为五个阶段:策划和准备阶段、现场审核阶段、编制审核报告阶段、制定和实施纠正措施阶段、跟踪和验证阶段。

　　下面分别对这五个阶段工作进行说明。

1. 策划和准备阶段

　　前面曾经谈到,对于一个过程来说,策划是非常重要的,成功的策划可以达到事半功倍的效果。

　　(1) 审核的重点　内审虽然应该是全面的、系统的,但是也是有重点的。内审之前,实验室领导需要对本实验室的总体情况有一个基本的估计,因此应明确需要重点审核的部门、区域、岗位、要素、项目,而不一定平均分配审核资源。

　　(2) 审核的人员　审核组主要由本实验室的内审员组成,内审员不应审核自己所从事的活动或自己直接负责的工作,但要对所审核的活动具备充分的技术知识,并要求专门接受过审核技巧和审核过程方面的培训。所以,内审员的人选和分工需要精心策划。在人力资源缺乏的情况下,实验室聘请外审员、技术专家或咨询机构协助进行内审,也未尝不可。

　　(3) 审核的时机　审核应该选在实验室员工比较集中的时间进行,人员缺席过多,会影响审核的效果。

　　(4) 审核的模式　内审通常是集中式审核或滚动式审核,所以可以将审核模式与审核时机结合起来考虑:若人员难以聚齐,就采取滚动式审核,其好处是机动性强;若人员可以聚齐,则采取集中式审核,其好处是审核效率高。但无论集中式还是滚动式审核,一年之内都要将所有区域、部门、要素至少覆盖一遍。

　　(5) 检查表的详略程度　审核检查表实质上就是内审的作业指导书,其编写的详略程度取决于内审员对准则的熟悉程度以及具备的审核经验,并非必须一成不变。实验室可以根据情况决定编制审核表的详略程度。

　　内审的准备工作主要包括以下几方面。

　　① 编制审核年度计划和审核日程表。年度计划的样式和内容都很简单,可以制成表格也可用文字叙述,包括拟审核日期、部门、区域、岗位、要素,审核人员、要求及注意事项等。审核日程表可用两种形式编制:按部门审核或按要素审核。对大型实验室来说按部门审核较好,对小型实验室来说按要素审核较好。审核计划和日程表一般由审核组长负责编写,由质量主管或实验室领导审批。

　　② 编制检查表。检查表实质上是内审的作业指导书。对于初次进行内审的实验室或初次参加内审的审核员来说,编写一个详细的检查表是很有益处的。编好检查表对于保证审核质量、提高审核效率很有帮助。

　　③ 发布审核通知。审核通知应包括日期、参加人员以及具体要求等。其作用是告知员

工,使其足够重视,安排好手头工作,从而保证参加人数。同时,做好整理和归档记录资料等工作。

2. 现场审核阶段

(1) 首次会议　与外审一样,内审也要举行首次会议。

首次会议一般由质量主管主持,其议程是:

① 实验室领导讲话,强调内审的重要性,表明领导的决心,提出内审要求等;

② 审核组长介绍审核目的、范围、依据、审核日程、审核组成员和分工等;

③ 审核组与各部门确认现场试验项目、参数、方法以及监督人员等。

首次会议要有会议记录和出席人员签到表。

(2) 现场审核　现场审核应按预定的计划和分工进行,有时需要根据现场的实际情况对计划和日程表进行适当调整。

(3) 内部交流　审核组在适当的时候可以进行内部交流,交流讨论审核中发现的问题,协调审核进度、统一审核尺度,安排下一步工作。

(4) 与部门负责人交换意见　评审组在某个部门审核结束并基本形成审核意见后,与部门负责人交换意见,确认不符合项。

(5) 末次会议　末次会议的参加人员应与首次会议的参加人员相同,至少基本相同。

末次会议的议程包括:

① 评审组长介绍评审情况,宣布评审结论;

② 各部门提出整改和纠正措施方案,商定完成时间;

③ 实验室领导应对本次内审的严肃性、认真性提出批评或表扬意见,对内审的效果做总结。

末次会议同样要有会议记录和签到表。

3. 编制审核报告阶段

审核报告一般由审核组长编写,由质量主管批准。在末次会议结束后的短时间内完成并传发给参会人员,使其得知审核的情况,便于采取纠正或预防措施。

报告应当总结审核结果,并包括以下信息:审核组成员的名单;审核日期;审核区域;检查的所有区域的详细情况;机构运作中值得肯定或好的方面;确定的不符合项及其对应的相关文件条款;改进建议(无须采取纠正措施的不符合项可按改进建议处理);商定的纠正措施及其完成时间,以及负责实施纠正措施的人员;采取的纠正措施;确认完成纠正措施的日期;质量负责人确认完成纠正措施的签名。审核报告还可附有不符合项和改进建议的统计资料。

4. 制定和实施纠正措施阶段

纠正措施已在末次会议上讨论过,会后要填表确认并付诸实施。

不符合事实描述尽量具体明确,其余各栏目内容也需填写充分,勿用"已纠正""已验证"等空泛词汇一语带过。

当不符合项可能危及校准、检测或检查结果时,应当停止相关的活动,直至采取适当的纠正措施,并证实所采取的纠正措施取得了满意的结果。另外,对不符合项可能已经影响到的结果,应进行调查。如果对相应的校准、检测或检查的证书/报告的有效性产生怀疑,应当通知客户。

5. 跟踪和验证阶段

实验室应对纠正措施和预防措施实施效果进行跟踪和验证。细分起来,"跟踪"和"验证"有所区别:"跟踪"是查验措施是否得到了实施,"验证"是检查实施效果如何。但一般不加以区分,而是笼统地称为"跟踪验证"。总之这一阶段有三个方面要检查:

① 不符合工作的纠正情况;
② 纠正或预防措施的落实完成情况;
③ 纠正或预防措施的有效性。

对于严重的不符合项还要编写跟踪验证报告。

(二) 管理评审

1. 管理评审的性质与目的

(1) 管理评审的定义性质　管理评审是实验室最高管理者根据质量方针和质量目标对质量管理体系的适宜性、充分性、有效性和效率进行的定期的系统评价。与内部审核一样,也是实验室实现持续改进的重要举措。

内部审核和管理评审是相辅相成的。管理评审是周期性的、系统的活动,一般以 12 个月为一个周期,此外内审和外审后应安排一次管理评审。管理评审涉及实验室管理体系覆盖的所有部门、区域和专业领域中与检测/校准工作和服务有关的活动。

(2) 管理评审的目的　实验室或检验机构的最高管理者应当对组织的质量管理体系和检测/校准/检验活动定期进行评审,以确保其持续适宜性和有效性,并进行必要的变更或改进。

管理评审应当进行策划,以进行必要的改进,确保组织的质量安排持续满足组织的需要。评审还应当确保组织的质量管理体系持续符合 ISO/IEC 17025 或 ISO/IEC 17020 的要求。

管理评审应当注意到实验室或检验机构的组织、设施、设备、程序和活动中已经发生的变化和需求发生的变化。

内部或外部的质量审核结果、实验室间比对或能力验证的结果、认可机构的监督访问或评审结果、客户的投诉都可能对体系提出改进的需求。

质量方针和质量目标应当进行评审,必要时进行修订。应当建立下一年度的质量目标和措施计划。

2. 管理评审的策划

实验室最高管理者负责策划和组织实施管理评审,质量主管、技术主管协助最高管理者进行具体的准备工作。管理评审策划的主要内容有:评审的具体目的,即要解决的问题;评审的范围,如涉及的部门、区域等;需要输入的信息;参加人员;评审的时机;评审的方式。

尽管管理评审通常为会议形式,但必要时也可以采取现场观摩比较、能力分析、绩效评估、结果验证等方式。例如,测量不确定度评定就可以看作是一种管理评审或管理评审的一项活动,因为其实质是对检测结果的质量和水平的评价,通过测量不确定度评定可以定量判断适宜性、有效性。

3. 管理评审的输入信息

输入信息可根据每次管理评审的议题准备,包括:内外审报告和材料;质量方针、目标考核结果;客户意见调查、投诉;检测程序评审报告;检测质量控制记录和分析报告;监督报告;培训总结和人力资源情况评价报告;比对试验或能力验证结果;纠正措施、预防措施有效性评价;设施和环境条件检查报告;检测市场调查;外部环境变化情况的信息;实验室内部环境变化情况的信息;上次管理评审决议的执行情况;其他方面的信息。

以上信息应在管理评审会议前分别由有关人员准备,这些信息可以有两种形式:
① 职能部门及业务部门的工作报告,即按部门的职责分别报告上述信息;
② 专题报告,由有关责任人分别报告上述信息。

4. 管理评审的议题

管理评审需要研究和讨论的议题通常包括以下几个方面。

（1）实验室管理体系建立和运行的充分性和适宜性评价　主要从资源和管理职责的角度进行评审，包括硬件资源和软件资源，例如管理人员和技术人员、仪器设备、设施和环境、检测方法、抽样和样品处置方法、体系文件、信息和资料、记录、报告等，还包括质量方针和目标、组织机构、岗位、职责、权限等，最终做出体系的充分性、适宜性评价。

（2）实验室管理体系建立和运行的有效性评价　主要从过程和系统的角度评审，例如，文件控制过程、记录管理过程、人力资源控制过程、抽样和样品管理过程、量值溯源过程、仪器设备维护/核查过程、检测工作流程、质量控制过程、质量改进过程、结果报告过程等以及过程之间的相互作用、相互关系，最终做出体系的有效性评价。质量管理的七项原则中有两项就是过程方法和管理的系统方法。

（3）检测结果以及服务质量是否符合规范和满足客户要求，是否需要改进。

（4）市场变化给实验室带来的压力和机遇　是否需要调整检测项目、扩充或压缩资源、提高效率、降低成本。

（5）实验室内、外部环境变化的影响　是否需要进行某些机制改革或体系改进。

（6）日常管理会议的有关议题　包括人员任命、机构岗位变动、资源调整、文件修订等。

为便于讨论，这些议题可以进一步细化或分专题讨论。管理评审还应紧扣充分性、适宜性、有效性的主题。充分性是回答"够不够"的问题。适宜性是回答是否适合当前时宜，是否适合所进行的工作的问题。有效性是指是否实现了策划的目标，达到了预期的效果。除此以外，管理评审还应讨论和分析效率和成本问题，有时尽管充分性、适宜性、有效性都满足要求，但是效率低、成本高，实验室也不能承受。以上这些评价活动与内审的符合性检查完全不同。与内部审核相比，管理评审有一定难度，因为它的议题比较广泛，结论也无定式；它着眼于宏观、体系、"战略"方面，而不像内审逐条逐款进行，非常具体明确。所以，相当一部分实验室管理评审做得不好。

5. 评审的结果

评审的结果应形成评审报告。

管理评审决议应列入下一年度或下一阶段工作计划。工作计划应包括方针、目标、要求、措施、责任岗位或部门、预期、进度等。

6. 管理评审的记录

管理评审会议记录包括：会议输入信息的文件、记录；会议出席人员签到表；会议记录；管理评审报告；下一年度或下一阶段工作计划。

实验室应将这些记录整理成册、归档保存。

五、实验室认可准备工作

实验室申请认可要做很多准备工作，主要包括以下内容。

1. 实验室认可准则的宣贯

依据申请的性质进行认可准则的宣贯。实验室所有员工都应参加宣贯。该宣贯可以由实验室进行，也可请外部机构或人员进行。如果由实验室进行，则要编写宣贯材料，将准则改编为员工所能理解的语言并结合实验室的实际情况进行，避免因照本宣科而使听者失去兴趣。宣贯后要进行考核，最好是笔试，并留下培训和考核记录，包括教材、签到表和考试成绩。

2. 建立和完善质量管理体系

全员宣贯后即可着手建立和完善质量管理体系。通过贯彻和实施国际标准，可以学习国际先进的管理模式，了解与标准规定的差距，实现实验室的现代化管理。建立和完善质量管理体系涉及调整组织结构、设置部门和岗位、明确职责和权限、识别工作过程、改善检验和服务环境、补充资源、确定申报范围等方面。

申请认证或认可，开展对外服务，组织机构要做相应调整，设立专门的样品接收和报告发送窗口、投诉接待窗口等。

实验室原有的部门和岗位也要完善，如为进行文件、记录、档案、样品的管理，实验室要设置综合办公室；为领导层分工，要设置技术主管和质量主管；为进行内部审核要培训内审员；为加强监督要设置监督员等。这些部门和岗位原先是没有的。

职责和权限要针对实验室认可的要求进行补充和调整，例如质量控制、质量保证、质量改进方面的职责和权限，不符合工作、纠正、预防措施方面的职责权限，这些都是传统的管理模式所容易忽略的。

所谓识别过程就是研究、分析、设计的过程。优化过程，从而达到提高效率、降低成本、改善质量的目的。

实验室认可特别对资源有较高的要求，包括人员、仪器设备、试剂和消耗材料等。实验室人员由管理人员和技术人员构成。目前相当一部分实验室管理人员都是由技术人员兼任的。这些人员由于要承担大量的日常检测工作，再兼任管理工作便显得力不从心，管理工作的质量就会受到影响，所以实验室领导要给他们"减负"，必要时设置专职的管理人员。技术人员的专业要能够覆盖申请检验的领域，跨领域检验的范围不应太宽。技术人员的数量也要足够，能满足开展检验项目的工作量的要求。

实验室认可并不规定实验室申请项目的数量和覆盖范围的最低限度，所以实验室可以根据检验技术的成熟程度、资源的充分性和检测市场的需求确定申报的项目、参数。项目和参数确定后再进行质量管理体系的策划和实施。

3. 编写质量体系文件

质量管理体系建立和完善后，要将其文件化。文件化的必要性在前面已经论及，不再赘述。质量管理体系文件由手册、程序文件、作业指导书、计划、记录和报告等几个层次文件构成，之前也已经描述过。

编写作业指导书十分重要，编写和审核作业指导书的过程是对各个检验项目参数的识别，是研究、分析、设计的过程。在编写和审核时可以发现各项检验工作中存在的问题，寻找解决或改进的方法，提高检验效率，降低成本，改进质量，所以实验室要对其给予足够重视，绝不要胡乱找一个所谓的"范本"来蒙混过关，这样做将会失去一个很好的改进检验的机会，得不偿失。

第四层次的文件包括计划、记录和报告等，这些文件也非常重要。以前讲过，过程方法的重要模式是 PDCA 循环。P 是 plan（策划），策划的结果是具体的工作计划，因此实验室每项重要的质量活动都要编制工作计划。由于某些质量活动已经呈常态，所以其工作计划不妨设计成固定的格式，实现标准化和规范化。D 是 do（实施），实施要有证据，所以必须留下记录。记录格式标准化、规范化也很重要，它在一定程度上可以起到指导操作的作用。尽管作业指导书很详尽，但可能过于繁琐，操作人员在现场操作时没有足够的时间和精力去查看，这时事先编制好的记录表格可以起到提示作用。因此记录表格上如有必要的简单操作说明，则相当于一个简化的作业指导书，使用时更加方便。但是这种记录格式一定要与作业指导书保持一致，经过批准正式发布。每一项质量活动完成后需总结分析、评价效果，并写出报告，以便改进，这就是 C（check）检查和 A（action）处置。至此，这个活动（过程）才算结束。报告一般没有固定的格式，根据报告的内容而写，"有话则长，无话则短"。

实验室对于过去编写的一些规章制度、管理办法等需进行清理。与新编的质量体系文件有矛盾的地方要删除，有重复的地方要合并。总之，该保留的保留，该清除的清除。

4. 质量管理体系文件宣贯

这是认可认定准备阶段的第二次全员宣贯，在准则宣贯和体系文件编写完成后进行，仍需全员参加，进行考核并留下记录。宣贯可以结合质量体系的岗位培训进行。

5. 质量管理体系的岗位培训

此处质量管理体系的岗位是指认可准则要素涉及的岗位，而不是实验室所在组织设立的岗位，两者之间可能有些是一致的，但也可能不一致。如财务人员、总工程师、总经济师等在质量管理体系中未涉及。此外，技术职称不能算岗位，如实验员、计量师、工程师、教授、研究员等只是技术等级而不是职务。

质量管理体系的岗位包括主任、副主任、技术主管（技术负责人）、质量主管、部门负责人或专业组长、授权签字人、监督员、内审员、检验人员、校准人员和采样人员等。对此要制定详细的岗位培训计划，逐一进行培训和考核，考核合格后授权从事所承担的岗位职务。只有在所有岗位人员都进行了岗位培训并考核合格后，质量管理体系才能顺利运行。如果出现调整岗位的情况，则还需重新培训和考核。而且，今后每过一定时间（例如一年）都要进行工作能力的评审。

6. 质量管理体系试运行

质量管理体系文件建立后有一个试运行的阶段，因为文件不一定是充分、适宜的，遗漏、重复和矛盾等情况在所难免，通过试运行可以发现这些问题，以便改进。此外，员工对新体系也需要有一个理解熟悉的过程。在试运行阶段文件的修改和调整比较简单，可采用口头手写方式，如果直接进入正式运行阶段，则文件修改必须严格执行文件管理程序，手续繁多，不适宜作大量的修改。

试运行的关键是必须按策划的要求执行，也就是按预先制定好的计划进行，要坚决摒弃过去习惯了的不科学、不合理、不规范、无人负责的做法，克服随意性，增强工作的严密性和可追溯性。这样做初始阶段可能会有阻力，但坚持下去就会习惯。

试运行的精力应集中在质量控制和质量保证上。

（1）实验室的质量控制　实验室的质量控制主要有以下几个内容：人员继续教育和培训；外部服务和供应品的检查验收；仪器设备的检定校准、期间核查维护；环境条件的监控和记录；检验程序的验证和确认；抽样方法、方案的制定实施；样品采集、包装运输的控制；样品的处置、养护、存储的控制；原始数据的校核；检验报告的审核、批准。

（2）实验室的质量保证　实验室的质量保证活动主要有以下几点：监督；采用统计技术的内部质量控制（本质上属于质量保证）；测量审核（俗称盲样检测）；参加能力验证或室间质量评价活动；内部比对；样品复测；相关性检验；测量不确定度评定。

以上这些质量控制和质量保证活动中有很多正是传统实验室较少关注但却对检验工作的质量起到关键作用的活动，所以试运行阶段要重点进行。

7. 重点领域的内部审核

试运行一段时间（例如三个月）后，就会发现质量管理体系中存在的问题，例如，资源不足、岗位职责不明确、人员培训不到位等，质量体系文件也可能存在问题，如缺少必要的程序文件或作业指导书、记录表格格式不适用、技术资料或信息不充分等。通过对重点领域的审核可以发现这些问题，重点领域包括关键岗位、关键部门、重要活动等。

8. 操作程序评审

操作程序评审是一种纵向式的确认方式，即从采样开始，到样品包装运输、接收、标识、处置，再到仪器试剂准备、操作、读取数据，到数据处理、报告编制、审核、批准等逐个环节检查，其中涉及人员培训、试剂耗材质量控制、仪器设备校准、作业指导书的发放、质量保证等活动的实施。对上述这些工作做全面的检查和评价，得出关于检验程序的适宜性、有效性如何的结论。在实验室质量管理体系建立初期进行这样的评审是非常重要的。

9. 文件的修改、发布、正式运行

经过重点领域的内部审核和操作程序的评审以后，可能有些文件需要修改、补充和完善。实验室进行修订后即可予以发布，质量管理体系进入正式运行的阶段。质量体系文件可以以电子版的形式存储在实验室信息系统中。

10. 全要素内部审核及管理评审

质量管理体系正式运行一段时间（例如半年）后，即可进行一次全要素的内部审核。

内部审核后所有的不符合项都要"关闭"，即采取适宜的纠正措施，对纠正措施的有效性进行跟踪验证等。此时需要进行一次管理评审以评价体系的充分性、适宜性和有效性，实现持续改进。

11. 填写申请书

质量管理体系建立和运行至少需要半年时间，并经过一次全要素的内部审核和完整的管理评审后，实验室可以向认可或认证机构提出申请。实验室认可需要向中国合格评定国家认可委员会提出。

实验室在评审组现场评审之前需与评审组长沟通，准备现场试验的样品。评审期间，员工尽量不要出差。

六、实验室认可程序要求

（一）实验室认可程序

实验室认可一般包括以下 8 个过程。

① 实验室建立了符合认可要求的管理体系，并正式有效运行 6 个月。

② 实验室按要求提交认可申请书及相关资料。

③ 中国合格评定国家认可委员会（CNAS）秘书处审查申请资料，作出受理决定。必要时，安排初访。

④ 评审组审查申请资料，确定是否安排现场评审。必要时，安排预评审。

⑤ 根据现场评审计划通知书，评审组实施现场评审。

⑥ 需要时，实验室根据评审组提出的不符合项实施纠正/或纠正措施。评审组对不符合项实施整改验收。

⑦ CNAS 秘书长根据评定委员会的评定结论作出认可决定，向获准认可实验室颁发认可证书以及认可决定通知书。

⑧ 后续工作：获得 CNAS 认可后的监督、复评审、扩大或缩小领域范围及认可变更。

（二）初次认可

1. 申请受理要求

提交的申请资料应真实可靠。申请人应对 CNAS 的相关要求基本了解，且进行了有效的自我评估，提交的申请资料齐全完整、表述准确、文字清晰。申请人具有明确的法律地位，其活动应符合国家法律法规的要求。建立了符合认可要求的管理体系，且正式、有效运行 6 个月以上。进行过完整的内审和管理评审，并能达到预期目的。内审和管理评审应在管理体系运行 6 个月以后进行。申请的技术能力满足 CNAS-RL02《能力验证规则》的要求。申请人具有开展申请范围内的检测/校准/鉴定活动所需的足够的资源。使用的仪器设备的量值溯源应能满足 CNAS 相关要求。申请认可的技术能力有相应的检测/校准/鉴定经历。CNAS 具备对申请人申请的检测/校准/鉴定能力，开展认可活动的能力。CNAS 认可准则和要求类文件不能作为申请人的能力申请认可。CNAS 秘书处认为有必要满足的其他方面要求。

不符合有关条件将不受理申请人的认可申请。

当 CNAS 对申请人的申请作出不予受理的决定后，申请人再次提交认可申请时，根据不同情况须分别进行相应的处理。

2. 实验室意向申请

实验室在自我评估满足认可条件后，按申请书中的要求向 CNAS 递交认可申请资料，同时交纳申请费用。申请资料应真实可靠、齐全完整、表述准确、文字清晰。认可范围、机构英文名称与地址应符合 CNAS 的要求。

实验室申请认可的检测/校准项目，均要有相应经历，且是实验室经常开展的、成熟的、主要业务范围内的主要项目。对申请认可的检测/校准能力，实验室都要进行过方法验证，即使使用相同的检测/校准方法，但涉及的检测对象、检测基质或校准的仪器设备等不同，也要针对其不同点进行验证。

3. 正式申请和受理

CNAS 秘书处收到申请资料并确认交纳费用后，对资料进行审查，若满足 CNAS-RL01《实验室认可规则》第 6 条所述的受理要求则予以受理。对于不能提供满意结果的能力验证，将不受理该子领域的认可申请。

4. 文件评审

CNAS 秘书处受理申请后，将安排评审组长审查申请资料。只有当文件评审结果基本符合要求时，才可安排现场评审。文件评审发现的问题，CNAS 秘书处应反馈给申请人。必要时，CNAS 秘书处将安排预评审以确定能否安排现场评审，由此产生的费用由申请人承担。

5. 组建评审组

CNAS 秘书处以公正性为原则，根据申请人的申请范围（如检测/校准/鉴定专业领域、实验室检测/校准/鉴定场所与检测/校准/鉴定规模等）组建具备相应技术能力的评审组，并征得申请人同意。除非有证据表明某评审员有影响公正性的可能，否则申请人不得拒绝指定的评审员。对于无正当理由拒不接受 CNAS 评审组安排的申请人，CNAS 可终止认可过程，不予认可。需要时，CNAS 秘书处可在评审组中委派观察员。

6. 现场评审

评审组依据 CNAS 的认可准则、规则和要求及有关技术标准对申请人申请范围内的技术能力和质量管理活动进行现场评审。现场评审应覆盖申请范围所涉及的所有活动及相关场所。现场评审时间和人员数量根据申请范围内检测/校准/鉴定场所、项目/参数、方法、标准/规范等确定。

一般情况下，现场评审的过程是：首次会议；现场参观（需要时）；现场取证；评审组与申请人沟通评审情况；末次会议。

评审组长应在现场评审末次会议上，将现场评审结果提交给被评审实验室。

对于评审中发现的不符合，被评审实验室应及时实施纠正，需要时采取纠正措施，纠正/纠正措施通常应在 2 个月内完成。评审组应对纠正/纠正措施的有效性进行验证。如需进行现场验证时，被评审实验室应予配合，支付评审费，并承担其他相关费用。

纠正/纠正措施验证完毕后，评审组长将最终评审报告和推荐意见报 CNAS 秘书处。

7. 认可评审的要求

① 评审组审查申请人提交的管理体系文件和相关资料，发现文件不符合要求时，CNAS

秘书处或评审组应以书面方式通知申请人采取纠正或纠正措施，经验证合格后，方可实施现场评审。

必要时 CNAS 秘书处可要求申请人的管理体系再运行相应的时间（一般为 3 个月）后实施现场评审。

② 根据技术能力确认需要，现场评审时，评审组可安排测量审核，由此产生的费用由申请人承担。

③ 评审组应对申请人的授权签字人进行考核。

④ 使用租用设备的申请人，必须能够完全支配使用。租用设备的使用权必须完全转移，并在申请人的设施中使用。

⑤ 对于开展内部校准的检测、检定实验室，应满足 CNAS 关于内部校准的要求。

⑥ 当测量结果无法溯源至国际单位制（SI）单位或与 SI 单位不相关时，测量结果应溯源至 RM、公认的或约定的测量方法/标准，或通过实验室间比对等途径，证明其测量结果与同类实验室的一致性。当采用实验室间比对的方式来提供测量的可信度时，应保证定期与 3 家以上（含 3 家）实验室比对。

⑦ 申请人中的关键岗位人员（如授权签字人、给出意见和解释的人员、操作专用设备人员等）应与实验室有固定、合法的劳动关系。从事检测、校准或鉴定活动的人员不得在其他同类型实验室从事同类的检测、校准、鉴定活动。对法律法规中有从业资质要求的人员，应符合相关要求。

⑧ 现场评审时，被评审实验室存在下列任何情况之一，可以中止评审，不予推荐认可。申请人实际状况与申请资料描述严重不符，或发现申请人存在欺诈、隐瞒信息或故意违反认可要求的行为；申请人管理体系控制失效；现场不具备评审条件；申请人不配合评审工作，以致无法进行评审；发现申请人存在不诚信行为；被评审实验室在相关活动中存在违反国家有关法律法规或其他明显有损于 CNAS 声誉和权益的情况。

⑨ 发现被评审实验室存在以下情况时，实验室将不能获得认可。申请资料严重不符，或发现申请人存在欺诈、隐瞒信息或故意违反认可要求的行为。申请认可范围中多个项目/参数不具备检测/校准/鉴定能力。对于申请的技术能力没有检测/校准/鉴定经历，或没有对检测/校准/鉴定结果的准确性、可靠性进行过评价、确认，或没有实施质量控制。被评审实验室提供不真实的管理体系运行记录，包括相应的检测/校准/鉴定记录。被评审实验室的管理体系运行失效，认可准则大部分要素存在不符合的情况。申请人中的关键岗位人员。不能满足相关资格要求，不予受理认可申请的，申请人须具备满足相关资格要求的人员后才能再次提交认可申请。

8. 认可评定

CNAS 秘书处将对评审报告、相关信息及评审组的推荐意见进行符合性审查，必要时要求实验室提供补充证据，向评定专门委员会提出是否推荐认可的建议。

CNAS 秘书处负责将评审报告、相关信息及推荐意见提交给评定专门委员会，评定专门委员会对申请人与认可要求的符合性进行评价并做出评定结论。评定结论可以是以下四种情况之一：予以认可；部分认可；不予认可；补充证据或信息，再行评定。

CNAS 秘书长或授权人根据评定结论做出认可决定。

9. 发证与公布

CNAS 认可周期通常为 2 年，即每 2 年实施一次复评审，做出认可决定。

CNAS 秘书处向获准认可实验室颁发认可证书，认可证书有效期一般为 6 年。

认可证书有效期到期前，如果获准认可实验室需继续保持认可资格，应至少提前 1 个月向 CNAS 秘书处表达保持认可资格的意向。

（三）后续工作

在认可有效期内，实验室如不能持续符合认可要求，CNAS将对实验室做出暂停或撤销认可的处理。

1. 扩大、缩小认可范围

（1）扩大认可范围　获准认可实验室在认可有效期内可以向CNAS秘书处提出扩大认可范围的申请。

CNAS秘书处根据情况可在监督评审、复评审时对申请扩大的认可范围进行评审，也可根据获准认可实验室需要，单独安排扩大认可范围的评审。

扩大认可范围的认可程序与初次认可相同，必须经过申请、评审、评定和批准。

扩大认可范围申请的受理与评审要求，与初次认可申请相同。

批准扩大认可范围的条件与初次认可相同，获准认可实验室在申请扩大认可的范围内必须具备相应技术能力，符合认可准则所规定的要求。

（2）缩小认可范围　以下情况（但不限于），可以导致缩小认可范围：获准认可实验室自愿申请缩小其认可范围；业务范围变动使获准认可实验室失去原认可范围内的部分能力；监督评审、复评审或能力验证的结果表明，在CNAS秘书处规定的时间内，获准认可实验室的某些技术能力或质量管理不再满足认可要求；CNAS的认可要求变化后，在CNAS秘书处规定的时间内，获准认可实验室未能完成转换，导致其某些技术能力或质量管理不再满足认可要求。

2. 监督评审

监督评审的目的是为了证实获准认可实验室在认可有效期内持续地符合认可要求，并保证在认可规则和认可准则或技术能力变化后，能够及时采取措施以符合变化的要求。

获准认可实验室均须接受CNAS的监督评审。监督评审中如发现获准认可实验室不能持续符合认可条件，CNAS应要求其限期实施纠正，需要时采取纠正措施，情况严重的可立即予以暂停认可、缩小认可范围或撤销认可。

监督评审方式包括现场评审和其他评审，其他评审方式如就与认可有关的事宜询问获准认可实验室；审查获准认可实验室认可标识/联合标识的使用和认可状态声明；要求获准认可实验室提供文件和记录进行审查（如审核报告、用于验证获准认可实验室服务有效性的内部质量控制结果、投诉记录、管理评审等）。

监督评审的方式有定期监督评审和不定期监督评审。

3. 复评审

对于已获准认可的实验室，应每2年（每24个月）接受一次复评审，评审范围涉及认可要求的全部内容、已获认可的全部技术能力。获准认可后，第1次复评审的时间是在认可批准之日起2年（24个月）内。两次复评审的现场评审时间间隔不能超过2年（24个月）。

复评审不需要获准认可实验室提出申请。

复评审采用现场评审的方式，评审的要求和现场评审程序与初次认可相同。对于现场评审中发现不符合项的整改时限和要求与定期监督评审相同，按定期监督评审一样执行。

4. 认可变更的要求

（1）获准认可实验室的变更　CNAS秘书处在得到实验室变更通知并核实情况后，CNAS视变更性质可以采取以下措施：进行监督评审或复评审；维持、扩大、缩小、暂停或撤销认可；对新申请的授权签字人进行考核；对变更情况进行登记备案。

（2）认可规则、认可准则、认可要求的变更　当认可规则、认可准则、认可要求发生变更时，CNAS秘书处应及时通知可能受到影响的获准认可实验室和有关申请人，详细说明认可规则、认可准则以及有关要求所发生的变化。

当认可条件和认可准则发生变化时，CNAS应制订并公布其向新要求转换的政策和期限，在此之前要听取各有关方面的意见，以便让获准认可实验室有足够的时间适应新的要求。

获准认可实验室在完成转换后，应及时通知CNAS秘书处。

获准认可实验室如在规定的期限不能完成转换，CNAS可以暂停、撤销认可。

5. 暂停、恢复、撤销和注销认可

CNAS秘书处可用CNAS网站公告、邮寄信函、传真、电子邮件或者其他适当方式送达认可决定。

6. 对多场所实验室认可的特殊要求

对于多检测/校准/鉴定场所的实验室认可，除满足单一场所实验室认可的要求外，还应满足在管理体系、申请及受理、认可评审、认可证书方面的其他要求。

（四）权利和义务

1. CNAS的权利和义务

CNAS的权利：对实验室开展的活动和认可证书及认可标识/联合标识的使用情况进行不定期监督；根据相关方的投诉对实验室进行现场调查和跟踪，并以提出整改要求；对实验室不符合CNAS规定的情况，做出暂停、恢复撤销认可资格的决定。

CNAS的义务：利用网站公开获准认可实验室认可状态信息并及时更新；向获准认可实验室提供与认可范围有关的、适宜测量结果溯源途径的信息；提供签署相关ILAC和APLAC多边承认协议以及其他一些国际安排的信息；在认可要求发生变化时及通知已获准实验室，在对更改内容和生效日期作出决定之前，听取各有关方面的意见，以便获准认可的实验室在合理的期限内作出调整；及时向申请/已获认可实验室提供最新版本的认可规则、准则和其他有关文件，有计划地对实验室进行有关的认可知识宣贯和培训，并以积极态度主动征询实验室的意见，注意随时收集认可工作中实验室的相关信息反馈，促进CNAS认可体系的持续改进；及时答复有关认可问询，建立行之有效的信息发布和客户反馈系统，通过组织宣传、培训活动满足实验室需求；遵守国际实验室认可合作组织（ILAC）和亚太实验室认可合作组织（APLAC）相互承认协议中的要求，不将已加入相互承认协议认可机构作为竞争对手；除需要分开的信息外，CNAS有义务对在实验室认可活动中获得或产生的其他信息，如商业、技术等信息保密。

2. 实验室的权利和义务

（1）申请认可实验室的权利和义务

申请认可实验室的权利：获得CNAS的相关公开文件；获得本认可评审安排进度、评审组成员及所服务的单位等信息；对与认可有关的决定提出申诉；有权对CNAS工作人员及评审组成员的工作提出投诉；对评审组的组成提出异议。

申请认可实验室的义务：了解CNAS的有关认可要求和规定；按照CNAS的要求提供申请文件和相关信息，并保证内容真实、准确；服从CNAS秘书处的各项评审安排，为评审活动提供必要的支持，并为有关人员进入被评审的区域、查阅记录、见证现场活动和接触工作等方面提供方便，不得拒绝CNAS秘书处派出的见证评审活动人员（包括国际同行评审的见证人员）。

（2）获准认可实验室的权利和义务

获准认可实验室的权利：在规定的范围内宣传其从事相应技术能力已被认可；在其获认

可范围内出具的证书或报告以及拟用广告、专用信笺、宣传刊物上使用认可标识/联合标识；对 CNAS 工作人员、评审人员提出投诉，并有权对 CNAS 针对其做出的与认可有关决定提出申诉、自愿终止认可资格。

获准认可实验室的义务：确保其运作和提供的服持续符合认可规则中规定的有关条款中规定的认可条件；自觉遵守相关法律法规；为 CNAS 秘书处安排评审活动提供必要的支持，并为有关人员进入被评审的区域、查阅记录、见证现场活动和接触工作人员等方面提供方便，并不得拒绝 CNAS 秘书处派出的见证评审活动人员（包括国际同行评审的见证人员）；实验室应参加 CNAS 秘书处指定的能力验证、实验室比对或测量审核活动；实验室应对其出具的证书或报告（包括但不限于试验数据、意见和解释等内容）负责，为客户保守秘密；建立客户投诉处理程序，如在收到投诉后处理程序，如在收到投诉后 2 个月内未能使相关方满意，应将投诉的概要和处理经过等情况通知 CNAS 秘书处；实验室在发生认可规则有关变化时，书面通知 CNAS 秘书处；在认可的概要和处理要求发生变化时，按照 CNAS 要求进行调整，并在调整完成后通知 CNAS 秘书处；做到公正诚实，不弄虚作假，不从事任何有损 CNAS 声誉的活动；在其证书、报告或宣传媒介，如广告、宣传资料或其他场合中表明其认可状态时，符合 CNAS 的有关规定；在被 CNAS 撤销认可或自愿注销认可资格时，或在认可证书逾期时，立即交回认可证书，停止在证书、报告或宣传材料上使用认可标识/联合标识，并不得采用任何方式表示其认可资格仍然有效；经常浏览 CNAS 网站，及时获得认可状态、认可要求等相关信息；按有关规定缴纳费用；及时将认可资格的暂停、缩小、撤销及相关后果告知其受影响的客户，不得有不当延误。

另外，检验检测机构资质认定可浏览中国合格评定国家认可委员会网站：https：//www.cnas.org.cn/index.shtml。

思考与交流

1. 讨论实验室认可和资质认定的联系与区别。
2. 讨论质量管理七项基本原则。
3. 讨论 PDCA 循环在管理体系的具体应用。
4. 模拟实验室管理体系的内部审核和管理评审。
5. 讨论实验室认可准备工作。
6. 讨论实验室认可程序要求。

知识拓展

实验室资质认定流程图

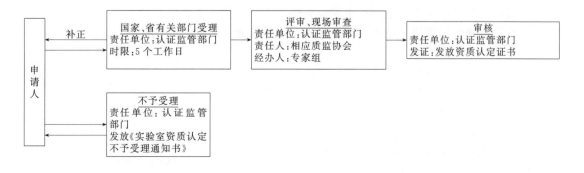

项目小结

实验室认可概述
实验室认可的作用和意义、实验室认可的标志、认可认证基本术语。

质量体系文件的编写
质量体系文件的构成和作用，质量手册、程序性文件、规范、作业的指导书、质量记录、表格和报告的组成和编写。

检测检验机构资质认定
检验检测机构资质认定能力评价、检验检测机构通用要求、检验检测机构资质认定评审工作程序。

实验室认可
实验室认可和资质认定的联系与区别、质量管理七项基本原则和管理体系的 PDCA 循环、实验室认可准则、实验室管理体系的内部审核和管理评审、实验室认可准备工作、实验室认可程序要求。

练一练测一测

任务一
1. 解释下列名词：实验室认可、产品、过程、程序、偏离、要求、不符合工作、管理体系、质量方针、质量目标、质量控制、质量保证、质量改进、持续改进、纠正措施、预防措施、验证、确认、审核、评审、实验室间比对试验、能力验证、认可范围、认可准则、现场评审、现场评审报告、质量手册、程序文件、记录、作业指导书。
2. 检验检测机构资质认定的目的是什么？
3. 通过实验室国家认可的好处有哪些？
4. 通过实验室认可、产品质量检验机构考核的标志分别是什么？

任务二
1. 质量体系文件的特点有哪些？
2. 质量体系文件的层次是怎样的？
3. 质量体系文件的编写原则是什么？
4. 作业指导书应包含哪几方面的内容？
5. ISO/IEC 17025：2017 中规定实验室应具备哪几类记录？
6. 如何编写一个合格的作业指导书？

任务三
1. 检验检测机构资质认定的评审组成员由哪些人组成？有何要求？职责是什么？
2. 检验检测机构资质认定评审工作分为哪两类？各侧重哪方面？
3. 检验检测机构资质认定在现场评审中，评审组成员需要完成哪些工作？

任务四
1. 实验室认可和资质认定的区别有哪些？
2. 实验室认可和资质认定的作用和意义有哪些？
3. ISO/IEC 9001 质量管理七项基本原则是什么？
4. PDCA 循环含义是什么？
5. 为什么总是要强调管理体系文件化？

6. 实验室认可实施现场评审的目的是什么？
7. 文件控制的基本点有哪些？
8. 实验室选择检测方法的优先顺序是什么？
9. 期间核查的定义、目的、对象、方法分别是什么？
10. 校准与期间核查的主要区别有哪些？
11. 正式检测报告和证书至少应包括哪些内容？
12. 内部审核的目的是什么？常可以分为哪几个阶段？内审现场审核阶段有哪些步骤？
13. 质量管理体系的岗位培训评审的主要内容是什么？
14. CNAS认可证书有效期是多少年？期间还得进行哪些审核？
15. 实验室必须满足哪些条件后才可能通过实验室认可？
16. CNAS的权利和义务有哪些？实验室的权利和义务有哪些？

附　　录

附录1　计量控制图系数表

子组中观值个数 n	控制限系数												中心线系数			
	A	A_2	A_3	B_3	B_4	B_5	B_6	d_3	D_1	D_2	D_3	D_4	C_4	$1/C_4$	d_2	$1/d_2$
2	2.121	1.880	2.659	0.000	3.267	0.000	2.606	0.853	0.000	3.686	0.000	3.267	0.7979	1.2533	1.128	0.8865
3	1.732	1.023	1.954	0.000	2.568	0.000	2.276	0.888	0.000	4.358	0.000	2.574	0.8862	1.1284	1.693	0.5907
4	1.500	0.729	1.628	0.000	2.266	0.000	2.088	0.880	0.000	4.698	0.000	2.282	0.9213	1.0854	2.059	0.4857
5	1.342	0.572	1.427	0.000	2.089	0.000	1.964	0.864	0.000	4.918	0.000	2.114	0.9400	1.0638	2.326	0.4299
6	1.225	0.483	1.287	0.030	1.970	0.029	1.874	0.848	0.000	5.078	0.000	2.004	0.9515	1.0510	2.534	0.3946
7	1.134	0.419	1.182	0.118	1.882	0.113	1.806	0.833	0.204	5.204	0.076	1.924	0.9594	1.0423	2.704	0.3698
8	1.061	0.373	1.099	0.185	1.815	0.179	1.751	0.820	0.388	5.306	0.136	1.864	0.9650	1.0363	2.847	0.3512
9	1.000	0.377	1.032	0.290	1.761	0.232	1.707	0.808	0.547	5.393	0.184	1.816	0.9693	1.0317	2.970	0.3367
10	0.949	0.308	0.975	0.284	1.716	0.276	1.669	0.797	0.687	5.469	0.223	1.777	0.9727	1.0281	3.078	0.3249
11	0.905	0.285	0.927	0.321	1.679	0.313	1.637	0.787	0.811	5.535	0.256	1.744	0.9754	1.0252	3.173	0.3152
12	0.886	0.266	0.886	0.354	1.646	0.346	1.610	0.778	0.922	5.594	0.283	1.717	0.9776	1.0229	3.258	0.3069
13	0.832	0.249	0.850	0.382	1.618	0.374	1.585	0.770	1.025	5.647	0.307	1.693	0.9794	1.0210	3.336	0.2998
14	0.802	0.235	0.817	0.406	1.594	0.399	1.563	0.763	1.118	5.696	0.328	1.672	0.9810	1.0194	3.407	0.2935
15	0.775	0.223	0.789	0.428	1.157	0.421	1.544	0.756	1.203	5.741	0.347	1.653	0.9823	1.0180	3.472	0.2880
16	0.750	0.212	0.763	0.448	1.552	0.440	1.526	0.750	1.282	5.782	0.363	1.637	0.9835	1.0168	3.532	0.2831
17	0.728	0.203	0.739	0.466	1.534	0.458	1.511	0.744	1.356	5.820	0.378	1.622	0.9845	1.0157	3.588	0.2787
18	0.707	0.194	0.718	0.482	1.518	0.475	1.496	0.739	1.424	5.856	0.391	1.608	0.9854	1.0148	3.640	0.2747
19	0.688	0.187	0.698	0.497	1.503	0.490	1.483	0.734	1.487	5.891	0.403	1.597	0.9862	1.0140	3.689	0.2711
20	0.671	0.180	0.680	0.510	1.490	0.504	1.470	0.729	1.549	5.921	0.415	1.585	0.9869	1.0133	3.735	0.2677
21	0.655	0.173	0.663	0.253	1.477	0.516	1.459	0.724	1.605	5.951	0.425	1.575	0.9876	1.0126	3.778	0.2647
22	0.640	0.167	0.647	0.534	1.466	0.528	1.448	0.720	1.659	5.979	0.434	1.566	0.9882	1.0119	3.819	0.2618
23	0.626	0.126	0.633	0.545	1.455	0.539	1.438	0.716	1.710	6.006	0.443	1.557	0.9887	1.0114	3.858	0.2592
24	0.612	0.157	0.619	0.555	1.445	0.549	1.429	0.712	1.759	6.031	0.451	1.548	0.9892	1.0109	3.895	0.2567
25	0.600	0.153	0.606	0.565	1.435	0.559	1.420	0.708	1.806	6.056	0.459	1.541	0.9896	1.0105	3.931	0.2544

附录2 部分随机数表

08	77	27	83	66	79	66	22	22	76	07	79	85	44	56	68	01	00	20	64	02	24	81	98	71
00	68	12	43	37	08	21	31	18	03	66	80	86	82	70	52	97	91	29	90	75	77	54	55	37
31	21	75	20	90	39	73	92	21	49	69	69	74	07	83	27	37	98	69	60	98	74	43	00	47
82	89	35	88	97	71	04	28	01	69	43	61	06	30	56	04	72	77	30	12	88	45	41	52	51
94	34	90	67	82	71	34	90	12	75	10	59	67	23	73	93	06	74	64	05	99	84	33	89	02
19	49	27	71	84	50	72	14	35	87	38	60	55	19	58	02	46	09	49	85	88	98	39	48	84
93	29	23	13	90	34	57	45	67	50	77	77	06	18	04	30	40	54	60	47	63	86	66	75	05
71	79	50	29	35	40	16	51	26	83	77	52	67	01	09	43	65	99	64	53	55	10	13	03	68
80	34	32	41	00	24	14	52	23	40	22	53	12	69	78	00	82	70	62	44	09	09	97	71	82
39	24	33	21	38	48	61	45	48	61	53	17	96	85	18	52	82	81	49	05	41	98	83	58	46
81	32	44	44	10	00	72	77	64	56	68	46	31	39	92	23	27	85	68	92	63	43	43	19	22
61	33	69	03	22	78	68	53	32	52	37	96	32	27	06	19	35	61	17	18	82	94	91	14	49
61	28	20	05	14	33	42	09	09	43	46	98	44	25	14	65	67	21	08	12	91	65	19	97	69
42	71	25	41	94	07	86	25	28	86	41	97	16	41	77	41	19	37	33	61	85	25	12	89	33
31	10	62	66	15	35	52	61	95	16	40	82	47	53	36	56	13	25	35	80	63	14	29	73	67
63	64	00	40	94	44	37	18	75	01	62	83	82	45	96	31	70	16	61	07	21	49	79	46	13
32	76	83	26	02	61	61	67	06	09	31	95	86	71	34	38	25	25	55	63	94	21	85	85	04
91	84	71	26	35	84	48	01	58	89	66	32	28	59	93	36	90	35	16	11	02	31	55	52	47
10	46	92	95	10	75	62	64	08	54	68	70	95	22	63	54	76	53	44	15	00	50	02	00	75
74	63	78	22	61	33	99	59	31	89	25	13	13	14	32	67	24	71	54	77	79	27	21	56	76
96	82	87	57	55	16	01	63	33	05	87	68	95	84	43	63	08	98	69	18	73	47	40	68	34
17	09	57	92	14	39	78	74	13	96	17	34	53	11	41	71	26	08	85	71	79	42	31	22	22
12	22	03	91	65	28	97	64	63	13	58	69	13	40	09	96	99	51	55	40	10	88	23	89	03
33	82	92	11	35	93	55	29	67	55	09	15	12	14	19	29	97	96	91	02	39	40	64	64	50
75	90	64	36	66	21	69	89	56	72	44	15	18	51	46	67	19	95	49	28	93	28	62	62	71
83	11	25	45	80	07	08	23	22	09	91	68	30	12	28	54	07	51	05	90	35	26	58	66
56	36	49	37	58	49	66	52	95	74	06	57	52	48	63	88	25	75	47	53	92	85	22	52	90
75	81	90	70	03	82	03	31	68	24	51	13	80	71	58	52	48	45	97	96	14	93	36	14	40
34	13	07	40	22	01	42	85	06	46	68	19	80	91	90	93	05	09	88	87	50	22	50	65	80
15	16	37	29	92	21	57	00	95	97	06	07	72	26	41	52	33	51	46	16	81	34	06	47	24
19	64	06	95	87	77	96	74	68	62	91	14	34	03	79	59	71	57	72	93	10	94	41	79	55
87	91	61	25	02	73	75	06	92	20	45	22	93	01	99	91	03	07	97	88	66	60	52	79	48
51	69	16	52	02	78	47	28	58	19	42	75	44	40	88	16	70	37	67	59	40	34	29	24	07
13	01	17	31	93	55	62	05	06	52	44	55	16	01	59	43	30	24	39	12	71	27	99	14	90
10	82	60	33	49	55	41	21	55	90	00	30	88	72	13	86	35	89	25	28	49	74	42	73	27
35	48	93	91	95	89	42	47	55	44	03	00	42	69	71	83	71	80	07	15	65	47	23	73	28
07	83	13	57	36	46	32	49	53	69	91	63	36	49	32	49	95	16	62	04	04	38	45	49	56
19	29	50	07	17	96	63	10	34	45	15	33	16	02	06	53	62	17	30	15	09	06	24	57	47
59	71	38	75	67	37	48	19	28	18	79	82	84	21	56	65	95	13	46	45	71	47	48	31	58
25	81	71	09	47	17	07	35	00	72	29	18	63	07	52	48	96	19	79	30	59	85	16	88	42
60	14	20	74	53	24	86	96	55	66	79	25	23	39	86	34	83	75	68	91	69	30	53	66	56
42	08	82	90	20	43	11	54	92	44	30	48	69	26	93	77	76	34	33	01	86	38	85	85	83
81	37	35	07	51	00	44	95	48	23	15	47	98	16	31	17	97	27	55	37	68	91	83	95	53
24	74	71	06	00	12	98	90	45	79	53	42	08	35	92	25	53	80	09	99	39	91	57	74
63	62	03	20	36	02	39	21	14	71	92	32	12	42	28	97	67	24	99	22	70	79	29	54	05
96	73	82	86	38	48	92	93	24	64	88	38	64	28	87	38	45	02	85	08	00	78	00	00	46
89	68	21	88	82	36	95	19	41	09	34	22	98	28	23	58	30	42	95	37	70	91	93	43	70
60	47	96	41	61	58	50	91	19	24	28	68	39	66	57	71	56	35	12	77	83	26	68	64	56
45	45	16	08	88	25	10	32	62	41	30	49	09	14	62	95	12	60	85	19	33	50	39	74	50
24	62	60	25	53	41	11	10	41	84	15	52	29	69	73	24	76	85	46	83	53	07	45	22	07

续表

37	36	32	56	39	72	78	66	81	89	18	77	28	81	23	75	54	39	24	02	81	22	74	25	26
11	43	43	10	06	28	43	26	55	84	08	58	65	03	73	76	29	78	82	42	32	95	28	24	09
79	62	31	91	18	00	60	45	49	86	85	35	15	88	39	80	67	34	19	01	05	13	72	92	74
94	65	49	65	07	62	13	21	85	02	08	84	43	13	20	99	62	96	95	23	67	13	47	00	92
11	01	32	30	54	98	02	98	83	39	92	42	17	01	40	93	47	69	28	12	90	93	85	24	90
68	66	68	75	17	05	06	46	21	56	08	74	43	22	37	63	85	24	54	01	28	03	64	93	28
38	81	80	38	71	14	18	70	96	71	27	65	87	77	84	35	49	72	62	12	57	11	13	30	86
18	51	04	15	49	64	27	99	55	80	59	42	76	20	01	98	51	42	61	46	79	52	16	87	21
67	71	07	81	42	68	06	93	80	84	07	24	87	59	00	40	13	35	56	21	73	14	63	96	12
81	03	69	73	01	47	27	94	88	50	60	29	87	53	50	08	94	74	13	64	30	01	98	98	71
23	69	14	63	70	82	93	31	32	67	43	59	17	38	95	78	66	84	61	49	23	34	81	30	26
20	18	30	19	89	72	98	32	45	03	41	86	91	20	65	67	29	72	95	17	17	30	77	94	86
53	20	14	96	22	39	29	21	75	68	35	02	52	63	36	79	25	89	62	41	66	26	43	32	53
54	78	67	99	39	64	21	23	22	77	47	50	36	74	69	10	42	29	87	70	58	82	15	28	35
85	16	97	53	85	13	98	60	84	58	16	41	02	60	21	89	69	22	94	84	94	79	02	42	44
43	73	29	83	58	23	80	19	17	33	51	70	94	18	68	07	48	87	72	09	03	17	61	91	86
58	43	11	54	77	11	22	86	02	47	29	54	92	95	49	86	37	23	44	97	91	45	84	47	28
98	35	16	51	67	36	40	11	38	75	21	03	18	95	15	32	02	78	56	07	40	19	29	91	71
65	86	48	78	38	80	08	75	22	61	78	57	38	03	85	85	25	80	02	66	72	94	43	27	53
19	46	42	03	55	41	15	36	27	84	03	35	18	82	37	35	70	52	83	29	50	67	38	16	96
19	03	82	27	07	29	18	28	70	20	53	71	21	67	96	51	54	18	97	62	82	02	92	03	68
73	56	18	67	32	19	02	60	28	97	89	28	40	05	51	07	13	96	08	35	89	74	27	81	13
13	64	40	18	91	46	98	08	40	71	62	94	17	68	65	76	71	37	70	98	58	61	58	05	41
41	38	11	88	58	69	03	74	08	91	37	45	58	71	61	93	68	83	39	49	31	03	93	96	30
32	15	47	07	32	14	62	90	08	33	99	55	34	82	44	49	51	88	49	57	59	80	32	71	73
96	87	94	88	18	73	10	13	99	79	96	16	11	89	11	54	74	80	12	36	46	12	83	95	52
96	44	03	24	63	67	82	21	24	99	02	70	94	04	98	77	19	14	70	17	77	66	25	73	39
36	76	88	17	47	97	23	45	36	99	45	00	61	84	42	50	11	91	28	03	61	63	61	40	50
10	20	64	66	17	34	09	00	05	13	15	13	03	06	78	39	57	74	76	88	78	78	07	36	92
10	87	68	11	78	07	42	30	72	02	10	13	36	82	34	75	82	22	38	76	87	08	74	29	75
70	05	73	54	53	62	15	30	00	84	62	29	72	02	83	56	37	71	72	36	59	68	11	79	31
99	10	74	08	31	89	45	17	08	29	52	37	90	15	95	42	17	64	34	14	17	87	49	75	35
16	56	02	61	85	33	20	88	66	92	00	41	11	47	77	23	85	47	86	18	79	97	47	84	18
80	62	82	71	50	01	46	13	69	32	88	83	16	73	26	31	42	97	40	08	69	64	68	04	45
57	96	06	23	92	11	34	77	82	14	89	51	83	55	47	19	01	59	76	90	19	78	11	44	67
88	09	03	92	61	63	22	52	91	49	28	80	96	95	18	89	56	65	99	50	03	88	78	08	62
09	07	41	12	45	65	00	52	85	51	57	06	54	28	94	56	01	92	83	02	03	84	52	62	46
38	59	47	07	21	85	89	99	20	66	10	73	64	71	61	72	75	87	24	87	60	22	43	64	80
33	97	88	23	55	51	44	12	59	41	30	65	09	12	30	62	21	98	77	05	94	60	47	65	60
07	00	35	86	98	79	17	97	51	16	70	54	69	53	16	90	02	51	37	28	54	82	95	54	88
74	92	04	75	90	13	68	79	09	96	32	78	36	80	84	53	55	75	49	81	14	93	40	72	94
52	05	42	07	70	01	33	14	02	90	94	63	15	11	82	03	05	76	59	08	24	50	43	56	42
94	83	83	84	34	16	47	94	95	09	03	28	97	72	87	97	53	87	88	34	61	64	63	57	78
89	10	34	11	50	42	41	41	15	39	02	68	70	40	68	78	09	03	94	51	75	29	07	52	43
41	23	98	53	30	64	90	23	30	32	73	84	49	57	96	41	88	17	79	65	52	16	73	18	88
81	83	90	56	77	66	85	68	72	30	45	26	15	19	17	09	50	13	20	54	83	16	39	53	51
01	30	34	94	00	26	04	38	32	11	38	57	77	71	86	22	28	17	95	36	21	18	07	60	25
26	41	00	14	53	25	21	22	03	57	51	20	33	11	55	77	87	59	38	22	69	17	78	84	24
31	40	99	33	98	95	57	42	62	85	35	86	79	73	09	39	52	08	70	27	33	96	59	81	50
77	51	09	66	58	41	56	62	74	70	01	21	30	58	27	10	21	85	73	86	85	93	03	98	22
83	55	92	96	60	48	33	42	43	01	01	87	37	93	21	78	47	69	96	88	09	99	47	67	11
66	94	86	81	27	32	22	27	46	27	88	75	77	68	09	25	55	65	35	63	72	08	79	00	01
87	56	99	27	52	65	26	18	37	67	10	43	01	30	98	15	58	41	67	05	74	54	43	05	53
56	28	86	29	04	60	04	13	89	88	63	90	44	14	50	11	71	19	02	72	17	65	63	74	09
26	47	09	31	55	92	72	58	28	41	46	53	45	76	34	04	97	24	43	36	86	09	07	26	28

附录3 奈尔检验的临界值表(部分)

n	90%	95%	97.50%	99%	99.50%	n	90%	95%	97.50%	99%	99.50%
3	1.497	1.738	1.955	2.215	2.396	14	2.352	2.589	2.806	3.072	3.261
4	1.696	1.491	2.163	2.431	2.618	15	2.382	2.617	2.742	3.099	3.287
5	1.835	2.08	2.304	2.574	2.764	16	2.409	2.644	2.86	3.124	3.312
6	1.939	2.148	2.408	2.679	2.87	20	2.5	2.732	2.945	3.207	3.392
7	2.022	2.267	2.49	2.761	2.952	23	2.555	2.784	2.996	3.256	3.44
8	2.091	2.334	2.557	2.828	3.019	24	2.571	2.8	3.011	3.27	3.455
9	2.15	2.392	2.613	2.884	3.074	25	2.587	2.815	3.026	3.284	3.468
10	2.2	2.441	2.662	2.931	3.122	30	2.656	2.881	3.089	3.345	3.527
11	2.245	2.484	2.704	2.973	3.163	40	2.759	2.98	3.184	3.436	3.616
12	2.284	2.523	2.742	3.01	3.199	50	2.836	3.053	3.255	3.504	3.681
13	2.32	2.557	2.776	3.043	3.232	100	3.061	3.268	3.46	3.699	3.871

附录4 格拉布斯检验的临界值表(部分)

n	0.900	0.950	0.975	0.990	0.995	n	0.900	0.950	0.975	0.990	0.995
3	1.148	1.153	1.155	1.155	1.155	31	2.577	2.759	2.924	3.119	3.253
4	1.425	1.463	1.481	1.492	1.496	32	2.591	2.773	2.938	3.135	3.270
5	1.602	1.672	1.715	1.749	1.764	33	2.604	2.786	2.952	3.150	3.286
6	1.729	1.822	1.887	1.944	1.973	34	2.616	2.799	2.965	3.164	3.301
7	1.828	1.938	2.020	2.097	2.139	35	2.628	2.811	2.979	3.178	3.316
8	1.909	2.032	2.126	2.221	2.274	36	2.639	2.823	2.991	3.191	3.330
9	1.977	2.110	2.215	2.323	2.387	37	2.650	2.835	3.003	3.204	3.343
10	2.036	2.176	2.290	2.410	2.482	38	2.661	2.846	3.014	3.216	3.356
11	2.088	2.234	2.355	2.485	2.564	39	2.671	2.857	3.025	3.228	3.369
12	2.134	2.285	2.412	2.550	2.636	40	2.682	2.866	3.036	3.240	3.381
13	2.175	2.331	2.462	2.607	2.699	41	2.692	2.877	3.046	3.251	3.393
14	2.213	2.371	2.507	2.659	2.755	42	2.700	2.887	3.057	3.261	3.404
15	2.247	2.409	2.549	2.705	2.806	43	2.710	2.896	3.067	3.271	3.415
16	2.279	2.443	2.585	2.747	2.852	44	2.719	2.905	3.075	3.282	3.425
17	2.309	2.475	2.620	2.785	2.894	45	2.727	2.914	3.085	3.292	3.435
18	2.335	2.504	2.651	2.821	2.932	46	2.736	2.923	3.094	3.302	3.445
19	2.361	2.532	2.681	2.854	2.968	47	2.744	2.931	3.103	3.310	3.455
20	2.385	2.557	2.709	2.884	3.001	48	2.753	2.940	3.111	3.319	3.464
21	2.408	2.580	2.733	2.912	3.031	49	2.760	2.948	3.120	3.329	3.474
22	2.429	2.603	2.758	2.939	3.060	50	2.768	2.956	3.128	3.336	3.483
23	2.448	2.624	2.781	2.963	3.087	51	2.775	2.964	3.136	3.345	3.491
24	2.467	2.644	2.802	2.987	3.112	52	2.783	2.971	3.143	3.353	3.500
25	2.486	2.663	2.822	3.009	3.135	53	2.790	2.978	3.151	3.361	3.507
26	2.502	2.681	2.841	3.029	3.157	54	2.798	2.986	3.158	3.368	3.516
27	2.519	2.698	2.859	3.049	3.178	55	2.804	2.992	3.166	3.376	3.524
28	2.534	2.714	2.876	3.068	3.199	56	2.811	3.000	3.172	3.383	3.531
29	2.549	2.730	2.893	3.085	3.218	57	2.818	3.006	3.180	3.391	3.539
30	2.563	2.745	2.908	3.103	3.236						

附录 5　单侧狄克逊检验临界值表

n	检验高端离群值	检验低端离群值	0.90	0.95	0.99	0.995
3			0.885	0.941	0.988	0.994
4	$D_n = r_{10}$	$D'_n = r'_{10}$	0.679	0.765	0.889	0.920
5	$= \dfrac{x_{(n)} - x_{(n-1)}}{x_{(n)} - x_{(1)}}$	$= \dfrac{x_{(2)} - x_{(1)}}{x_{(n)} - x_{(1)}}$	0.557	0.642	0.782	0.823
6			0.484	0.562	0.698	0.744
7			0.434	0.3507	0.637	0.680
8	$D_n = r_{11}$	$D'_n = r'_{11}$	0.479	0.554	0.681	0.723
9	$= \dfrac{x_{(n)} - x_{(n-1)}}{x_{(n)} - x_{(2)}}$	$= \dfrac{x_{(2)} - x_{(1)}}{x_{(n-1)} - x_{(1)}}$	0.441	0.512	0.635	0.676
10			0.410	0.477	0.597	0.638
11	$D_n = r_{21}$	$D'_n = r'_{21}$	0.491	0.575	0.674	0.707
12	$= \dfrac{x_{(n)} - x_{(n-2)}}{x_{(n)} - x_{(2)}}$	$= \dfrac{x_{(3)} - x_{(1)}}{x_{(n-1)} - x_{(1)}}$	0.490	0.546	0.642	0.675
13			0.487	0.521	0.617	0.649
14			0.491	0.546	0.640	0.672
15			0.470	0.524	0.618	0.649
16			0.453	0.505	0.597	0.629
17			0.437	0.489	0.580	0.611
18			0.424	0.475	0.564	0.595
19			0.412	0.462	0.550	0.580
20			0.401	0.450	0.538	0.568
21	$D_n = r_{22}$	$D'_n = r'_{22}$	0.391	0.440	0.526	0.556
22	$= \dfrac{x_{(n)} - x_{(n-2)}}{x_{(n)} - x_{(3)}}$	$= \dfrac{x_{(3)} - x_{(1)}}{x_{(n-2)} - x_{(1)}}$	0.382	0.431	0.516	0.545
23			0.374	0.422	0.507	0.536
24			0.367	0.413	0.497	0.526
25			0.360	0.406	0.489	0.519
26			0.353	0.399	0.482	0.510
27			0.347	0.393	0.474	0.503
28			0.341	0.387	0.468	0.496
29			0.337	0.381	0.452	0.489
30			0.332	0.376	0.456	0.484

附录 6　双侧狄克逊检验临界值表

n	统计量	0.95	0.99	n	统计量	0.95	0.99
3		0.97	0.994	17		0.527	0.614
4		0.829	0.926	18		0.513	0.602
5	r_{10} 和 r'_{10},中较大者	0.71	0.821	19		0.500	0.582
6		0.628	0.74	20		0.488	0.570
7		0.569	0.68	21		0.479	0.560
8		0.608	0.717	22		0.469	0.548
9	r_{10} 和 r'_{10},中较大者	0.564	0.672	23	r_{10} 和 r'_{10},中较大者	0.460	0.537
10		0.53	0.635	24		0.449	0.522
11		0.619	0.709	25		0.441	0.518
12	r_{10} 和 r'_{10},中较大者	0.583	0.66	26		0.436	0.509
13		0.557	0.638	27		0.427	0.504
14		0.587	0.669	28		0.420	0.497
15	r_{10} 和 r'_{10},中较大者	0.565	0.646	29		0.415	0.489
16		0.547	0.629	30		0.409	0.480

附录7 偏度检验的临界值表

n	0.95	0.99	n	0.95	0.99
8	0.99	1.42	40	0.59	0.87
9	0.97	1.41	45	0.56	0.82
10	0.95	1.39	50	0.53	0.79
12	0.91	1.34	60	0.49	0.72
15	0.85	1.26	70	0.46	0.67
20	0.77	1.15	80	0.43	0.63
25	0.71	1.06	90	0.41	0.60
30	0.66	0.98	100	0.39	0.57
35	0.62	0.92			

附录8 T检验值表

df		$T_{0.55}$	$T_{0.6}$	$T_{0.65}$	$T_{0.7}$	$T_{0.75}$	$T_{0.8}$	$T_{0.85}$	$T_{0.9}$	$T_{0.95}$	$T_{0.975}$	$T_{0.99}$	$T_{0.995}$
n'	$P(2)$:	0.9	0.8	0.7	0.6	0.5	0.4	0.3	0.2	0.1	0.05	0.02	0.01
	$P(1)$:	0.45	0.4	0.35	0.3	0.25	0.2	0.15	0.1	0.05	0.025	0.01	0.005
1		0.158	0.325	0.510	0.727	1.000	1.376	1.963	3.078	6.314	12.706	31.821	63.657
2		0.142	0.289	0.445	0.617	0.816	1.061	1.386	1.886	2.920	4.303	6.965	9.925
3		0.137	0.277	0.424	0.584	0.765	0.978	1.250	1.638	2.353	3.182	4.541	5.841
4		0.134	0.271	0.414	0.569	0.741	0.941	1.190	1.533	2.132	2.776	3.747	4.604
5		0.132	0.267	0.408	0.559	0.727	0.920	1.156	1.476	2.015	2.571	3.365	4.032
6		0.131	0.265	0.404	0.553	0.718	0.906	1.134	1.440	1.943	2.447	3.143	3.707
7		0.130	0.263	0.402	0.549	0.711	0.896	1.119	1.415	1.895	2.365	2.998	3.499
8		0.130	0.262	0.399	0.546	0.706	0.889	1.108	1.397	1.860	2.306	2.896	3.355
9		0.129	0.261	0.398	0.543	0.703	0.883	1.100	1.383	1.833	2.262	2.821	3.250
10		0.129	0.260	0.397	0.542	0.700	0.879	1.093	1.372	1.812	2.228	2.764	3.169
11		0.129	0.260	0.396	0.540	0.697	0.876	1.088	1.363	1.796	2.201	2.718	3.106
12		0.128	0.259	0.395	0.539	0.695	0.873	1.083	1.356	1.782	2.179	2.681	3.055
13		0.128	0.259	0.394	0.538	0.694	0.870	1.079	1.350	1.771	2.160	2.650	3.012
14		0.128	0.258	0.393	0.537	0.692	0.868	1.076	1.345	1.761	2.145	2.624	2.977
15		0.128	0.258	0.393	0.536	0.691	0.866	1.074	1.341	1.753	2.131	2.602	2.947
16		0.128	0.258	0.392	0.535	0.690	0.865	1.071	1.337	1.746	2.120	2.583	2.921
17		0.128	0.257	0.392	0.534	0.689	0.863	1.069	1.333	1.740	2.110	2.567	2.898
18		0.127	0.257	0.392	0.534	0.688	0.862	1.067	1.330	1.734	2.101	2.552	2.878
19		0.127	0.257	0.391	0.533	0.688	0.861	1.066	1.328	1.729	2.093	2.539	2.861
20		0.127	0.257	0.391	0.533	0.687	0.860	1.064	1.325	1.725	2.086	2.528	2.845
21		0.127	0.257	0.391	0.532	0.686	0.859	1.063	1.323	1.721	2.080	2.518	2.831
22		0.127	0.256	0.390	0.532	0.686	0.858	1.061	1.321	1.717	2.074	2.508	2.819
23		0.127	0.256	0.390	0.532	0.685	0.858	1.060	1.319	1.714	2.069	2.500	2.807
24		0.127	0.256	0.390	0.531	0.685	0.857	1.059	1.318	1.711	2.064	2.492	2.797
25		0.127	0.256	0.390	0.531	0.684	0.856	1.058	1.316	1.708	2.060	2.485	2.787
26		0.127	0.256	0.390	0.531	0.684	0.856	1.058	1.315	1.706	2.056	2.479	2.779
27		0.127	0.256	0.389	0.531	0.684	0.855	1.057	1.314	1.703	2.052	2.473	2.771
28		0.127	0.256	0.389	0.530	0.683	0.855	1.056	1.313	1.701	2.048	2.467	2.763
29		0.127	0.256	0.389	0.530	0.683	0.854	1.055	1.311	1.699	2.045	2.462	2.756
30		0.127	0.256	0.389	0.530	0.683	0.854	1.055	1.310	1.697	2.042	2.457	2.750

续表

df / n'		$T_{0.55}$	$T_{0.6}$	$T_{0.65}$	$T_{0.7}$	$T_{0.75}$	$T_{0.8}$	$T_{0.85}$	$T_{0.9}$	$T_{0.95}$	$T_{0.975}$	$T_{0.99}$	$T_{0.995}$
	$P(2)$:	0.9	0.8	0.7	0.6	0.5	0.4	0.3	0.2	0.1	0.05	0.02	0.01
	$P(1)$:	0.45	0.4	0.35	0.3	0.25	0.2	0.15	0.1	0.05	0.025	0.01	0.005
31		0.127	0.256	0.389	0.530	0.682	0.853	1.054	1.309	1.696	2.040	2.453	2.744
32		0.127	0.255	0.389	0.530	0.682	0.853	1.054	1.309	1.694	2.037	2.449	2.738
33		0.127	0.255	0.389	0.530	0.682	0.853	1.053	1.308	1.692	2.035	2.445	2.733
34		0.127	0.255	0.389	0.529	0.682	0.852	1.052	1.307	1.691	2.032	2.441	2.728
35		0.127	0.255	0.388	0.529	0.682	0.852	1.052	1.306	1.690	2.030	2.438	2.724
36		0.127	0.255	0.388	0.529	0.681	0.852	1.052	1.306	1.688	2.028	2.434	2.719
37		0.127	0.255	0.388	0.529	0.681	0.851	1.051	1.305	1.687	2.026	2.431	2.715
38		0.127	0.255	0.388	0.529	0.681	0.851	1.051	1.304	1.686	2.024	2.429	2.712
39		0.126	0.255	0.388	0.529	0.681	0.851	1.050	1.304	1.685	2.023	2.426	2.708
40		0.126	0.255	0.388	0.529	0.681	0.851	1.050	1.303	1.684	2.021	2.423	2.704
50		0.126	0.255	0.388	0.528	0.679	0.849	1.047	1.299	1.676	2.009	2.403	2.678
60		0.126	0.254	0.387	0.527	0.679	0.848	1.045	1.296	1.671	2.000	2.390	2.660
70		0.126	0.254	0.387	0.527	0.678	0.847	1.044	1.294	1.667	1.994	2.381	2.648
80		0.126	0.254	0.387	0.526	0.678	0.846	1.043	1.292	1.664	1.990	2.374	2.639
90		0.126	0.254	0.387	0.526	0.677	0.846	1.042	1.291	1.662	1.987	2.368	2.632
100		0.126	0.254	0.386	0.526	0.677	0.845	1.042	1.290	1.660	1.984	2.364	2.626
200		0.126	0.254	0.386	0.525	0.676	0.843	1.039	1.286	1.653	1.972	2.345	2.601
500		0.126	0.253	0.386	0.525	0.675	0.842	1.038	1.283	1.648	1.965	2.334	2.586
1000		0.126	0.253	0.385	0.525	0.675	0.842	1.037	1.282	1.646	1.962	2.330	2.581
∞		0.126	0.253	0.385	0.524	0.674	0.842	1.036	1.282	1.645	1.960	2.326	2.576

附录9 峰度检验的临界值表

n	0.95	0.99	n	0.95	0.99
8	3.70	4.53	40	4.05	5.02
9	3.86	4.82	45	4.02	4.94
10	3.95	5.00	50	3.99	4.87
12	4.05	5.20	60	3.93	4.73
15	4.13	5.30	70	3.88	4.62
20	4.17	5.38	80	3.84	4.52
25	4.14	5.29	90	3.80	4.45
30	4.11	5.20	100	3.77	4.37
35	4.08	5.11			

参 考 文 献

[1] 杨小林,贺琼. 分析检验的质量保证与计量认证. 2版. 北京:化学工业出版社,2018.
[2] 国家质量技术监督局认证与实验室评审管理司. 计量认证/审查认可(验收)评审准则宣贯指南. 北京:中国计量出版社,2001.
[3] GB/T 601—2016. 化学试剂 标准滴定溶液的制备.
[4] GB/T 4883—2008. 数据的统计处理和解释 正态样本离群值的判断和处理.
[5] GB/T 1.1—2020. 标准化工作导则 第1部分:标准化文件的结构和起草规划.
[6] GB/T 27411—2012. 检测实验室中常用不确定度评定方法与表示.
[7] GB/Z 22553—2010. 利用重复性、再现性和正确度的估计值评估测量不确定度的指南.
[8] JJF 1135—2005. 化学分析测量不确定度评定.
[9] CNAS-G006. 化学分析中不确定度的评估指南.
[10] GB/T 32464—2015. 化学分析实验室内部质量控制利用控制图核查分析系统.
[11] GB/T 32465—2015. 化学分析方法验证确认和内部质量控制要求.
[12] GB/T 17989—2020. 控制图 第1部分:通用指南.
[13] JJF 1001—2011. 通用计量术语及定义.
[14] GB 3100—1993. 国际单位制及其应用.
[15] CNAS-GL04:2017. 标准物质/标准样品的使用指南.
[16] JJF 1071—2010. 国家计量校准规范编写规则.
[17] JJF 1033—2016. 计量标准考核规范.
[18] GB/T 33464—2016. 化学分析标准操作程序编写与使用指南.
[19] GB/T 20001.4—2015. 标准编写规则 第4部分:试验方法标准.
[20] CNAS-GL39:2016. 化学分析实验室内部质量控制指南:控制图的应用.
[21] CNAS-RL01:2016. 实验室认可规则.
[22] CNAS-RL02:2016. 能力验证规则.
[23] GB/T 15000.8—2003. 标准样品工作导则(8)有证标准样品的使用.
[24] GB/T 15000.9—2004. 标准样品工作导则(9)分析化学中的校准和有证样品的使用.
[25] GB/T 6379.6—2009. 测量方法与结果的准确度(正确度与精密度)第6部分:准确度值的实际应用.
[26] JJF 1059.1—2012. 测量不确定度评定与表示.